LOS TRES ESPÍRITUS

Aplicaciones de Huna a la salud,
la prosperidad y el desarrollo personal

Sergio E. Serrano, Ph.D.

Ambler, Pensilvania, U. S. A.

Aviso: La información contenida en este libro es solamente con fines educativos y no pretende ser un sustituto de una asistencia médica o sicológica adecuada. El autor o la editorial no asumen ninguna responsabilidad legal, explícita o implícita, con respecto a los resultados o las posibles consecuencias de la aplicación de la información contenida en este libro. El autor y la editorial no ofrecen garantía de ninguna clase con respecto al contenido, y no se hacen responsables legalmente por errores eventuales en el texto, ni por daños directos, indirectos, circunstanciales o incidentales relacionados con el desempeño de este material. Si usted no desea estar sujeto a estas condiciones, por favor devuelva el libro al lugar donde lo compró para una devolución completa de su costo.

Título Original de la Obra:
THE THREE SPIRITS
Applications of Huna to Health, Prosperity, and Personal Growth.
SpiralPress, una división de *HydroScience Inc.*, Ambler, Pensilvania, 2011.

LOS TRES ESPÍRITUS
Aplicaciones de Huna a la salud, la prosperidad, y el desarrollo personal
Primera edición en español traducida por el autor.
Publicado por *SpiralPress*, una división de *HydroScience Inc.*

SpiralPress
1217 Charter Lane
Ambler, PA 19002
U. S. A.
Email: hydroscience@earthlink.net
http://home.earthlink.net/~hydroscience
SAN 299-3074

Copyright © 2008, 2011, 2013 Sergio E. Serrano

Reservados todos los derechos. Ninguna parte de esta publicación puede ser reproducida, almacenada en un sistema electrónico, escaneada, o transmitida en ninguna forma o a través de ningún medio, electrónico, digital, mecánico, fotocopiado, grabado en cualquier forma, sin permiso previo por escrito del autor, excepto en el caso de anotaciones breves que hagan parte de revisiones críticas y comentarios en artículos.

Library of Congress Cataloging-in-Publication Data

Serrano, Sergio E.
[Three spirits. Spanish]
Los tres espíritus : aplicaciones de huna a la salud, la prosperidad, y el desarrollo personal / Sergio E. Serrano, Ph.D. -- First Spanish Edition.
pages cm
Includes bibliographical references and index.
ISBN 978-0-9888652-0-4 (pbk. : alk. paper)
1. Self-perception. 2. Self-knowledge, Theory of. 3. Huna. 4. Success. I. Title.
BF697.5.S43S46518 2007
158--dc23
2013001201

ISBN: 978-0-9888652-0-4

A la memoria de mi abuelo, Francisco Novoa. Su sabiduría, integridad, compasión y espiritualidad; su discurso en parábolas de pocas palabras con sus silencios tan significativos; y las enseñanzas de la vida con acciones y ejemplo personal, han sido siempre objeto de profunda admiración.

"Dentro de mí hay otro hombre que está en contra mía."

Thomas Browne (Izquierdo, 1998).

"Es ilusorio pensar que una persona tiene una sola mente, buena o mala. No existe una sola mente sino muchas; somos una coalición, no una sola persona."

Robert Ornstein, Ph.D., autor de Multimind (1986)

ÍNDICE

1. **CONOZCA LA TRILOGÍA DE SU YO**
Descubra sus tres espíritus internos 1
HUNA: UN SISTEMA PRÁCTICO DE SICOLOGÍA
Y FILOSOFÍA 1
    Un sistema de filosofía práctica 3
    Los *"Kahunas,"* guardianes de El Secreto 5
    Las tres almas interiores 6
    Cómo usar este libro 8
BREVE HISTORIA DE LA CONTRIBUCIÓN
DE MAX FREEDOM LONG A LA FILOSOFÍA HUNA 11
MOTIVACIÓN PARA LA PRÁCTICA DE HUNA 15
    Conocimiento externo versus sabiduría interna 15
    El disfrute de lo externo versus la felicidad interior 16
    Comprenderse a sí mismo para dirigir la vida 19
    El triple yo interior: Tres espíritus en un solo cuerpo 21
LOS TRES ESPÍRITUS DENTRO DE NOSOTROS 22
    El yo intermedio o espíritu consciente 22
    El yo inferior o espíritu inconsciente 23
    El Yo Superior o espíritu ultra consciente 30
LA TRILOGÍA HUMANA SEGÚN OTRAS TRADICIONES ... 31
    La Santísima Trinidad en la tradición cristiana 32
    El Trimurti hinduista 33
    Los tres universos en las culturas chamánicas 33
    Los tres niveles de la personalidad en sicoanálisis
        y avances recientes en la investigación sicológica 34

2. **EL YO INTERMEDIO**
La ilusión de "yo soy" 37
    La consciencia de ser uno mismo y la sicología 37
    Usar la consciencia de ser para mejorar
        nuestra vida: El capitán de la nave 40
    La consciencia de sí mismo y la biosicología:
        ¿Será que sólo somos actividad neurálgica? 43
    La consciencia de sí mismo según huna:
        El yo intermedio o *uhane* 48
    La función y la misión del yo intermedio 53

EXPERIMENTE LA PRESENCIA DEL YO INTERMEDIO 54
La importancia de la "consciencia total" 54
Preparación para los ejercicios 56
   Documente sus experiencias 56
   Soledad 58
   Las reglas éticas del trabajo místico 60
   Privacidad y silencio 61
   Ejercicio 2.1: Consciencia total en horas diurnas 63
   Ejercicio 2.2: Consciencia total en la naturaleza 67
   Ejercicio 2.3: Consciencia total en las reuniones sociales . 71
Variaciones de los ejercicios 74
   Contemplación después del ejercicio físico 74
   Percepción en varios eventos sociales 75

3. EL YO INFERIOR
Nuestra consciencia animal 77
Nuestro espíritu animal: El *unihipili* 78
Un yo inferior afectivo 81
El administrador de la memoria 83
Un amigo impresionable 87
El cuerpo del yo inferior: El cuerpo psíquico 89
Habilidades latentes del yo inferior 90
Maná: Energía para la manifestación de la consciencia 92
El aliento de la vida: Producir maná para el trabajo psíquico . 94
El método Huna para curar con maná y el yo inferior 97
   Pasos a seguir en el método para curar con Huna 100
EXPERIMENTE LA PRESENCIA DEL YO INFERIOR 102
Preparación para los ejercicios 103
Aprender a conocer al yo inferior 103
   Ejercicio 3.1: Conocer al yo inferior 104
Explorando al yo inferior 106
   Ejercicio 3.2: Comprendiendo al yo inferior 109
Usar al yo Inferior para percibir el lado oculto en los demás 111
   Ejercicio 3.3: Desarrolle su intuición
   para relacionarse con los demás 112
Aplique el raciocinio inherente al yo intermedio en
   armonía con la intuición del yo inferior 117
   Empleando trabajadores o seleccionando socios 117
   Mercadeo de acciones en la bolsa de valores 118
   Aplicaciones a la seguridad y protección personal 120
   Escoger las mejores opciones 121
   Programar al yo inferior con instrucciones futuras 122
   Aplicaciones a la creatividad y la innovación 123
Pasos a seguir para consultarle al yo inferior
   un problema complejo 124

Otras formas de comunicarse con el yo inferior 131
   El péndulo 132
   Las cartas del Tarot 133
   El libro del destino de Napoleón 136
   El I Ching 137
   La interpretación de los sueños 139
   Otras formas de desarrollar la intuición 142
Ayudar a otros con el yo intermedio y el yo inferior 144
   Ejercicio 3.4: Curar con el yo inferior 147

4. EL YO SUPERIOR
Su consciencia suprema 153
   El Yo Superior o *aumakua* 154
   Tres espíritus, tres cuerpos psíquicos,
   tres tipos de maná 156
SIENTA LA PRESENCIA DEL YO SUPERIOR 159
   Reconozca a su Yo Superior por experiencias pasadas 161
      Ejercicio 4.1: Rememorando ayuda del Yo Superior 162
   Conozca a su Yo Superior 166
      Ejercicio 4.2: Perciba a su Yo Superior
      a través de la meditación 167
EL SISTEMA HUNA PARA LOGRAR OBJETIVOS 172
   Preparación para una oración al Yo Superior:
   Las reglas cósmicas del juego 172
      Planifique su futuro 172
      ¿Qué clase de peticiones se pueden hacer? 177
      Primero que todo haga su parte 179
   Pídale ayuda a su Yo Superior 188
      Construya un cuadro mental 188
      Genere una gran cantidad de maná 192
PRESENTAR UNA SOLICITUD AL YO SUPERIOR 194
   Preparación para la oración. Resumen 194
      Ejercicio 4.3: La meditación huna
      para pedir ayuda al Yo Superior 196
   Curar con la ayuda del Yo Superior 205
      Ejercicio 4.4: Curando con el Yo Superior 205
   La plegaria más efectiva: Pedir un consejo 208
      Ejercicio 4.5: Pedir consejo al Yo Superior 209

5. ELIMINACIÓN DE PROBLEMAS MENTALES Y EMOCIONES NEGATIVAS
Técnicas de cura emocional y desbloqueo
de la línea de comunicación 213
   ¿Por qué una oración no recibe respuesta? 214
   Problemas con el objetivo en sí mismo 215

Problemas con el cuadro-idea mental 216
La cantidad necesaria de energía maná 219
Rituales útiles en la meditación 220
Convencer al yo inferior a renunciar
  a creencias arcaicas 222
LA CAUSA MÁS IMPORTANTE DE PLEGARIAS
SIN RESPUESTA: COMPLEJOS,
FIJACIONES Y EMOCIONES NEGATIVAS 223
  La causa del dolor emocional 225
  Técnicas de Huna para eliminar fijaciones pequeñas 226
    Kala: Limpieza emocional y obtención del perdón 227
    Ejercicio 5.1: Absolver culpas a través del perdón 234
NUEVAS TÉCNICAS PARA ELIMINAR
PROBLEMAS SICOLÓGICOS IMPORTANTES 237
  La terapia a pensamientos específicos (TFT) 239
    Las bases de la terapia a pensamientos específicos (TFT) 242
    La técnica de liberación emocional (EFT) 244
  Preparación para aplicar un tratamiento de EFT 246
    Escoja una emoción concreta a tratar 247
    Concéntrese en el sentimiento específico 247
    Seleccione una afirmación apropiada 249
    Estimulación física de los puntos terminales
      de los meridianos energéticos 250
    Secuencia a seguir en la estimulación de puntos 255
    Posibles efectos de los tratamientos de EFT 257
RESUMEN: PASOS PARA LA APLICACIÓN DE UN
  TRATAMIENTO DE EFT: 261
    Ejercicio 5.2: Aplicación de un tratamiento de EFT 262
  Utilización de los sueños en la eliminación
    de emociones negativas 265
    Ejercicio 5.3: Uso de los sueños para eliminar
      emociones negativas 267

6. CONCLUSIÓN
Huna: Un significado de la vida 269

BIBLIOGRAFÍA 289

GLOSARIO 296

LISTA DE EJERCICIOS
Ejercicio 2.1: Consciencia total en horas diurnas 63
Ejercicio 2.2: Consciencia total en la naturaleza 67
Ejercicio 2.3: Consciencia total en las reuniones sociales 71
Ejercicio 3.1: Conocer al yo inferior 104

ÍNDICE

Ejercicio 3.2: Comprendiendo al yo inferior 109
*Ejercicio 3.3: Desarrolle su intuición para relacionarse
con los demás* 112
Ejercicio 3.4: Curar con el yo inferior 147
Ejercicio 4.1: Recordando ayuda recibida del Yo Superior 162
Ejercicio 4.2: Perciba su Yo Superior a través de la meditación . 167
*Ejercicio 4.3: La meditación Huna para pedir ayuda
al Yo Superior* 196
Ejercicio 4.4: Curar con el Yo Superior 205
Ejercicio 4.5: Pedir consejo al Yo Superior 209
Ejercicio 5.1: Absolver culpas a través del perdón 234
Ejercicio 5.2: Aplicación de un tratamiento de EFT 262
*Ejercicio 5.3: Uso de los sueños para eliminar
emociones negativas* 267

LISTA DE ILUSTRACIONES
Figura 3.1: Esculturas de piedra en San Agustín
(Colombia), sugiriendo una estructura sicológica
humana compuesta de un doble yo 78
Figura 3.2: Esculturas de piedra en el parque arqueológico
de San Agustín, ilustrando el concepto de la psique
humana compuesta de al menos dos consciencias que
comparten el mismo cuerpo 79
Figura 3.3: El concepto Huna de pensamientos
y recuerdos almacenados en la memoria del
cuerpo psíquico del yo inferior. 85
Figura 3.4: Representación de la proyección
del cuerpo psíquico completo 115
Figura 3.5: La información recibida de un objeto
externo consiste en datos sensorios, percepciones
intuitivas, recuerdos relacionados con el
objeto, y pensamientos adicionales 116
Figura 4.1: La representación Kahuna del Yo Superior, exterior
al cuerpo y unido a éste a través de un hilo psíquico 155
Figura 4.2: Representación figurativa de los tres espíritus,
cada uno con su cuerpo psíquico dentro del físico 157
Figura 5.1: Puntos terminales de los meridianos energéticos
en la cara y el pecho para un tratamiento de EFT 251
Figura 5.2: Puntos terminales de los meridianos energéticos
en las manos para un tratamiento de EFT 253
Figura 5.3: El punto de gama en el dorso de la mano. 254

"Dos almas se albergan, ¡ay!, en mi pecho."

Johann Wolfang Goethe (Izquierdo, 1998).

"Dios mío, qué guerra tan cruel: hallo dos hombres en mí."

Jean Racine (Izquierdo, 1998).

1.
CONOZCA LA TRILOGÍA DE SU YO

Descubra sus tres espíritus internos

HUNA: UN SISTEMA PRÁCTICO DE SICOLOGÍA Y FILOSOFÍA

Este libro constituye una invitación a conocerse a sí mismo. Al estudiar la estructura de su mente, descubrirá habilidades extraordinarias que esperan ser desarrolladas. Usted puede usar los principios de Huna para mejorar su salud, aumentar sus ingresos, adquirir los bienes materiales que desee, alcanzar objetivos personales o profesionales, enriquecer sus relaciones con los demás y en general mejorar la calidad de su vida. Tal vez usted ha aplicado los principios de la visualización en el pasado, pero no sabe porqué a veces no funciona. Aprenda a reconocer las fuerzas y las entidades espirituales que gobiernan el arte de la creación mental. Desarrolle las aptitudes que le permitirán lograr sus deseos fácilmente.

Mi formación académica es como ingeniero y trabajo como científico y profesor universitario. No soy sicólogo ni médico. Tal vez se preguntará qué hace un ingeniero escribiendo en áreas sicológicas y esotéricas. Soy parte de una creciente comunidad de científicos que se interesan por los fenómenos metafísicos con el propósito de estudiarlos objetivamente. Como ingeniero, aplico los principios de la ciencia al diseño de soluciones prácticas de problemas concretos. Los ingenieros manejan los conceptos de propagación y transferencia de energía para construir los objetos que nos hacen la vida más cómoda. El automóvil, el celular, el computador, el agua que bebemos y el avión son ejemplos de los múltiples diseños ingenieriles de que nos hemos acostumbrado a disfrutar en la sociedad de hoy. Como ingeniero, he llegado a reconocer que muchos de los procesos mentales no son más que manifestaciones especiales de energías muy sutiles. Muchas de las dolencias físicas y emocionales, y una gran parte de las enfermedades crónicas, son el resultado de desequilibrios energéticos en el cuerpo humano. En tales circunstancias, el cuerpo se comporta como una máquina que funciona a medias porque algunos de sus circuitos están mal conectados, o porque ciertas componentes acumulan o transmiten electricidad incorrectamente. Estos procesos energéticos mentales necesariamente deben cumplir las leyes de conservación de la energía que aprendimos en la física del bachillerato, pero modificadas de tal manera que incluyan medios más sutiles.

Cuando era muy joven me interesé bastante por los fenómenos paranormales. Con algunos amigos del colegio leía libros y experimentábamos con la hipnosis, teúrgia, telequinesis, y telepatía. Mirando en retrospectiva, muchas de estas actividades eran peligrosas y en general no fuimos supervisados adecuadamente. Una noche, nos tomó por sorpresa una manifestación espiritual que nos llenó completamente de pánico. Desde aquella noche, suspendimos todos nuestros estudios esotéricos. Habíamos presenciado un fenómeno que no nos ha debido atemorizar en absoluto, si hubiéramos aprendido los principios requeridos y aplicado las precauciones necesarias al experimento. Este miedo infundado retrasó mi desarrollo espiritual por mucho tiempo. Me convertí en científico y me adherí al principio de nunca aceptar nada que no se pudiese verificar experimentalmente. En los últimos veinticinco años, gradualmente he retornado a la investigación de las teorías "metafísicas." He comprobado que los llamados fenómenos paranormales se rigen por reglas muy precisas, al igual que aquellos del mundo físico. Por lo tanto, el lector educado no necesita privarse del conocimiento que le ayudará a su desarrollo espiritual, sencillamente porque la materia se considera supersticiosa o absurda. El estudio de las teorías filosóficas puede y debe hacerse con rigor científico. Para ser válido, este conocimiento tiene que tener una aplicación práctica. Esta es mi contribución como ingeniero y científico; este libro es el resultado de muchos años dedicados al estudio y a la práctica personal de Huna, durante los cuales concluí que esta tradición constituye una herramienta muy efectiva que no ha recibido la atención que merece por el público moderno.

Un sistema de filosofía práctica

Huna es un sistema práctico de sicología y filosofía para una vida eficaz. ¿Qué puede hacer Huna por usted? *Primero*, Huna le ayudará a comprender la estructura de su mente. Entenderse a sí mismo es un gran ideal que vale la pena alcanzar. Descubrir quién es, por qué se comporta de cierta manera, por qué le gustan ciertas cosas y le disgustan otras, y por qué a veces reacciona de una forma aparentemente irracional, podría ofrecerle importantes ventajas. Huna le ofrece una nueva perspectiva de su propia conducta.

La *segunda* ventaja que trae consigo la práctica de Huna es la consecución de metas personales. Hay muchas formas de definir las "metas." Pregúntese a sí mismo, "¿qué es verdaderamente importante?" En el aspecto material, tal vez desea prosperidad, abundancia, independencia económica. En el aspecto social, tal vez está interesado en avanzar profesionalmente, en mejorar su desempeño en los deportes, en atraer socios con posibilidades lucrativas y personas compatibles. En el campo emocional o sicológico, tal vez le gustaría eliminar cierta fobia, librarse de algunos complejos o fijaciones, superar sus miedos, disolver las emociones negativas asociadas con eventos traumáticos del pasado. En términos físicos, tal vez le interese mejorar su salud o facilitar la cura de alguna enfermedad. Huna puede ayudarle a lograr todas esas metas, y puede complementar cualquier tratamiento terapéutico que esté recibiendo.

La *tercera* ventaja de Huna es que su aplicación trae consigo el logro de una vida armoniosa y feliz. Al mejorar las condiciones físicas, emocionales y sicológicas, la práctica regular de Huna le conducirá a un estado de alegría y paz interior. Aún y cuando el trabajo, la familia o el ambiente social estén bajo un estrés intenso, la práctica de Huna —como filosofía de la vida— le convertirá en una persona más feliz. Personalmente, considero que la búsqueda de la felicidad es uno de los objetivos más importantes en la existencia. La persona equilibrada, feliz, satisfecha y en control de sus circunstancias, tiene la oportunidad de contribuir al bienestar y la armonía de la familia y la sociedad en general.

La *cuarta* y máxima ventaja de Huna, es que le permite al usuario comprender gradualmente el propósito de la existencia y alinearse con el plan general de evolución cósmica. He aquí una meta a largo plazo. La mayoría de nosotros estamos más preocupados por ganarnos la vida, por cumplir con nuestras obligaciones familiares y financieras, por lograr ciertos objetivos personales y profesionales, que por consideraciones filosóficas acerca del propósito de la vida. Huna está siempre disponible a ayudarnos en todo esto. Sin embargo, es satisfactorio y estimulante el saber que estamos usando una herramienta que eventualmente nos ayudará a desarrollarnos como seres humanos y como ciudadanos del mundo.

¿En qué se diferencia Huna de otros sistemas de pensamiento positivo? En el pasado, puede que haya intentado el uso de afirmaciones y pensamientos positivos, visualización creativa, y otros métodos y rituales "new age." Todos estos sistemas pueden ser herramientas útiles. Sin embargo, es posible que haya encontrado que las afirmaciones y la visualización a veces no funcionan. ¿Porqué la imaginación creativa a veces trae consigo buenos resultados, como por arte de magia, y a veces falla misteriosamente? La razón es que la visualización, *por sí misma*, es solamente una parte integral de un proceso más extenso. Huna suministra la energía requerida para la materialización de un deseo, pero más importante, estimula partes de su mente que se encuentran adormecidas. Huna no solo provee explicaciones acerca del porqué y cómo la visualización trae consigo un buen resultado, sino también le indicará dificultades y problemas específicos que tendrá que resolver antes de lograr una meta concreta.

En el campo emocional, Huna le provee las herramientas para comprender porqué ciertos eventos externos hacen que reaccione automáticamente en una forma irracional, y porqué tanto sufrimiento inútil y tanta energía es desperdiciada en este proceso. En este libro hemos incluido nuevas técnicas de la investigación sicológica, tales como la terapia de pensamientos específicos (en inglés "Thought Field Therapy," TFT) y la técnica de liberación emocional (en inglés "Emotional Freedom Technique," EFT), ademas de los métodos tradicionales de Huna. Estos procedimientos le permitirán eliminar eficazmente muchas emociones negativas, complejos y fijaciones, que de otra manera requieren meses, o incluso años, de costosa terapia tradicional. Estos métodos nuevos nos ponen al frente de nuestra propia cura emocional y, lo más importante, son gratis. A pesar de sus muchos logros, la sicología moderna no ha producido una terapia efectiva para *curar* la mayoría de las aflicciones emocionales. A veces lo único que el paciente logra es una forma de "manejar" el estrés, pero no una cura permanente. En contraposición, las técnicas TFT/EFT son basadas en nuevos enfoques a las terapias tradicionales similares a la acupuntura y están reportando gran éxito.

La mayoría de nosotros desconocemos nuestras habilidades latentes. Nos encontramos tan inmersos en la lucha por la vida, que no nos damos cuenta de nuestros talentos naturales y de la estructura de nuestra mente. Si desarrollamos estos talentos, con seguridad tendremos una vida mejor. Como decía Max Freedom Long, "Si usted no aplica Huna, se está esforzando demasiado."

Los *Kahunas,* guardianes de "El Secreto"

Huna se basa en conocimiento heredado por los antiguos *Kahunas* hawaianos o guardianes de "El Secreto." Las crónicas relatan historias extraordinarias acerca de sus habilidades para controlar el estado del tiempo, curar a los enfermos, predecir y cambiar el futuro, y caminar descalzos sobre lava hirviente (Long, 1936). Los Kahunas parecían poseer un conocimiento superior que les permitía utilizar y controlar las energías sutiles del universo. Este conocimiento aparentemente proviene de la sabiduría secreta de las escuelas místicas del antiguo Egipto (Glover, 1983). Fue transmitido vía varias olas migratorias por el norte y el este de África, Arabia, India, y el pacífico sur. A través de milenios, Huna fue asimilado, y substancialmente distorsionado, por las diversas culturas a su paso. Se pueden apreciar vestigios de Huna en muchos versículos codificados del Antiguo Testamento (Long, 1971) y en ciertas prácticas de Yoga y del Taoísmo de la India y de la

China. Por muchos siglos, las enseñanzas de Huna se preservaron casi intactas en las islas hawaianas, debido a su aislamiento geográfico. No fue hasta el siglo XIX que los misionarios cristianos llegaron a Hawái; pronto alcanzaron preeminencia política y religiosa; los Kahunas fueron declarados herejes y hechiceros, y sus prácticas prohibidas por la ley. Hacia comienzos del siglo XX, sus conocimientos y secretos legendarios casi habían desaparecido.

El descubrimiento, o mejor dicho el re-descubrimiento, de los principios de Huna fue hecho por un investigador Americano, Max Freedom Long, durante la primera mitad del siglo pasado (Long, 1948, 1953). Long sospechó que si los Kahunas no transmitieron sus conocimientos en forma escrita sino a través de un sistema de tradición oral e iniciación mística, estos principios deben haber sido camuflados en la lengua hawaiana (Long, 1948). Este descubrimiento fue el comienzo de un extenso proceso de análisis de los secretos Huna escondidos en las raíces de muchas palabras. Así pues, la letra de las canciones y leyendas tradicionales contienen dos significados diferentes: Uno exotérico que está disponible a cualquiera que hable la lengua, y uno esotérico que solamente puede comprender el Iniciado. El sistema Huna así reconstruido ya no es secreto, sino que está disponible a cualquiera que quiera aprenderlo y aplicarlo para su salud física o emocional, para el mejoramiento de su bienestar material, social o financiero.

Las tres almas interiores

Huna se basa en el concepto de que los seres humanos poseen no una sino tres almas o espíritus. Este planteamiento puede parecer un poco extraño al lector. La mayoría de las religiones occidentales conciben y aceptan la existencia del alma humana como una entidad inmaterial. En general, se acepta que la vida empieza cuando el alma toma posesión y anima al cuerpo, y termina cuando aquella lo abandona, aun estando en perfecto estado de salud. Sin embargo, de acuerdo a los Kahunas, estamos gobernados por tres espíritus diferentes que comparten el mismo cuerpo. Cada espíritu posee habilidades, funciones y objetivos propios en la vida. El objetivo último en la filosofía Huna es conocer a estas entidades, entender el papel que desempeñan, desarrollar sus habilidades latentes y construir un ambiente de cooperación armoniosa entre ellas. La clave de la salud, la prosperidad y la felicidad está en alcanzar un clima de colaboración entre las distintas entidades espirituales humanas.

Huna no es una religión. Contiene principios que pueden ser considerados como "religiosos," tales como los que se refieren a la "oración," que mejor deberían ser clasificados como actos de contemplación o de meditación especial. Sin embargo, Huna no contiene ninguna liturgia ni ningún dogma que se deba aceptar por fe. La práctica de Huna desestimula la aceptación de cualquier fundamento por fe. Por el contrario, al usuario se le incita a que practique y experimente con los principios, a que lleve un diario con los resultados observados y a que crea solamente aquello que ha sido demostrado por hechos concretos. Si usted practica alguna religión en particular, Huna no interferirá con sus creencias, sino que le ayudará a comprender el significado de muchas prácticas y rituales religiosos. Por otra parte, si usted no practica ninguna religión y sólo desea creer aquello que es apoyado por la evidencia científica, entonces Huna es definitivamente el camino a seguir.

Huna no constituye un sistema de magia. Si definimos a la magia como el control de fuerzas y entidades incorpóreas exteriores para obtener un provecho material, y especialmente para la manipulación y el daño físico o sicológico de otros, entonces Huna se opone radicalmente a la magia en objetivos, en principios y en procedimientos. *Huna enseña el control de nuestras propias fuerzas y entidades interiores para el logro de nuestro beneficio material y sicológico, y el beneficio de la humanidad.*

Tampoco Huna es una tradición hawaiana propiamente dicha. Aunque se preservó y se re-descubrió en Hawái, esta tiene similaridades y principios en común con tradiciones esotéricas de otras culturas de la antigüedad. La evidencia sugiere que Huna no se originó en Hawái. Las prácticas de Huna tienen puntos en común con las culturas chamánicas que han florecido en todos los continentes.

El descubrimiento más importante es que Huna revela un conocimiento muy profundo de la mente humana, un conocimiento que no sólo es descriptivo e interesante en su teoría, sino que de hecho constituye una herramienta de gran aplicación práctica en los asuntos cotidianos de la vida. Es sorprendente que esta sabiduría provenga de la antigüedad y que contenga conceptos que la ciencia moderna hasta ahora empieza a comprender. Por ejemplo, los Kahunas sabían acerca de la existencia del inconsciente, un concepto que la sicología comenzó a vislumbrar gracias a las contribuciones de Freud al final del siglo XIX. Sin embargo, las teorías y las terapias Huna en este campo van mucho más allá que la sicología. Igualmente, Huna contiene muchas ideas que la ciencia no ha aceptado, todavía.

Cómo usar este libro

Este libro es una introducción a los principios básicos y aplicaciones de Huna. Presenta los conceptos gradualmente, relacionándolos con otras tradiciones y otras culturas, y comparándolos y contrastándolos con los puntos de vista de la ciencia. Algunos principios de Huna son explicados, de una forma diferente, por la sicología, la religión, el chamanismo y la mitología. Otros fundamentos Huna se oponen al estado actual de la ciencia, en particular a la sicobiología.

He intentado establecer la noción de que las manifestaciones de los fenómenos "inmateriales" pueden ser explicadas por la ciencia moderna. En otras palabras, las leyes del mundo "inmaterial" no son más que extensiones de las mismas que gobiernan al mundo físico, después de adaptarlas a circunstancias diferentes. Las leyes fundamentales de la física que describen la conservación de la masa, la transferencia de energía, la propagación y disipación de ondas, y la relatividad son igualmente válidas en los llamados planos "superiores." El progreso tan vertiginoso en la instrumentación científica pronto le permitirá al investigador la detección y la medida de fenómenos sutiles antes considerados como "metafísicos." Actualmente, muchos físicos se están interesando en procesos y conceptos clasificados como esotéricos o antiguos.

Este es un libro práctico; después de la presentación de cada principio sigue la descripción de ejercicios o experimentos que el lector deberá poner en práctica regularmente. Los ejercicios son diseñados de tal forma que ilustran los conceptos básicos y gradualmente desarrollan sus habilidades psíquicas. Su aplicación le ayudará a conocer más de cerca las facultades latentes de sus entidades interiores para beneficio de su salud, sus finanzas y el logro de objetivos personales. No se le pide que crea nada de lo que lea sencillamente por fe. Por el contrario, se le invita a que implemente los ejercicios y que crea solamente aquello que usted mismo compruebe que es válido. Todos los ejercicios descritos son seguros; su aplicación no trae consigo ningún tipo de riesgo ni de efectos colaterales; su propósito es ayudarle a conocerse mejor y a mejorar su vida. La sola lectura de este libro le incrementará sus conocimientos teóricos del tema. Sin embargo, como ingeniero creo firmemente que un conocimiento sin aplicación práctica es inútil; la ganancia real se obtiene solamente con la perseverancia en la ejecución de los ejercicios.

Esta obra actualiza mucho de los trabajos anteriores sobre Huna, en un esfuerzo por mostrar al lector moderno la relevancia y aplicabilidad de sus principios. También se presentan nuevas técnicas, particularmente acerca de temas tan importantes como la cura emocional y el desbloqueo mental. En tratados anteriores de Huna se ha hecho mucho hincapié en el diagnóstico y la eliminación de las causas de las plegarias fallidas. He agregado nuevos métodos y ejercicios prácticos de TFT/EFT que se basan en la medicina energética de la antigüedad, tales como la acupuntura. Recientemente se ha descubierto que estas técnicas son útiles para el tratamiento de dolencias emocionales al igual que físicas.

No se pretende afirmar que Huna le dará acceso a poderes extraordinarios, a curaciones mágicas o a materializaciones instantáneas de gran riqueza. Cualquier libro o doctrina que proclame tales logros está engañando al lector ingenuo. Huna tampoco es un substituto de una ayuda médica o sicológica; Huna es sencillamente un complemento para cualquier otro tratamiento terapéutico. La práctica de Huna —con dedicación y persistencia— le ayudará a mejorar los resultados que usted haya alcanzado por métodos convencionales. El desarrollo de la consciencia y la espiritualidad es un proceso gradual que redunda en un correspondiente incremento en la habilidad para manifestar deseos y objetivos personales. Para volverse diestro en Huna, se requiere la misma dedicación que la necesaria para alcanzar éxito en un trabajo o en un deporte: Hay que practicar regularmente, aprender de los errores, mejorar la técnica con cada aplicación, y lo más importante, *persistir*. Para tener éxito en Huna, no es necesario poseer grandes aptitudes paranormales ni tener mucho talento; el mundo está lleno de genios frustrados. *La clave del éxito está en la persistencia.* Los logros extraordinarios le ocurren solamente a aquellos que siguen las reglas del esfuerzo, la dedicación, y la persistencia. Las historias de logros aparentemente milagrosos invariablemente se refieren a aquellos que se han vuelto expertos a través de la práctica y han evolucionado hasta convertirse en Kahunas modernos.

Este libro fue escrito para el público en general. Está dirigido al lector que, por su cultura o educación, no acepta ideas aparentemente metafísicas que no sean sustentadas por una explicación científica razonable. Este mismo lector ha alcanzado un nivel de madurez expresado en un deseo interior de evolucionar físicamente y emocionalmente, de superar sus miedos interiores y limitaciones del pasado, para lograr nuevos fines y crecer espiritualmente. Este lector desea conocerse a sí mismo, más allá de las definiciones convencionales de status social y material, pero tal vez no siente la necesidad de adherirse a ningún dogma o credo institucional. Si usted desea asumir responsabilidad por su propia salud física y emocional, si desea asumir control de su vida, este libro es para usted.

A los lectores no familiarizados con Huna, les recomiendo leer todos los capítulos y practicar todos los experimentos en el orden presentado. Aquellos familiarizados con alguna forma de meditación tal vez querrán obviar los ejercicios de los Capítulos 2 y 3, y tal vez modificar los del Capítulo 4, de acuerdo a su experiencia previa. Finalmente, los familiarizados con Huna encontrarán de interés el Capítulo 5, que presenta nuevas técnicas efectivas para resolver el eterno problema de la interferencia en la comunicación con el Yo Superior.

Después de una introducción general en el Capítulo 1, en el Capítulo 2 se discuten las teorías comunes acerca de la consciencia. El Capítulo 3 está dedicado al yo inferior e incluye paralelos con las teorías sicológicas modernas acerca del inconsciente. Se presentan ejercicios prácticos para percibir y conocer al yo inferior y para desarrollar gradualmente sus habilidades latentes. Estos ejercicios constituyen las bases de los que se ofrecen en los capítulos subsiguientes. El lector no familiarizado con la meditación, o no acostumbrado a meditar regularmente, debería prestar especial atención a los ejercicios del tercer capítulo. En el Capítulo 4 se introduce el concepto del Yo Superior con ejercicios para gradualmente llegar a conocerle, pedirle consejo, o solicitarle ayuda especial en la materialización de un deseo u objetivo. El Capítulo 5 discute el problema de la plegaria sin respuesta con técnicas para eliminar fijaciones y emociones negativas. Estos métodos no sólo desbloquean la comunicación con el Yo Superior, sino que también nos ayudan a eliminar muchos miedos indeseables y patrones negativos del pasado. El Capítulo 6 es una introducción a la filosofía Huna acerca del propósito de la vida.

BREVE HISTORIA DE LA CONTRIBUCIÓN DE MAX FREEDOM LONG A LA FILOSOFÍA HUNA

Max Freedom Long llegó a Hawái en 1917, empleándose como maestro en una apartada comunidad cerca del volcán de Kileauea. En sus estudios se había especializado en sicología, y tenía mucho interés en teosofía, ciencia cristiana, y religión comparativa. Desde su llegada, las leyendas de los Kahunas le cautivaron inmensamente. Estas relataban historias acerca de las habilidades de los Kahunas para controlar el clima, ejecutar curaciones milagrosas, predecir y cambiar el futuro, y caminar descalzos sobre lava volcánica hirviente. Un muro de silencio se oponía a todas sus preguntas acerca de lo que parecía ser sencillamente superstición. Long se enteró de que los Kahunas habían prácticamente desaparecido y de que en una época fueron los líderes espirituales Hawaianos antes de la llegada de los misioneros cristianos en 1820.

La curiosidad de Long continuaba aumentando. Leía asiduamente las crónicas de los misioneros que reducían a los Kahunas a nada más que hechiceros supersticiosos que explotaban la ignorancia de la gente. Poco después de la llegada de los misioneros, la religión cristiana se convirtió en la fe dominante en la región y, con la preponderancia política y la difusión de las ideas y cultura occidentales, las prácticas Kahunas fueron oficialmente prohibidas. Los Kahunas no dejaron ninguna documentación escrita. Todos sus conocimientos secretos fueron transmitidos verbalmente, a través de generaciones, a un selecto número de aprendices bajo un código de silencio muy estricto. Como ya no habían nuevos aprendices que continuaran el legado de sus ancestros, toda una forma de vida fue lentamente desapareciendo bajo las sombras del "progreso."

Después de tres años en Hawái, Long se mudó a Honolulú; allí frecuentaba al museo que había sido fundado por la realeza hawaiana como repositorio de su cultura. Fue entonces cuando conoció al Dr. William Tufts Brigham, antiguo director del museo, que había dedicado cuarenta años de su vida al estudio de las costumbres hawaianas. Fue él quien le dio a Long la primera opinión autoritativa de que la ciencia y el arte de los Kahunas no eran ficción, sino que por el contrario eran manifestaciones fidedignas de un conocimiento secreto de la antigüedad. El Dr. Brigham también compartió con Long sus anotaciones y observaciones personales que confirmaban muchas de las historias extraordinarias. En uno de estos eventos, Brigham mismo fue invitado por un grupo de Kahunas a caminar descalzo sobre lava hirviente. En aquella ocasión, a Brigham se le quemaron completamente las suelas de sus botas de cuero, al tiempo que sus pies fueron misteriosamente protegidos de las quemaduras.

Brigham suministró una gran cantidad de información cualitativa y descripciones sobre casos específicos, pero carecía de una teoría que explicara los poderes aparentemente mágicos de los Kahunas. Tal como le dijo a Long: "En el estudio de esta magia, manténgase siempre alerta a tres cosas. Debe de haber alguna forma de consciencia que respalde o que dirija los procesos mágicos; por ejemplo, controlar el calor en las caminatas sobre lava hirviente. Si es que pudiéramos reconocerla, también debe de haber alguna forma de energía que es dirigida por esta consciencia. Por último, debe de haber algún tipo de substancia, visible o invisible, a través de la cual la energía puede actuar. Busque estas tres cosas, y si usted puede encontrar alguna, puede que esta conlleve a las otras." (Long, 1948).

Long continuó su investigación sin mucho éxito y en 1931 se marchó de las islas. Se trasladó a California, donde continuó estudiando y buscando nuevos descubrimientos sicológicos que pudieran arrojar algo de luz sobre este fenómeno. Una noche en 1935, se despertó con una idea que eventualmente le condujo a la clave de la respuesta. Si los Kahunas no dejaron ningún record escrito y transmitieron su erudición verbalmente, entonces el conocimiento secreto debe de haber sido ocultado en el lenguaje cotidiano. La lengua hawaiana está hecha de palabras constituidas por pequeñas raíces. Traduciendo las raíces se obtiene el significado original de la palabra. Long empezó a revisar las palabras que usaron los Kahunas en sus cánticos y plegarias tradicionales, generando así una traducción nueva a partir de las raíces de cada palabra. Este fue el comienzo de un largo y meticuloso proceso de investigación lingüística que tardó varias décadas y que eventualmente reconstruyó la teoría de la ciencia Kahuna de la antigüedad. Max Freedom Long la designó con el nombre de *Huna*, que quiere decir "Secreto."

Long fundó una organización internacional para la investigación de Huna. En sus libros, Long describe el arduo trabajo de descifrar el código Huna subyacente en la lengua hawaiana. La investigación de Long y sus colegas encontró muchas similaridades entre Huna y otras culturas de la Polinesia, Madagascar y el norte de África. Desarrollaron una hipótesis que reconstruía la migración Kahuna a través de los milenios hasta localizarlo originalmente en Egipto (Glover, 1983). Según esta hipótesis, algunas tribus Kahunas emigraron a través del norte de África; otras a través de la costa oriental de África hasta llegar a Madagascar; otras a través de Arabia hasta la India, en donde el conocimiento Huna fue gradualmente alterado con los siglos; otras navegaron por el océano Índico hasta las islas del Pacífico sur (Glover, 1983). En las islas hawaianas, este conocimiento se preservó aparentemente intacto por muchos siglos hasta la llegada de los misionarios en el siglo XIX.

Siguiendo una metodología similar, se han descubierto interesantes analogías entre Huna y diversos pasajes alegóricos de libros antiguos como la Biblia, las Upanishads, el Bhagavad Gita, y el Libro Egipcio de los Muertos (Long, 1971). Esto puede explicar porqué los Hawaianos estaban familiarizados con las historias del Antiguo Testamento, lo que sorprendió a los misionarios. La evidencia sugiere que los Kahunas se originaron en Egipto y a lo largo de sus migraciones influenciaron el conocimiento y la cultura de las civilizaciones que encontraron a su paso. El lenguaje y texto en los libros antiguos contienen un significado externo, que cualquiera puede entender, y un significado intrínseco, oculto o simbólico que sólo el Iniciado puede comprender. La investigación reciente de la lengua hawaiana continua esclareciendo el significado secreto embebido en expresiones cotidianas (Morrel, 2005). Los interesados en los procedimientos para descifrar el sentido oculto detrás de las raíces de las palabras hawaianas pueden consultar los libros de Long (1948, 1953, 1971). La presente obra se enfoca en las aplicaciones prácticas de Huna.

La contribución de Max Freedom Long y sus colegas fue la recuperación de una sabiduría muy profunda y muy práctica de la estructura de la psique humana; una sabiduría que sólo hasta ahora la ciencia sicológica moderna está empezando a dilucidar. La investigación de Freud a finales del siglo XIX redescubrió la existencia del inconsciente, aunque este inconsciente es considerado sólo como una componente de la personalidad humana y no como una entidad independiente que comparte y se aloja en nuestro cuerpo. Muchos de los conceptos de Huna no son todavía reconocidos por la sicología. El discernimiento que los antiguos Kahunas tuvieron de la sicología humana fue sencillamente excepcional.

El legado de Long nos abre las puertas a una erudición remota que todavía sobrepasa, con mucho, a aquella que podemos obtener gracias a los últimos aportes de la ciencia actual. Estas enseñanzas, adaptadas a la vida moderna, nos permiten conocer nuestra verdadera naturaleza interna.

MOTIVACIÓN PARA LA PRÁCTICA DE HUNA

Conocimiento externo versus sabiduría interna
"Conócete a ti mismo y conocerás al universo y a los dioses" era la inscripción sobre el portal principal del templo de Delphis consagrado a Apolo en la Grecia antigua. Esta máxima, atribuida a Tales de Mileto, anunciaba el precepto fundamental de que uno debe primero que todo conocerse a sí mismo, y que el entendimiento de nuestra propia personalidad, nuestras fuerzas y nuestras debilidades, es un requisito fundamental para poder conocer al mundo exterior y el comportamiento de los demás.

Sin embargo, nuestra forma de aprender y de vivir es completamente opuesta a este principio. Cuando se trata de aprender y comprender, hacemos un énfasis total en el mundo externo. Desde los años de la infancia, aprendemos a observar y a estudiar nuestro medio ambiente con nuestros sentidos, y a analizarlo con nuestra mente objetiva racional. Incesantemente, procuramos acciones concretas para progresar y para controlar el mundo físico; se nos ha hecho creer que el propósito de la vida, es decir la clave de la felicidad, está en adquirir riquezas y posesiones materiales.

El sistema educativo nos refuerza este ideal y nos prepara a enfrentar al mundo exterior. La mayor parte de la educación formal está dirigida hacia la enseñanza de las ciencias y las artes. El currículo típico de educación secundaria incluye cursos sobre álgebra, trigonometría, cálculo, química, educación física, preceptiva literaria, historia y artes plásticas. Dependiendo de la especialidad, la educación universitaria conduce al estudiante a profundizar en la teoría y la práctica de las habilidades relacionadas con una profesión específica. Este desarrollo produce individuos capaces de desempeñarse exitosamente el un campo escogido. El éxito usualmente se mide en términos de los logros económicos alcanzados. Estoy seguro que todos conocemos casos así. Por ejemplo, puedo mencionar dos casos típicos. Tengo un amigo a quien "le va muy bien" y como prueba de sus logros me recita el aumento impresionante en su capital financiero; trabaja de tiempo completo para una compañía farmacéutica multinacional, al tiempo que dedica las noches a su propia compañía inmobiliaria. En verdad, le va muy bien financieramente, pero al mismo tiempo se queja de que casi nunca puede ver a sus dos hijas y que su matrimonio está al borde del colapso. Otro caso es el de una amiga que ha alcanzado una elevada posición administrativa en una corporación financiera de renombre. Cuando le pregunto si se siente feliz, me responde afirmativamente con entusiasmo, y después me relata todos los eventos indeseables de la política corporativa, las preocupaciones, la enorme presión y responsabilidad que descansan sobre sus hombros y que la mantienen despierta en las noches. Está claro, el poder, la posición social, y los logros materiales y financieros son objetivos importantes en la vida. No obstante, uno se puede preguntar, ¿es que estas metas constituyen el único propósito en la vida? ¿Su consecución realmente aseguran la felicidad?

El disfrute de lo externo versus la felicidad interior
Muy a menudo, tenemos éxito en nuestros propósitos de avanzar profesionalmente y adquirir dinero y bienes materiales. A pesar de estos logros, usualmente obtenidos a través de penosísimos esfuerzos, a veces nos sentimos vacíos. Cuando obtenemos un contrato grande o una ganancia importante en una transacción de negocios, nos sentimos felices; pero esta sensación es transitoria. Incluso conozco personas que son consistentes en sus éxitos financieros, pero que confiesan que les falta algo.

No estoy advocando la renuncia a los placeres materiales, ni el dejar de perseguir logros profesionales o financieros. Al contrario, estos logros representan grandes oportunidades para el crecimiento personal, el aprendizaje, la ayuda a los demás, y el disfrute de la vida. Estoy sencillamente recalcando que en la lista de metas que nos proponemos alcanzar, a menudo olvidamos incluir el conocimiento propio o el desarrollo de nuestra personalidad. La colección de metas a alcanzar —que usualmente es introyectada por nuestros padres, por los medios de comunicación o por modas y expectativas sociales establecidas por otros— se encuentra altamente parcializada hacia el logro de objetivos externos y materiales. Pocos son los que persiguen el conocerse a sí mismo, mejorar o controlar el comportamiento, alcanzar la paz interior. Sin embargo, la literatura está llena de ejemplos vívidos de individuos evolucionados que lograron equilibrar la búsqueda de los objetivos externos con la de los internos. Todos invariablemente coinciden en que las satisfacciones generadas por estos últimos son infinitamente superiores a aquellas obtenidas por logros materiales transitorios.

Aprender acerca de la estructura de nuestra personalidad puede ser mucho más importante que tener una gran utilidad en un proyecto empresarial. Aunque este último nos conlleve a un entusiasmo temporal, y al disfrute de algunas comodidades, superar nuestros miedos interiores o controlar nuestro temperamento agresivo nos puede traer una felicidad duradera muy superior a aquella que provee la comodidad material.

Piense en las cosas que usted más desea en la vida. Sus preferencias pueden incluir la buena comida, los romances, viajes al exterior, automóviles y propiedades inmuebles. Es posible que usted también desee grados académicos, status profesional, reconocimiento social, influencia sobre los demás. Ahora recuerde la última ocasión en la que logró satisfacer uno de esos deseos. Piense, por ejemplo, la ultima vez que le otorgaron un aumento de sueldo. ¿Cómo celebró este evento? ¿Se sintió feliz por unos meses, unos años? Es posible que se haya sentido satisfecha u orgullosa por un tiempo, pero que en la actualidad se sienta indiferente. De hecho, es muy posible que usted ahora desee un aumento incluso mayor. Es decir, esa satisfacción material le lleva a desear otra incluso mayor.

Compare ahora esta satisfacción temporal con una que provenga de un anhelo interior. Esto puede ser un reto para alguien que nunca haya buscado dentro de sí la respuesta a las inquietudes de la vida. Si usted siempre ha abordado la solución de sus problemas a través de la ejecución de acciones externas puede resultarle difícil rememorar una anécdota en la que la solución fue ofrecida interiormente. Existe una diferencia fundamental entre *hacer* y *ser*. En el pasado, aprendimos que para ser felices tenemos que *hacer* cosas. Por supuesto, esto también es válido. No obstante, existe otra forma de ser feliz y es la que proviene de *ser*; de una realización interna que no depende de ningún evento externo en particular.

¿Puede recordar alguna vez en que se sintió feliz sencillamente por estar vivo? Piense en la primera vez que se enamoró. Recuerde ese sentimiento hipnótico de fascinación infinita que le producía una simple mirada, o sencillamente pensar en el ser amado. Si tiene inclinaciones artísticas, ¿puede recordar la última vez que disfrutaba su música favorita, que pintaba en acuarela, que leía poesía o un libro que no podía dejar de lado? ¿Puede revivir esa sensación de estar completamente absorto en el disfrute total del presente, sin pensar o recordar nada? Si le gusta la naturaleza, ¿puede evocar el sentimiento revivificante que se experimenta durante una caminata por los bosques? Puede evocar el placer de la compañía de buenos amigos, el sentimiento de camaradería, de pertenencia al grupo, la conversación humorística sin otro propósito que el disfrute del ocio?

Estos sentimientos provienen del goce del ser, en lugar del hacer; usualmente son cosas muy sencillas, que no cuestan nada, y que proveen una satisfacción profunda. Nos ocurren cuando hay una armonía interior. He aquí uno de los estados más importantes —pero más difíciles de lograr— en la vida: experimentar armonía interior.

Ken Keyes (1976) formuló el principio de que la clave de la felicidad está en tomar todos nuestros *deseos* y aspiraciones y transformarlos en *preferencias*. Esto requiere un cambio esencial en la forma en que reaccionamos a las circunstancias externas. Al no desear, al no estar emocionalmente apegados a que ocurran ciertos eventos, al no esperar que otros se comporten en cierta forma, logramos mantener una ecuanimidad interior que no depende de los acontecimientos externos. Keyes indica que todas nuestras adicciones emocionales de seguridad, sensación o placer nos consumen una gran cantidad de energía interna, y son la causa de muchos de nuestros sufrimientos y desilusiones. Aun si logramos satisfacer parcialmente muchas de estas adicciones, los logros de motivación externa están sujetos a las leyes de decaimiento termodinámico. En otras palabras, la satisfacción de uno de estos deseos sólo nos causa un placer transitorio o tal vez indiferencia; tarde o temprano, vamos a desear tener más o lograr más, tal que nunca estaremos completamente satisfechos. Keyes propuso una metodología para lograr tal estado de desprendimiento en la vida. Aunque estoy en desacuerdo con una forma de vida que rechaza la importancia de las posesiones materiales, y que niega el papel —tan preponderante en nuestra evolución— de los logros materiales, el principio de Keyes de lograr la felicidad a través de un conocimiento y modificación interiores sigue siendo válido.

Comprenderse a sí mismo para dirigir la vida
La armonía interna requiere un equilibrio entre los diferentes componentes de nuestra personalidad, y aquí hay un concepto que muchos reconocen, pero pocos comprenden. Tal vez recuerde las teorías de la personalidad en sicología. Muchos de los que estudian sicología lo hacen con el propósito de aplicarla al estudio de los demás; hay muchos sicólogos profesionales, psiquiatras, y terapeutas que poseen excelentes conocimientos de las *teorías* del comportamiento humano, y que sin embargo exhiben problemas complejos en su propia personalidad. ¿Por qué no aplican sus conocimientos al mejoramiento del comportamiento propio? ¿Cómo puede un terapeuta ayudar a un paciente a superar su conducta agresiva, cuando él mismo sufre de una condición similar? Desgraciadamente, muchos profesionales de la salud mental descuidan la superación de sus propios patrones negativos antes de emprender el ejercicio de su profesión. Esta contradicción usualmente resulta en muchas fallas terapéuticas; es necesario poseer una personalidad equilibrada y armoniosa antes de poder ayudar a que otros logren el mismo nivel de comportamiento. En este sentido, algunas escuelas psicoanalíticas exigen que sus estudiantes se sometan a varios años de análisis, antes de optar por sus títulos académicos. Este proceso aumenta las posibilidades de que los futuros pacientes reciban un tratamiento adecuado.

La mayoría de nosotros no deseamos convertirnos en sicólogos o terapeutas, pero hay un principio fundamental que permanece válido, y es el que debemos superar nuestros propios problemas y conflictos internos antes de poder resolver los conflictos y problemas que tengamos con los demás; hay que superar los miedos internos antes de enfrentar con éxito los externos; es necesario sentir paz interior, antes de poder percibirla en el mundo exterior; hay que experimentar armonía y alegría entre las propias componentes de nuestra personalidad, antes de poder vivirlas en las relaciones con los demás. Este es un principio fundamental muy difícil de ver y aceptar por la mayoría pues, como hemos dicho, hemos sido entrenados a aceptar que nuestros problemas son de origen externo, en lugar de verlos como son —reflejos de nuestros conflictos internos. Se nos ha habituado a creer que para eliminar nuestros conflictos sicológicos tenemos que ejecutar acciones externas; por esta razón es muy fácil culpar a los demás de todos nuestros problemas.

A menudo fallamos en reconocer que la fuente de todos nuestros conflictos está dentro de nosotros mismos. Si examina cuidadosamente los acontecimientos infelices de su vida —y admitimos que esto es difícil de hacer objetivamente—, se podrá dar cuenta que muchos de ellos se repiten con curiosa frecuencia, y que la mayoría de ellos son de origen interno. Tomemos por ejemplo el caso, hoy en día muy común, de las personas que enfrentan una y otra vez el divorcio. Invariablemente, estas personas culpan a sus compañeros (as) de todos los problemas de la relación y del colapso familiar, y creen firmemente que todos sus problemas desaparecerán sencillamente cambiando de pareja —y de hecho es cierto por un tiempo muy corto. No obstante, hasta que estas personas no resuelvan identificar y trabajar en sus problemas internos, y mejorar su comportamiento, tarde o temprano la nueva relación tendrá el mismo destino de las anteriores.

Lo que debemos hacer es aprender a reconocer a los eventos externos como *indicadores* de problemas internos que hay que resolver. Si usted percibe a sus colegas de trabajo como egoístas, agresivos y competitivos, acepte esta percepción de los demás como indicador de un problema propio. Tal vez usted fue víctima de muchos conflictos en su infancia, que ya no existen pero que parte de su mente cree que todavía ocurren. Entonces, la actitud positiva a asumir es tomar lo que se *percibe* como conflicto actual en el trabajo y usarlo como estímulo para trabajar en esos sentimientos arcaicos que aun no han sido racionalizados. Si desarrolla el hábito de tomar los eventos externos en su vida como lecciones de problemas internos a superar, entonces su mundo externo se convertirá en un reflejo del interno; combatirá el verdadero origen —interno— de sus problemas; se hará más diestro en resolverlos. El acontecimiento externo se convertirá, por así decirlo, en el crisol alquímico —su laboratorio humano— que "disuelve" y "coagula" los problemas de la vida y los transmuta en cualidades superiores —la Piedra Filosofal.

El triple yo interior: Tres espíritus en un sólo cuerpo
De lo anterior se desprende el principio de que la percepción de la paz y la felicidad externa requiere de un experiencia de las mismas cualidades en el interior. Para lograr este estado ideal es necesario primero adquirir un entendimiento cabal de nuestra estructura mental, y segundo eliminar los conflictos entre nuestras componentes internas. Aquí se invita al diálogo y la cooperación entre las diferentes "partes" de nuestra psique. Explorando su organización, encontraremos que está compuesta por varias partes. De la sicología hemos aprendido que tenemos una mente consciente que es racional y lógica, pero también una mente inconsciente que es irracional. Estas dos "partes" son diferentes en su naturaleza y no siempre se encuentran en armonía; de hecho, se encuentran tan a menudo en conflicto que muchos de nuestros sufrimientos en la vida provienen de estos confrontamientos desapercibidos.

Este no es un tratado de sicología en el sentido tradicional; describe la estructura mental interna, y presenta una metodología práctica para lograr el diálogo y la cooperación entre nuestras diferentes componentes psíquicas, en un proceso que nos puede conducir a una vida feliz. Presentaré varios principios y procedimientos derivados de la tradición Huna que han demostrado ser muy efectivos para el entendimiento y el mejoramiento de nuestras vidas. Se incluyen ejercicios sencillos que cualquiera puede poner en práctica para mejorar su vida, o incluso para manipular las condiciones externas, siempre y cuando logremos la colaboración de nuestras entidades internas. Dicho de otra forma, el uso de estos ejercicios nos puede ayudar a mejorar las circunstancias económicas y sociales, o las de nuestros semejantes.

Intento demostrar que, a diferencia de lo que propone la sicología, las diferentes componentes mentales son mucho más que "partes" o niveles de una misma personalidad; *son en realidad diferentes seres, o espíritus, alojados en un mismo cuerpo.* Es más, no son sólo dos sino tres seres los que comparten nuestro organismo. Cada uno de estos seres inmateriales tiene su propio grado de consciencia, su propia personalidad, su propia experiencia y sus propias prioridades. La mayor parte del tiempo no estamos conscientes de su existencia, pues nuestro condicionamiento educativo nos ha hecho creer que tenemos una personalidad única dirigida por nuestra mente racional. Esta ilusión no es más que el resultado de un énfasis exagerado que hemos impuesto en nuestra mente racional y su obsesión con la realidad externa. Nuestra preocupación por la realidad externa y los acontecimientos externos es tan fuerte, que nos negamos a creer que existan otras personalidades siempre presentes en nosotros, las cuales tienen misiones físicas y sicológicas muy específicas en nuestra vida. Por nuestro propio bien, debemos conocerlas, comprenderlas, trabajar con ellas. Entonces —proponemos— la máxima de Tales "Conócete a ti mismo . . ." bien podría modificarse por una que invite a conocer a nuestros tres espíritus: "Conoce a tu triple yo."

LOS TRES ESPÍRITUS DENTRO DE NOSOTROS

El yo intermedio o espíritu consciente

¿Es cierto que estamos habitados por tres espíritus? La sola idea de que tengamos personalidades múltiples nos puede parecer sorprendente, especialmente cuando hemos internalizado que somos entidades racionales, completas y únicas, en la cúspide del reino animal. La cultura occidental moderna proclama que cada individuo es independiente, dueño único de sus sentidos y funciones vitales. "Pienso, luego existo" escribió Renato Descartes (1637), promulgando el principio de que nuestra mente racional —nuestra habilidad de reflexionar, de analizar, de crear un pensamiento abstracto inductivo—

constituye la prueba irrefutable de nuestra existencia como individuos independientes, completos, únicos. La realidad cotidiana contribuye a afirmar esta ilusión de independencia y unidad de nuestro ser. Puedo pensar o imaginar lo que quiera; puedo controlar el movimiento de mis músculos; puedo caminar o correr; puedo ver y oír lo que desee; me siento un individuo independiente de los demás y en control total de mis facultades. ¿Entonces, cómo es que sugiero que estamos integrados no por *una*, sino en realidad por *tres* entidades?

Antes de discutir el tópico de la multiplicidad del ser, consideremos los otros aspectos de la afirmación original: que estas entidades residen en nosotros y que son espíritus. La idea de que nuestra personalidad esté constituida por un sujeto incorpóreo espiritual, en lugar de uno compuesto exclusivamente de sustancias químicas, puede que no sea tan difícil de aceptar. La mayoría de nosotros hemos sido educados bajo una de las religiones mayores que establecen que tenemos un "alma" que es inmaterial, inmortal y divina en su naturaleza. No obstante, la noción de que estamos "poseídos" por espíritus evoca las historias de fantasmas, apariciones y fenómenos paranormales, que han sido explotados por la industria cinematográfica, y que la mayoría clasifican como ficción.

Si tenemos otras componentes en nuestra personalidad, ¿hay alguna forma de percibirlas? Nuestras identidades individuales siempre se encuentran en nosotros; de hecho, no podríamos sobrevivir si ellas no controlaran ciertas funciones vitales. La mayoría de nosotros, sin embargo, ignoramos su presencia. Examinemos el problema desde otro punto de vista, observando nuestro comportamiento en condiciones "normales," que mejor deberían de ser llamadas "ideales." En estos casos, nuestra mente controla efectivamente nuestras reacciones a estímulos externos. Es durante situaciones que se apartan de lo ideal cuando percibimos la existencia de otras componentes de nuestra personalidad, que a veces nos obligan a enfrentar sus reacciones antagónicas.

El yo inferior o espíritu inconsciente
Examinemos un ejemplo de la vida cotidiana. Imagine que

se encuentra en el trabajo y que decide acercarse a la siguiente oficina a pedirle a uno de sus colegas una copia de un reporte. Suponga que la comunicación con él es amistosa, abierta y con un buen intercambio de ideas. La conversación es de mutuo beneficio, hay buenas sugerencias y críticas constructivas, las cuales son bienvenidas y positivamente analizadas. Existe un dialogo en ambas direcciones y cada interlocutor escucha atentamente. Está claro, bajo este escenario ideal uno se siente apreciado, único, y en control.

Sin embargo, ¿qué ocurre si su colega no es la persona amistosa y respetuosa antes descrita? ¿Cómo se sentiría si él responde con comentarios negativos, o sencillamente se rehúsa a cooperar? Aun más complicado en el mundo corporativo, ¿qué tal si su colega es su supervisor inmediato, que reclama ser el autor del reporte en cuestión, cuando de hecho fue escrito por usted o su contenido está basado en sus propias ideas? De repente, ya no es usted la persona calmada, lógica, coherente, y razonable del caso anterior; ahora le llegan *sentimientos* de injusticia, de rabia, de indignación. Las emociones moderadas de antes, ahora son perturbadas por otras antagonistas que le incitan a protestar, a discutir, a quejarse al director de la división, y en casos extremos a gritar a su colega. Tales sentimientos provienen de otro yo, que la sicología moderna ha llamado el *inconsciente.* Trataremos de demostrar que lo que la sicología llama inconsciente o subconsciente es en realidad un ser independiente alojado en nuestro cuerpo. Aprenderemos a conocerle, a desarrollar sus habilidades latentes, y a lograr su cooperación en una forma que nos conduzca a una vida más armoniosa y feliz.

Miremos más de cerca al intercambio anterior. En fracciones de segundo, su mente *consciente* racional le manda pensamientos que le invitan a mantenerse calmado, a responder en una forma "madura" y adulta, a callar sus sentimientos y en su lugar agradecer a su jefe por su "amabilidad" e invitarle a razonar. Su consciente también le sugiere que le conviene perder esta batalla y mantener su empleo. Simultáneamente, su inconsciente le incita a discutir, a defenderse ante tal injusticia. La mayoría de las veces, no nos damos cuenta del conflicto interno que ocurre entre las componentes de nuestra personalidad. Es posible que salgan a relucir algunas reacciones físicas, tales como un aumento en el pulso, sudor frío en la cara o en las manos, sequedad de la boca; su mente inconsciente ha ordenado la segregación de adrenalina; ¡le está preparando para el combate! Su respuesta externa a este incidente dependerá de su nivel de educación —es decir, del grado de entrenamiento y control que el consciente ha logrado sobre el inconsciente—, del historial de conflictos con su colega o incidentes similares desde infancia, y de la intensidad con la que su inconsciente se expresa —la "personalidad" de su inconsciente.

En este contexto, nos concierne el conflicto interno motivado por el externo con su colega. ¿Quién ganará esta lucha, su ser consciente racional o el irracional emocional? En el mejor de los casos, sus sentimientos negativos serán apaciguados por su consciente, quien emitirá una respuesta exterior modulada, cortés, aunque firme. En el peor de los casos, su inconsciente se sobrepondrá al consciente y tomará las riendas en su defensa gritando, o incluso golpeando, a su oponente. Este último caso es frecuente; ¿cuántas veces se ha arrepentido de haber reaccionado negativamente ante un incidente? "No me reconozco a mí mismo; ojalá no hubiese reaccionado tan agresivamente," pensará usted después. Es la voz del consciente que perdió el control y le permitió al inconsciente dar rienda suelta a su expresión emocional. ¿Vemos aquí un caso de personalidad múltiple? La sicología moderna describe como patológico el caso de diferentes personalidades que se apoderan del cuerpo y la mente de un individuo. La teoría sicológica nunca ha ofrecido una explicación satisfactoria de este fenómeno. Puede que la reacción negativa ante su supervisor no exhiba la etiología clínica que la clasifica como un caso de personalidad múltiple, pero el acontecimiento ciertamente sugiere la existencia de otra personalidad, u otro yo, que a veces se impone a su consciencia y logra expresar sus sentimientos en contra de su voluntad. ¿No parece más obvio considerar al inconsciente como un ser independiente?

El inconsciente no sólo se expresa con emociones negativas. Se de un caso de una amiga que es la gerente general de una prominente compañía consultora de ingenieros con cede en Seattle. Atribuye su éxito en una profesión dominada por hombres a su carácter fuerte. Trabaja un promedio de sesenta horas a la semana, inspira una imagen de autoridad y seguridad en sí misma, y dirige su organización con mano firme. Hace un tiempo me comentó que la única vez que perdió el control fue cuando su esposo, a quien quería mucho, le pidió el divorcio. "De repente, no pude dejar de temblar y contener las lágrimas, al tiempo que le decía que yo tampoco le quería," me dijo. "Mis palabras expresaban indiferencia, al tiempo que parte de mí le rogaba y le mostraba amor" agregó. La mente consciente quería mantenerse en calma y expresar una reacción "lógica," mientras que la inconsciente se las ingenió para demostrar lo opuesto, que se dejó vislumbrar por las lágrimas de rabia.

Más adelante discutiremos las características inherentes a cada una de estas entidades; lo importante por ahora es reconocer la existencia de otros sujetos presentes en nosotros. Hasta ahora hemos encontrado dos: el yo consciente, que es racional y lógico, y el yo inconsciente, que es irracional, ilógico y emotivo. Los Kahunas llamaron a la mente consciente el *uhane* o *yo intermedio* (Long, 1948), y a la mente inconsciente el *unihipili* o *yo inferior*. Estos nombres parecen más apropiados para identificar seres independientes que sencillamente componentes de la misma personalidad, como sugiere la sicología.

La teoría sicológica se refiere al inconsciente como al nivel de la personalidad donde se almacenan los recuerdos y donde se forman las creencias e ideas antiguas. Aquí decimos que este corresponde al yo inferior, que es mucho más que un lugar para la memoria; el yo inferior es de hecho un *ser* independiente. ¿Cómo podemos estar seguros de ello? Para responder esta pregunta hay que definir lo que es un *ser*. ¿Qué es vida? ¿Es que la vida se manifiesta en forma orgánica solamente? ¿Puede manifestarse en forma inmaterial? ¿La consciencia constituye una forma de vida? Todas estas son preguntas filosóficas.

Una de las funciones más importantes de la mente inconsciente es la de almacenar apropiadamente toda la información, pensamientos y experiencias recibidas por la mente consciente desde los años de la infancia. Mientras que la mente consciente tiene aptitudes para analizar, deducir, e interpretar toda la información interna o externa, es la mente inconsciente quien clasifica y almacena estos datos en grandes bancos de memoria en el cerebro. En otras palabras, la mente consciente tiene la habilidad de razonar y racionalizar la información, pero tiene una memoria limitada. Para traer cualquier recuerdo a la consciencia actual, la mente consciente debe "recordar" el evento. Es decir, la mente consciente tiene que pedirle a la inconsciente que busque en sus bancos de memoria, que encuentre el suceso en cuestión entre un grupo de información relacionada y que lo remita al nivel consciente. Este proceso puede tomar entre fracciones de segundo hasta horas o años, dependiendo del asunto a ser recordado, y especialmente del *significado* que el tema tenga para el inconsciente. Este proceso se realiza sin darnos cuenta.

El punto que quiero recalcar es que la mente inconsciente es una entidad separada de la consciente. "Por supuesto, hoy en día todos sabemos de la existencia del inconsciente. Eso no quiere decir que sea una entidad viva aparte," le oigo decir. Hagamos una analogía entre la psique humana y un computador digital. Imaginemos que la mente consciente humana puede ser comparada al sistema operacional de la computadora (e. g., Windows, Linux). El sistema operacional tiene la capacidad de ejecutar programas, maniobrar artefactos internos o externos, tales como monitores, impresoras, escaneadores, lectoras de CD/DVD, etc. Igualmente, la mente humana puede, entre otras cosas, articular los diferentes miembros del cuerpo. Por otra parte, el sistema operativo del computador puede requerir información contenida en un archivo para poder ejecutar un programa específico. Para "recordar" esa información, el sistema operativo ingresa al contralor del disco duro, le pide que busque el archivo en cuestión, y lo haga disponible al sistema operativo. Así, el contralor del disco duro puede ser comparado con la mente inconsciente humana. Si el tal archivo se encuentra en el disco duro, su contenido se hace disponible al sistema operativo. ¿Puede imaginarse una situación en la que el control de memoria "se rehúsa" a proveer la información? Nunca, a menos que el computador no opere normalmente, sus componentes hayan fallado, estén mal conectados, halla errores de software o se encuentre atacado por un virus. De otra forma, no podemos concebir que el control de memoria de un computador tenga una mente propia, que a veces obedezca y otras no, dependiendo del significado que tenga para sí la información del archivo. He aquí una diferencia fundamental con la mente humana. El inconsciente humano tiene una mente *independiente*, tal que a veces coopera y a veces no. El poseer la facultad de decidir aceptar o rechazar los comandos de la consciencia, de acuerdo con sus propias creencias, es una prueba definitiva de que la mente inconsciente es una entidad independiente.

La mayoría de nosotros nos encontramos tan preocupados y envueltos en las actividades del mundo externo, que olvidamos observar los procesos sutiles de nuestra mente interna. Permítame ofrecerle un ejemplo de mi propia experiencia. En dos ocasiones, he olvidado muy "convenientemente" el número de identificación personal cuando trataba de retirar dinero del cajero automático. La primera vez ocurrió cuando intentaba comprar una escultura muy hermosa, al tiempo que sentía la *corazonada* de que en realidad era una pieza costosa y una compra superflua. Esta corazonada, esta sensación instantánea no verbal del inconsciente, me decía que no la comprara. La segunda vez, intentaba retirar dinero para prestárselo a un amigo. Este buen amigo tenía el hábito de no devolver lo prestado. Mi mente consciente había accedido amablemente, y había creído la promesa de devolución, al tiempo que mi inconsciente me transmitía el sentimiento delicado de que no debería prestarle nada a alguien que no devuelve; mi inconsciente me decía que perdería el dinero. De todas maneras, mi consciente ordenó el retiro de los fondos, introduje la tarjeta bancaria en la máquina, sólo para descubrir con sorpresa y vergüenza que, muy a mi pesar, no pude recordar la clave. Por supuesto, mi amigo no creyó que no podía recordarla y correctamente concluyó que yo —o más precisamente, una parte de mi— no *quería* prestarle el dinero.

Es importante recalcar aquí que es sólo una parte de nosotros, en este caso el inconsciente, el que decide actuar de una forma contraria. Estamos hechos de varias mentes que a veces cooperan y a veces no. De hecho, como veremos más adelante, el secreto de una vida armoniosa, saludable y próspera, yace en la habilidad de nuestras mentes de operar bajo una política de colaboración y mutuo entendimiento. A veces se libran verdaderas batallas entre las distintas mentes, que con el tiempo pueden resultar en muchas enfermedades crónicas físicas o mentales.

En este momento, puede parecer extraño afirmar que el inconsciente es una entidad independiente y viva. Al decir que está "viva" evocamos conceptos relacionados con organismos biológicos. Actualmente, se acepta que un organismo está vivo si exhibe un metabolismo activo, crecimiento y reproducción celular, autodefensa y adaptación al ambiente externo. Esta definición no nos ayuda cuando contemplamos el concepto de una entidad inmaterial; de hecho, la biosicología no reconoce la existencia de sujetos incorpóreos, y reduce la noción de consciencia y pensamiento a algo que se desprende de la actividad cerebral. ¿Son los pensamientos solamente el resultado de reacciones bioquímicas en el cerebro? Si esto es cierto, ¿pueden los pensamientos existir únicamente dentro del cerebro? Estas preguntas nos refieren a una discusión de muchos siglos. La investigación psíquica de los últimos siglos coincide en que los pensamientos y la consciencia pueden en verdad subsistir por fuera de un cerebro físico. Al tiempo que esperamos que la biosicología refine su instrumentación experimental y produzca nuevos resultados en la exploración de estos fenómenos, nos vemos obligados a confiar en la investigación cualitativa si queremos progresar en nuestra comprensión de la consciencia. Por lo tanto, utilizaremos conceptos e ideas de la sicología y la filosofía acumulados a través de la historia de la civilización humana.

La consciencia está relacionada con el concepto de la percepción propia, algo que es fácil de reconocer y aceptar por nuestro *yo intermedio* o mente consciente. La consciencia de sí, el pensamiento, el razonamiento abstracto, y el ejercicio de la voluntad, son facultades propias de la mente consciente. En principio, parece difícil otorgar al *yo inferior* o mente inconsciente aptitudes de consciencia. Sin embargo, nuestra mente inconsciente es capaz de *sentimientos*, como hemos visto. Puede sentir alegría o tristeza, amor u odio, rabia o compasión, cualidades que de hecho son atributos de consciencia.

El Yo Superior o espíritu ultra consciente

Hasta ahora, hemos descrito dos entidades en la consciencia humana: la mente consciente, o *yo intermedio*, que es lógica, capaz de razonamiento inductivo, la palabra y la voluntad, y la mente inconsciente, o *yo inferior*, que es capaz del sentimiento, el razonamiento deductivo, y la memoria. Dedicaremos capítulos separados a cada una de estas entidades, en los que describiremos muchas de sus propiedades inusuales y propondremos formas prácticas de conocerlas.

¿Qué tal la tercera entidad que mencionamos al principio de esta sección? La tercera entidad en la conciencia humana es mucho más difícil de percibir. En el pasado ha recibido muchos nombres, dependiendo de la escuela de pensamiento o de la cultura que la concibió. Nombres típicos incluyen el alma, el ángel de la guarda, el maestro interior, el superconsciente, el yo superior, el espíritu paternal, etc. La existencia del *Yo Superior*, llamado *aumakua* en la tradición Huna, no es reconocido por la sicología moderna. Para obtener una descripción de sus características, tendremos que referirnos a las diferentes religiones, mitologías y culturas. Como este libro no trata de religión, sino de una filosofía práctica para el manejo de nuestras mentes, evitaremos la discusión de Dios. Entonces, nuestro Yo Superior no es Dios mismo, sino lo más cercano que podemos llegar a este concepto. Dios mismo es incomprensible a nuestra mente racional limitada, de la misma forma que una hormiga es incapaz de comprender a los humanos.

El Yo Superior es una entidad mucho más evolucionada que el yo intermedio y el yo inferior. Tiene habilidades de pensamiento analítico que son muy superiores a nuestras mejores capacidades racionales. Tiene una misión y función definitiva en nuestra existencia, aunque la mayoría de nosotros pasamos la vida sin saber de su presencia. En la misma forma que el yo inferior puede oponerse, y de hecho lo hace, al yo intermedio, el Yo Superior a menudo está en desacuerdo con nuestras decisiones y acciones. No obstante, tiene un código de ética muy estricto que le impide interferir con nuestro libre albedrío. El Yo Superior no puede hablar; la única forma de comunicarse con nosotros es a través del yo inferior, en forma de pensamientos, sentimientos, sueños. Siempre que lo hace es sugiriendo, nunca imponiendo. Como tiene que comunicarse a través del yo inferior, a veces es difícil distinguir entre un mensaje proveniente de este último, y uno del Yo Superior. Recordemos que el lenguaje del inconsciente es simbólico, lo que hace aun más difícil establecer una línea directa de diálogo entre el Yo Superior y el yo intermedio. Esta situación es incluso más penosa en la cultura occidental moderna que demanda expresión verbal rápida, satisfacción instantánea y un mínimo de escucha.

Al igual que el yo intermedio y el yo inferior, que siempre están disponibles a nosotros, la presencia del Yo Superior es permanente a lo largo de nuestra vida. Esta presencia se puede sentir en esos raros momentos de profunda calma y receptividad, que sólo sobrevienen cuando el yo intermedio y el yo inferior guardan silencio; puede ocurrir mientras dormimos, aunque no todos los sueños son expresiones del Yo Superior; puede ocurrir *después* de la oración, si nos abandonamos al silencio profundo; puede ocurrir en la meditación, si hemos aprendido a cultivar esta práctica. Cuando esto pasa, es posible que recibamos su opinión como una corazonada o un sentimiento. Gracias a la intuición es que recibimos mucha información del Yo Superior, y de ahí la importancia de desarrollarla. El punto a recordar aquí es que el Yo Superior constituye un ser independiente a quien se le ha dado la misión de guiarnos. Es un individuo muy sabio y con mucha experiencia, siempre dispuesto a darnos un consejo desinteresado, si aprendemos a confiar y a escucharle. Más adelante presentaremos técnicas sencillas y efectivas para que usted establezca y mantenga un contacto regular con su Yo Superior.

LA TRILOGÍA HUMANA SEGÚN OTRAS TRADICIONES

La idea de que los humanos están integrados por tres seres no es nueva. A lo largo de la historia de la humanidad, muchas culturas han expresado la creencia de que la psique humana está compuesta por una trilogía de entidades. Examinemos brevemente algunos ejemplos reveladores.

La Santísima Trinidad en la tradición cristiana

Si usted es cristiano, seguramente estará familiarizado con el misterio de la Santísima Trinidad, que enseña que Dios existe en "tres personas y una sola substancia." Aunque es raramente mencionado en el Nuevo Testamento, en Mateo 28:19 nos enteramos que Jesús indujo a los apóstoles a bautizar a los demás " . . . en el nombre del Padre, el Hijo y el Espíritu Santo." Este principio ha sido objeto de múltiples controversias entre las diversas denominaciones de la fe cristiana. Aun constituye un dogma importante en la liturgia Católica Romana.

La interpretación oficial indica que el Padre, el Hijo, y el Espíritu Santo son sujetos que viven en la inmensidad del cosmos, "afuera" de nuestro nivel de percepción. Son, nos dicen, tres personas distintas, que sin embargo integran a un sólo Dios. A pesar de que son entidades que habitan en el universo exterior, se nos enseña que es posible contactarlas por medio de los rituales de la oración. En otras palabras, se supone que debemos entrar en introspección silenciosa, en meditación reverente —"dentro" de nosotros mismos—, para tener acceso a Dios. Vemos aquí una contradicción ¿Cómo es que tenemos que ingresar a nuestro "interior" para poder alcanzar, presumiblemente, a un espíritu "exterior"? ¿Será que los autores de la Biblia implicaron alegóricamente que la Trinidad es en realidad parte de nosotros, al tiempo que esta se extiende más allá de lo que abarca nuestra consciencia interna?

Los contribuyentes más importantes a la teología Católica nos clarifican esta dicotomía y nos acercan a nuestro propósito. San Agustín definió al alma humana como compuesta de tres partes: memoria, razonamiento o intelecto y voluntad (Rohmann, 1999), es decir que la Trinidad se manifiesta por tres componentes de la mente interna. La Iglesia Ortodoxa de Oriente está de acuerdo con la trilogía de Dios, mientras que muchas denominaciones protestantes cristianas rechazan el concepto de la Trinidad. Otras denominaciones han adoptado versiones modificadas, como por ejemplo algunas de las religiones Africanas modernas que rompieron con las sectas cristianas, tales como el movimiento Jamaa del Congo y Zaire que conciben la Trinidad como una "santa familia" (Rohmann,

1999). "La Iglesia de Jesucristo de los Santos de los Últimos Días," llamados mormones, concibe la Trinidad como compuesta de tres seres distintos, con Dios Padre y Jesús su Hijo teniendo cuerpos materiales.

El Trimurti Hinduista

A pesar de que el Hinduismo es una religión politeísta, ella presenta al Trimurti, o Trinidad, a la cabeza del panteón de dioses hindúes. El primero es Brahma, el dios creador y la personificación de brahmán, que es lo Absoluto, la fuente y esencia de toda la vida. Brahma es el equilibrio entre otros dos dioses: Visnú el que preserva y Shiva el que destruye y el dios de la fertilidad. Aunque estas son consideradas deidades externas, algunas ramas influyentes del Hinduismo, tales como la escuela Vedanta, proclaman que el alma individual, o atman, y lo absoluto, o brahmán, son idénticos. Algunas ramas del Hinduismo predican la práctica de la meditación como un medio para llegar a conocer lo absoluto. Una vez más, encontramos el precepto paradójico que nos incita al recogimiento "interior" para percibir los dioses "exteriores."

Los tres universos en las culturas chamánicas

Las tradiciones espirituales más antiguas de la humanidad se encuentran preservadas en las culturas aborígenes actuales de los cinco continentes. Mencionemos, por ejemplo, los sumos sacerdotes, o chamanes, de las culturas nativas del mundo. Es sorprendente la correspondencia entre sus creencias, cuando se trata de la descripción de la estructura mental humana. Los chamanes dividen la realidad etérea en tres mundos que son (Rutherford, 1996): el mundo superior, el mundo inferior o bajo y el mundo intermedio. Cada nivel tiene características muy peculiares en su apariencia a la mente. El mundo inferior es donde reside el conocimiento instintivo, nuestras facultades animales, y donde podemos encontrar ayuda y consejos prácticos para la vida cotidiana. El mundo superior es el de los guías espirituales, los seres cósmicos y los grandes sabios. El mundo intermedio es al mismo tiempo el mundo físico en el que vivimos y la realidad cotidiana. Aquí vemos una coincidencia entre los tres mundos de la tradición chamánica con el Yo Superior, el yo inferior y el yo intermedio antes descritos. Para ingresar al mundo inferior o el superior, el iniciado debe de haber alcanzado una gran destreza en la ejecución de los rituales del viaje chamánico y de la proyección anímica, que se logran a través de elaboradas ceremonias que incluyen prolongadas danzas rítmicas y pociones botánicas. Una vez más, estos estados de consciencia alterada se alcanzan gracias a la manipulación introspectiva de los sentidos ordinarios.

Los tres niveles de la personalidad en sicoanálisis y avances recientes en la investigación sicológica

Un apoyo a nuestra visión de que la psique humana está compuesta por tres espíritus, proviene de la teoría sicoanalítica. Sigmund Freud redescubrió la existencia del inconsciente humano hacia finales del siglo XIX (Freud, 1953-1966). Decimos "redescubrió" porque el concepto era conocido mucho antes, en varias formas, a lo largo de la historia de la civilización humana. La contribución de Freud consistió en poner la hipótesis del inconsciente a la luz de la observación y experimentación científicas. Sus aportes a la teoría de la personalidad fueron tan profundos, que aun continúan influenciando las explicaciones sicológicas y las técnicas de sicoterapia. De acuerdo al sicoanálisis, la personalidad humana está compuesta por tres elementos: el inconsciente, el ego o yo, y el superyó. El inconsciente es donde se almacenan las memorias, los instintos, y los impulsos. De acuerdo a Freud, está gobernado por el principio del placer. El ego es el impulso racional que opera de acuerdo al principio de la realidad, controlando y modificando nuestros instintos en formas de comportamiento socialmente aceptable. El superyó es la voz de la moralidad y el código social que hemos aprendido. Entonces, vemos una coincidencia entre las tres componentes de la personalidad en sicoanálisis, y los tres espíritus humanos en Huna. Sin embargo, las tres facetas de la personalidad sicoanalítica no se consideran como tres entidades diferentes, aunque muchos de los casos clínicos documentados por el sicoanálisis evidencian que la independencia —y a veces la naturaleza conflictiva— de las varias componentes de la personalidad constituyen el origen de la neurosis y la psicosis.

La teoría Freudiana también propone el concepto de la libido, la cual fue originalmente descrita como energía sexual, y luego modificada por el mismo Freud para designar la energía detrás de los impulsos inconscientes (Freud, 1953-1966). Es de recalcar, que esta energía puede ser "sublimada" o transformada de aquella que soporta los instintos más bajos a una que impulse otras actividades más elevadas o más aceptadas socialmente. Este concepto concuerda con las propiedades de transformación de la energía en el campo de la física. Uno de los seguidores de Freud, Carl Jung, concibió la libido como una forma general de energía de la vida, no sencillamente sexual. Más adelante prestaremos más atención a la discusión del papel que juega la energía, en sus varias formas, en las relaciones entre los diferentes espíritus, y a los usos prácticos de la energía psíquica. Jung también dividió el inconsciente en el inconsciente personal, que almacena las memorias acumuladas durante la vida, y el inconsciente colectivo, que almacena elementos culturales comunes a todos los humanos. Con Jung, la sicología humana se extendió a las áreas del misticismo, que establece una conexión psíquica entre todos los seres humanos.

En las últimas décadas, la investigación sicológica en general se ha limitado a estudiar la relación entre la actividad neurálgica del cerebro y las varias funciones cognoscitivas. Poco se ha agregado a las contribuciones fundamentales acerca de los niveles de consciencia hechos por el sicoanálisis. Una excepción que apoya nuestro punto de vista acerca de tres entidades en el ser humano, es la del Dr. Robert Ornstein, profesor de sicología del centro médico de la Universidad de California en San Francisco. Después de muchos años de investigación sobre las funciones del cerebro y la biología evolutiva, Ornstein concluyó que los humanos no poseen una sola mente, sino muchas mentes pequeñas que parecen ser entidades diferentes, cada una con reacciones fijas, talentos propios, y pensamiento característico (Ornstein, 1986, 1991).

"Carácter e inteligencia. Los polos de su talento giran desplegando sus habilidades. Uno sin el otro sólo trae éxito a medias. No es suficiente ser inteligente; usted debe tener el carácter apropiado. El tonto falla comportándose sin considerar su condición, posición, origen o amistades."

Baltazar Gracián (1992)

"El arte de vivir empieza con la meditación. Y por meditación quiero decir el silencio de la mente, el silencio del corazón, que penetra todo el centro de su ser, y que encuentra el tesoro de su propia realidad. Una vez lo encuentra, usted puede radiar amor, vida, creatividad. Sus palabras se volverán poesía, sus gestos tendrán gracia; aun su silencio será como una canción. Aun si está sentado inmóvil, usted estará bailando. Cada respiración será una alegría; cada palpitación del corazón será algo precioso porque es la palpitación del Universo mismo; usted forma parte de él."

Osho (Osho, 1996)

2.

EL YO INTERMEDIO

La ilusión de "yo soy"

En el capítulo anterior aprendimos que la psique humana está compuesta de tres entidades independientes: el yo intermedio o yo consciente, el yo inferior o yo inconsciente y el Yo Superior o yo súper consciente. Reconocimos que algunas ramas de la sicología y muchas otras tradiciones consideran la trilogía humana de varias formas, y algunas veces con representaciones muy similares. También concluimos que estas tres facetas se comprenden mejor si las consideramos como tres seres diferentes compartiendo el mismo cuerpo, en lugar de tres niveles de una misma personalidad como se plantea en sicología. En este capítulo revisaremos las características bien reconocidas del yo intermedio, el própósito y el papel que desempeña en nuestra vida, haciendo un paralelo con la biosicología moderna. Igualmente, describiremos algunos métodos sencillos para percibir el yo intermedio, incrementar su influencia en la calidad de nuestras vidas, y prepararnos para conocer las otras entidades.

La consciencia de ser uno mismo y la sicología

Durante siglos, filósofos y sicólogos han tenido dificultad con el concepto de la conciencia de sí, o el conocimiento de la propia existencia (Tassi y Muzet, 2001), en un debate que todavía no aporta una explicación convincente (Block et al., 1997). Nos referimos a esa idea de que "soy yo mismo," que mis pensamientos y mis sensaciones son mías y no suyas, que recuerdo unas experiencias pasadas que me ocurrieron a mí y a nadie más, y que yo soy la misma persona de hace un minuto o de hace diez años. "¿Qué sustancia o entidad, qué observador, constituye esa continua sensación de reconocimiento propio, de identidad propia?" (Hunt, 1993). James, uno de los padres de la sicología, identificó este problema como uno de los más difíciles de la teoría moderna (James, 1890), al tiempo que relacionó este sentido de "yo," "yo soy," "mío" como perteneciente al ego puro. También sugirió que esa percepción de identidad permanente proviene de la continuidad de la consciencia. Sin embargo, ¿qué es la consciencia? James concibió la consciencia no como una cosa sino como un proceso, una función, un continuo, una corriente de pensamientos de naturaleza subjetiva, que tienen como própósito asegurar la supervivencia, al igual que regular un sistema nervioso que ha alcanzado un nivel de complejidad alto (James, 1890). Entonces, ¿qué son los pensamientos? El concepto de "yo soy" se identifica con el de "consciencia," el cual se relaciona con la corriente de "pensamientos." Excepto en casos de experimentos controlados relacionados con sensaciones simples, acciones corporales y procesos mentales, el campo de la sicología todavía carece de una teoría de la consciencia, del pensamiento, de la identidad propia. En su empeño de establecer las bases de una ciencia empírica, los sicólogos experimentales del siglo XIX rechazaron la idea metafísica de que la consciencia está relacionada con el alma.

Otra función importante del yo consciente es la de la voluntad. La voluntad consciente genera los impulsos nerviosos que producen movimientos musculares deseados. Por ejemplo, podemos hablar, caminar, sentarnos o realizar muchas otras actividades por voluntad propia para lograr ciertos fines deseados. Un requisito necesario para la ejecución de cualquier acción es el deseo de hacer, sentir o tener cosas que en ese momento no se han hecho, sentido o adquirido. Si lo que queremos es algo que sabemos que no podemos obtener, entonces sencillamente deseamos, pero si pensamos que el fin es alcanzable, entonces ejercitamos nuestra voluntad y actuamos para que el sentimiento o el objeto deseado se convierta en realidad, ya sea inmediatamente o después de algunas acciones preliminares. Ahora bien, sabemos que podemos alcanzar o realizar ciertos deseos gracias a experiencias pasadas o a creencias adquiridas.

Si tenemos deseos encontrados, como cuando queremos dormir hasta tarde pero también debemos levantarnos para ir a trabajar, entonces la voluntad escoge cuál deseo ignorar y cuál ejecutar después de racionalización. Aquí encontramos otras características del yo consciente: la habilidad de sopesar opciones, deliberar, razonar, pensar acerca de posibles consecuencias, analizar conceptos abstractos, y decidirse por una alternativa. La acción voluntaria implica el libre albedrío. En esta instancia, la mente es la causa del comportamiento, una entidad activa en las relaciones de causa y efecto, y no un robot respondiendo pasivamente a las influencias externas.

La idea predominante del siglo XIX de que el yo consciente es un pensador libre y un actor independiente de impulsos y acciones fue cuestionada cuando falló en proveer una explicación adecuada con respecto a las acciones impulsivas y al comportamiento adicto del ser humano. Si nuestras vidas están gobernadas por un ser consciente, racional y lógico, ¿por qué a veces nos comportamos en una forma que contradice este ideal? ¿De dónde proviene una explosión momentánea de rabia? ¿Por qué algunas personas son víctimas de un hábito que conscientemente reconocen como poco saludable o improductivo, tal como fumar o beber en exceso? Algunos poseen una agresión o un oscuro secreto sexual cuidadosamente escondido en los recesos más profundos del ser, que a veces se las ingenia para expresarse en la mente o incluso en la realidad. Antes de Freud, la teoría sicológica fracasó en explicar, al menos parcialmente, la estructura de la personalidad.

El descubrimiento del inconsciente suministró una exposición más completa del comportamiento humano, como veremos en el siguiente capítulo. Sin embargo, antes de dejar atrás las teorías sicológicas del yo consciente, revisemos brevemente las contribuciones de James (1890) con respecto a las emociones. De acuerdo a James, las emociones que experimentamos no son la causa de reacciones físicas tales como manos sudorosas o pulso acelerado. En su lugar, el sistema nervioso reacciona a un estímulo externo, produce las reacciones físicas citadas, y nuestra percepción de ellas es lo que llamamos emoción (James, 1890). En otras palabras, de acuerdo a James, sentimos miedo cuando temblamos al ver a un intruso. El estímulo −el intruso− causa que el sistema nervioso genere el temblor y nuestra percepción o introspección del temblor causa la emoción. Esta teoría fue cuestionada en 1927 por Cannon, quien demostró que reacciones físicas similares producen emociones diferentes, y a veces las reacciones corporales son lentas mientras que la emoción se siente instantáneamente (Hothersall, 1984). Lo que en realidad ocurre es que el estímulo activa al hipotálamo y del cerebro salen mensajes hacia el sistema nervioso autónomo –que genera reacciones físicas– y hacia la corteza cerebral –que genera las sensaciones subjetivas de emoción. Más adelante estudiaremos la concepción de los Kahunas sobre la emoción, según la cual esta proviene del yo inferior, no del yo intermedio. Aunque la teoría de la emoción de James es imprecisa, ella aporta una característica importante del yo intermedio: que este tiene la *posibilidad* de regular y controlar la respuesta emocional. Es decir, a medida que aprendemos a controlar la respuesta fisiológica a un estimulo podemos modular la emoción correspondiente.

Usar la consciencia de ser para mejorar nuestra vida: El capitán de la nave

He aquí un principio importante con enormes aplicaciones potenciales que establece que no somos víctimas impotentes de nuestras emociones; que podemos hacer algo para controlarlas. Podemos aprovechar las emociones positivas, y también armonizar, y aun eliminar, las negativas. Este principio constituye el fundamento de muchas técnicas sicoterapéuticas de hoy en día. Efectuamos ejercicios de respiración profunda para reducir el estrés, damos una caminata para reanimar la mente embotada, participamos en una conversación constructiva para disipar el aburrimiento, expresamos nuestros sentimientos a un grupo de discusión para abatir la rabia, lloramos ante un amigo comprensivo para desahogar la tristeza, practicamos nuestro discurso frente al espejo para sobrellevar el miedo a hablar en público. Emociones más complejas pueden ser tratadas bajo una gran variedad de técnicas terapéuticas y con la supervisión de un profesional calificado. Por otra parte, para realzar y aprovechar sensaciones "positivas," reímos y cantamos para expresar alegría, escribimos un mensaje cariñoso en una tarjeta para manifestar amor, pintamos en acuarela o componemos una nueva canción para disfrutar la inspiración.

La Investigación del Dr. Paul Ekman en la facultad de medicina de la Universidad de California ha demostrado que cuando un sujeto ejecuta expresiones faciales asociadas con una emoción específica, aquellas provocan reacciones físicas y fisiológicas congruentes con la emoción correspondiente (Hunt, 1986). En otras palabras, imitando y demostrando deliberadamente tristeza, rabia, miedo o alegría, la persona altera su pulso y la temperatura de su piel e induce una sensación correspondiente al sentimiento de tristeza, rabia, miedo o alegría. Entonces, al forzar voluntariamente una serie de carcajadas, podemos inducir la sensación de relajación y alegría que normalmente acompaña a la risa. Este principio, demostrado experimentalmente, de que podemos producir un sentimiento asociado a una reacción con sólo actuar o pretender tal reacción, ha encontrado diversas aplicaciones para mejorar el comportamiento; se le llama "modelación" y se basa en la suposición de que pretendiendo actuar en cierta forma, con consistencia y por un período prolongado, se logra integrar gradualmente las características de tal conducta a la personalidad del individuo. Imitando o representando los rasgos distintivos de una persona segura de sí misma, el yo consciente programa gradualmente al inconsciente a que se convierta en alguien que posea confianza y seguridad propias. Pretendiendo y actuando como si fuese un individuo calmado y controlado —y creyendo firmemente que lo es—, el modelador se convierte poco a poco en alguien calmado y ecuánime. Esta es la base de gran parte de la literatura actual de auto-superación, que estimula al lector a tomar las riendas de su vida, a tener la iniciativa de participar activamente en la superación de malos hábitos y mejorar su conducta, a cambiar las creencias asociadas al miedo o la adicción, y a comenzar de una vez a pensar, hablar y actuar como si el miedo o adicción no existieran.

A cada emoción "negativa" se opone una "positiva." La modelación nos incita a identificar cada aspecto negativo de nuestro comportamiento y a buscar y a aplicar diariamente el correspondiente positivo. En efecto, el yo consciente está programando al yo inconsciente a eliminar la conducta antigua y a expresar la nueva. Por ejemplo, para eliminar la rabia, deberíamos tratar de manifestar compasión y tolerancia. Para suprimir el miedo, deberíamos demostrar coraje. Para deshacernos de la avaricia y el egoísmo, deberíamos exhibir generosidad. Para superar la tristeza y la depresión, deberíamos ostentar alegría, participar en actividades físicas e intelectuales, y actuar como si fuésemos felices. Para evitar la envidia, deberíamos compartir y cooperar con los demás.

La modelación es una herramienta útil en el desarrollo personal. Asume que nosotros, como individuos, en última instancia somos responsables de nuestro comportamiento, de nuestras acciones y del mejoramiento de nuestra personalidad. A pesar de que enfrentamos las consecuencias de nuestro comportamiento pasado, y a pesar de que nuestro inconsciente constantemente nos incita a repetir automáticamente hábitos negativos del pasado, siempre podemos aprender nuevos hábitos positivos, de la misma forma que aprendimos los negativos.

Desafortunadamente, en muchas ocasiones la modelación por sí sola no puede generar los resultados deseados. La voluntad consciente a veces es incapaz de contrarrestar un comportamiento adictivo profundamente arraigado, que puede haber sido adquirido años atrás bajo circunstancias traumáticas. Por ejemplo, declarando que somos libres del alcohol, cuando tenemos un historial de alcoholismo, será totalmente inútil la próxima vez que tengamos la necesidad compulsiva de beber. Sencillamente afirmando que tenemos mucho éxito y que somos ricos, no nos libra de creencias preconcebidas que tengamos acerca de la prosperidad y el dinero, y no nos trae las condiciones necesarias para materializar la abundancia deseada. Igualmente, repitiéndonos que mantengamos la calma cuando algo o alguien nos provoque una explosión de rabia automática, no logra nada. Esto ocurre porque las causas y experiencias que originaron tal comportamiento están almacenadas en una parte del inconsciente usualmente inaccesible al yo racional. En conclusión, cualquier técnica de superación propia que se base exclusivamente en la voluntad y afirmaciones conscientes está sujeta a un éxito limitado, excepto en el caso de problemas sencillos y fijaciones superficiales.

Para disolver patrones más complejos se requiere la asistencia de un terapeuta que nos ayude a racionalizar las ideas detrás del comportamiento automático. Alternativamente, es posible aplicar métodos de modelación en conjunto con otras técnicas que inciten a la participación y el apoyo de otros espíritus –el inconsciente y el súper consciente. Siguiendo esta filosofía, en este libro continuaremos utilizando al yo intermedio, o yo consciente, como director de la operación de auto-superación emocional o logro material, sólo que esta vez vamos a enlistar la cooperación de las otras entidades. En el Capítulo 5, se describen las técnicas de Huna en conjunto con nuevos procedimientos provenientes de la medicina energética, los cuales están reportando resultados promisorios en el tratamiento de emociones negativas profundas. Antes de enfocar en el punto de vista Huna, examinemos la posición actual de la biosicología con respecto a la consciencia humana.

La consciencia de sí mismo y la biosicología: ¿Será que sólo somos actividad neurálgica?

En esta era de desarrollo tecnológico e instrumentación sofisticada, la ciencia parece ser la ganadora indiscutible al definir la forma de vivir en la sociedad moderna. La tecnología, o el conocimiento científico aplicado, es en verdad la fuerza motriz de la economía moderna. Los logros de la ciencia en los dos últimos siglos, particularmente después de la revolución industrial, han transformado completamente nuestra forma de vivir. La vida cotidiana se encuentra rodeada y dependiente de una gran variedad de maquinas, tales como automóviles, computadoras y teléfonos inalámbricos. Esta dependencia de la tecnología ha mejorado la calidad de vida aunque, por otra parte, ha puesto demasiado énfasis en logros puramente materiales. Un efecto colateral de la vida moderna es el desarrollo de una concepción del universo que sólo admite teorías del conocimiento que sean demostrables experimentalmente. Creo que esta es una forma objetiva y adecuada de tratar muchos fenómenos naturales, incluyendo la sicología humana. No obstante, como la experimentación científica depende de la disponibilidad de instrumentación apropiada, los ensayos sobre fenómenos relacionados con la consciencia humana desafortunadamente se encuentran restringidos a los últimos adelantos en la detección instrumental. En otras palabras, la concepción científica de los humanos se reduce a un modelo simplista de una máquina electro-química. Esta máquina exhibe un metabolismo, al igual que procesos sico-kinéticos detectables y observables con variables e instrumentación física. Los resultados obtenidos en este campo son realmente fascinantes, pero conducen necesariamente a definir al ser humano como poco más que un animal con un cerebro complejo. Es esto lo que la sicología biológica o biosicología parece haber concluido acerca de la naturaleza humana.

¿Es que la "consciencia" puede ser detectada y observada con instrumentación física? Se trata de un problema tan difícil que la biosicología, con todos sus logros tan impresionantes, continua evitando (Gray, 1998, 1971), exceptuando un interés esporádico mantenido por un grupo limitado de físicos, matemáticos y filósofos (Gray, 1998; Hameroff et al., 1998; Penrose, 1994, 1989). Algunos aspectos de la consciencia como el dormir y la vigilia, los efectos de ciertas drogas sobre el sistema nervioso central, y las consecuencias del dolor en el organismo, han sido objeto de mucho estudio (Martin, 2003). Sin embargo, problemas como el porqué y cómo existe la consciencia son más difíciles de tratar y de poner a prueba experimental. Chalmers (1995) establece que hay algunos problemas sencillos para el investigador de la consciencia, tales como la habilidad de discriminar, categorizar y reaccionar ante un estimulo; el integrar información utilizando un sistema cognoscitivo; el describir estados mentales y tener acceso a estados internos; el controlar la conducta deliberadamente; y el diferenciar entre estar dormido y despierto. Estos son problemas sencillos porque se refieren a facultades o habilidades. Identificar la correlación entre la consciencia y ciertas neuronas es también un problema sencillo (Chalmers, 1995). Si un estado mental puede ser descrito fácilmente o accesible internamente, entonces constituye un estado consciente. El problema difícil está en estudiar la experiencia de tales estados –el porqué sentimos la consciencia.

Varias teorías neurobiólogicas han intentado correlacionar la experiencia de la consciencia con la actividad física o neurálgica (Gray, 1998; Rolls, 1997). La suposición fundamental que sustenta las teorías neurobiólogicas es que la consciencia se desprende de la actividad neurálgica del cerebro (Martin, 2003).

Datos experimentales suportando estas teorías se han obtenido a través de imágenes cerebrales, estudios de trauma cerebral, matemáticas y física cuántica. Por ejemplo, se ha demostrado que el trauma cerebral puede alterar la consciencia humana. Pacientes que sufren de amnesia antero gradual no pueden construir nuevos recuerdos verbales, pero sí pueden aprender habilidades a pesar de no saber que aprendieron algo original (Martin, 2003). Pacientes que han sufrido daño permanente en la parte posterior del cerebro no reconocen estímulos visuales presentados a su campo de observación (Stoerig y Cowey, 1997). Los desórdenes que conllevan algún trauma cerebral se reflejan en cierta falta de consciencia, lo cual recalca la importancia del cerebro en la percepción de aquella.

El órgano físico, el cerebro, puede ser el recipiente de la consciencia. Sin embargo, ¿es que la consciencia es sencillamente el resultado de la actividad neurálgica —como sugiere la neurobiología— o la actividad neurálgica es el reflejo y consecuencia de la consciencia? Esta última ha sido la premisa de muchas teorías metafísicas de la consciencia. La consciencia, como entidad inmaterial —i. e., todavía no detectable con la instrumentación actual—, se expresa a través de un órgano cerebral saludable. En otras palabras, la consciencia es *la causa* de la actividad neurálgica, y la actividad biológica es *el efecto* de la consciencia. Las teorías biológicas más prominentes están en desacuerdo con esta hipótesis. Una de ellas sugiere que la consciencia se desprende de la actividad de grupos de neuronas llamadas campos neurálgicos (Crick, 1994). Se observa que la acción neurálgica tiene un rango de oscilaciones entre 35 y 75 Hz en la corteza cerebral. Este rango de frecuencias constituye la base de la consciencia y se relaciona con la percepción de diferentes modalidades sensoriales. Las frecuencias de vibración representan la forma en que se almacena la información que procesa el cerebro. Paquetes de información que se refieren a un mismo tópico son ligados para ser procesados posteriormente. Esta parece ser la interpretación neurobiólogica del hecho bien conocido en sicoanálisis de que cadenas de emociones similares y recuerdos relacionados se encuentran ligados y adyacentes en el inconsciente, y que pueden ser recordadas por el sujeto por simple asociación libre (Freud 1953-1966). En el Capítulo 3 estudiaremos la concepción de los antiguos Kahunas acerca del inconsciente humano y su sorprendente similaridad con las teorías modernas del almacenamiento de memorias y eventos relacionados.

La teoría de la consciencia de Crick (1994) parece tener ciertos puntos en común con las concepciones antiguas, las cuales establecen que la consciencia es de naturaleza vibratoria (Lewis, 1981). De hecho, la sabiduría de muchos siglos profesa que todo en la naturaleza no es más que una expresión de la consciencia vibratoria cósmica (Three Initiates, 1912). Entre más alta es la frecuencia vibratoria, más sutiles son las energías en cuestión y más remarcables sus propiedades, tales como la velocidad de propagación, la habilidad de penetrar sólidos, etc. Sin embargo, de acuerdo a Crick, la consciencia es el efecto de la actividad neurálgica, mientras que las teorías tradicionales sostienen lo contrario.

Otras teorías neurobiológicas de la consciencia utilizan conceptos de la dinámica no lineal, los modelos matemáticos, y la física cuántica (Penrose, 1994, 1989). En esencia, la física cuántica postula que, si bien los eventos ocurren en una secuencia lógica, esta secuencia temporal puede alterarse por el simple hecho de ser observada. Esto se llama el Principio de Incertidumbre de Heisenberg. A velocidades muy altas, como las de las partículas atómicas, se han observado fenómenos sorprendentes. Por ejemplo, el efecto ocurre *mas temprano* que su causa. Hoy en día, la ciencia moderna acepta que a las altísimas velocidades asociadas con los procesos conscientes pueden ocurrir sucesos excepcionales —que antes se clasificaron como fenómenos psíquicos. Estos incluyen la percepción premonitoria, telepática o "extrasensorial." La ciencia finalmente ha abierto la puerta al estudio y la explicación de efectos que previamente se consideraban como metafísicos.

Vemos, pues, que otra rama de la ciencia –la física cuántica– concuerda con el postulado de los antiguos de que la consciencia es la causa primordial del universo. Las partículas cuánticas se comportan como ondas o como corpúsculos. Exhiben primordialmente características ondulatorias —como ondas— hasta que una observación o una medida las colapsa para transformarlas en partículas atómicas que constituyen la materia. Este fenómeno sugiere que el observador puede crear o alterar "la realidad," es decir la percepción del mundo material a través de sus sentidos. Aquí la ciencia –la física cuántica– está de acuerdo con las teorías metafísicas antiguas que afirman que nosotros creamos nuestra propia realidad (Jeans, 2009; Wolf, 1989; Pagels, 1984), y nos suministra una justificación científica de los métodos esotéricos para la materialización de deseos. En el Capítulo 4, discutiremos técnicas de Huna para manifestar objetivos profesionales o personales. En esencia, lo que hacemos es enfocar energía sutil en conjunto con nuestros niveles elevados de consciencia para "moldear" y manipular el cuerpo psíquico vibratorio de un objeto o una condición que aun no se ha cristalizado en el mundo material. Para una discusión brillante acerca de la relaciones entre la ciencia, el misticismo, la realidad y la consciencia refiero al lector a Hollenbach (2011).

Concluiremos esta sección resumiendo el punto de vista de la biosicología concerniente al problema de la consciencia propia. De acuerdo a ella, la consciencia es el resultado de la actividad neurálgica, lo que implica que "la mente, la emoción, la percepción, etc., no son más que metáforas de lo que el cerebro ejecuta, en lugar de entidades en sí mismas. Son términos que denotan el comportamiento que el cerebro genera cuando sus células y sustancias químicas interactúan en formas específicas" (Martin, 2003). La mente y el cuerpo son una unidad. Este punto de vista está en absoluta contraposición con las teorías filosóficas de la consciencia, tales como la de Descartes, que concibe la mente y el cuerpo como entidades diferentes, y la actividad física y neurálgica como el efecto y el resultado de la consciencia. Mientras que la ciencia tiene un largo camino por recorrer antes de poder comprobar su hipótesis, recalcamos que lo único que la investigación actual suporta es el concepto de la *correlación* entre la actividad neurálgica y la consciente. Las teorías filosóficas y las neurobiológicas igualmente coinciden en que la consciencia necesita del cerebro y del organismo físico para poder expresarse y aquí vamos a avanzar un poco más al afirmar que la consciencia necesita del organismo para aprender y evolucionar. Un cerebro o un organismo lesionado no sólo impiden la expresión de la consciencia, sino también su habilidad para evolucionar en el desarrollo de su personalidad. Más adelante retomaremos este planteamiento en el Capítulo 6, donde discutimos algunas ideas acerca del propósito mismo de la vida.

Que la consciencia sea la causa de la actividad neurálgica, o su efecto, continua siendo un desafío intelectual y científico. Por mi parte, me suscribo al principio de que la consciencia es la causa de la materia y de los fenómenos materiales. Esta escogencia es crucial porque nos permite reconocer al ser humano como algo más que sólo una colección de procesos electroquímicos; nos permite concebir al ser humano como a alguien que dispone de una consciencia capaz de transcender al reino animal, con grandes posibilidades de evolución. No le pido al lector que acepte esta conclusión, ni ningún planteamiento, sencillamente por fe. Le invito a que compruebe por sí mismo la existencia de la consciencia y que acepte sólo lo que compruebe por experiencia propia. La existencia de la consciencia no puede ser probada —todavía— con la instrumentación actual. No obstante, la experimentación científica no es la única forma en que podemos percibir o aprender acerca de un fenómeno. Existen otras formas intuitivas en las que se puede comprobar, sin lugar a dudas, la existencia de varios niveles de consciencia. En este capítulo y los que siguen se presentan una serie de ejercicios que usted puede poner en práctica, no sólo para conocer sus entidades conscientes, sino también para desarrollar una relación productiva y armoniosa con ellas que conduzca a una mejora en su vida interior y exterior.

La consciencia de sí mismo según Huna:
El yo intermedio o *uhane*

Los antiguos Kahunas concibieron al consciente y al inconsciente, no como los dos aspectos de la misma personalidad de la sicología moderna, sino como dos entidades independientes compartiendo el mismo cuerpo (Glover, 1983; Long, 1948). La mente consciente la llamaron el yo intermedio o *uhane* en la lengua hawaiana. El yo intermedio puede hablar, pensar, organizar datos, y racionalizar información. Puede controlar el movimiento muscular y recordar eventos almacenados en el inconsciente o yo inferior. El yo intermedio puede ejecutar acciones o proyectos, imaginar escenarios, visualizar situaciones hipotéticas.

De acuerdo a los Kahunas, el yo intermedio es un espíritu independiente capaz de experimentar consciencia propia. Es considerablemente más evolucionado que el yo inferior o inconsciente. Además de trabajar por el bienestar del cuerpo, el yo intermedio tiene un deber importante: guiar, aconsejar y ayudar al yo inferior en su desarrollo propio. Como veremos en el siguiente capítulo, el yo inferior es una entidad espiritual sustancialmente menos evolucionada que tiene funciones muy específicas a cumplir.

El lector no familiarizado con la literatura esotérica tendrá objeciones serias con respecto a las afirmaciones anteriores. La palabra "espíritu" nos conduce al mundo de los fenómenos psíquicos y paranormales. ¿Es que los fantasmas o las entidades espirituales realmente existen? ¿No son sencillamente supersticiones e invenciones características de la gente sin educación e ignorante a través de la historia de la humanidad? Aun en pleno siglo XXI estas preguntas son válidas, puesto que sólo recientemente la ciencia ha comenzado a mostrar algún interés en la investigación psíquica. En el mundo moderno, cualquier cosa que no se pueda demostrar científicamente se declara como inexistente. Ahora bien, existen tres problemas importantes que impiden a la ciencia dedicarse de lleno a la investigación psíquica. El primer obstáculo es la falta de instrumentación apropiada para detectar y medir fenómenos inmateriales, tal como lo discutimos cuando describimos las teorías neurobiólogicas de la consciencia. Este es un problema transitorio que creemos será superado progresivamente con el tiempo y con los avances en la instrumentación electrónica.

El segundo problema es que la investigación psíquica no genera utilidades monetarias. El conocer las leyes del universo no constituye una motivación suficiente para las instituciones que financian la investigación básica. He trabajado por más de veinticinco años como profesor universitario en instituciones de investigación en Norteamérica. Cuando ingresé al mundo académico, yo creía erróneamente que iría a dedicar mi vida a la búsqueda altruista del conocimiento. Aun bajo el status de "sin ánimo de lucro," las instituciones modernas de educación superior sólo se dedican a la investigación que tenga un beneficio económico claro. Por supuesto que esta intención no se declara explícitamente en su misión, pues la universidad no desea perder su tratamiento gravable preferencial. Sin embargo, está bien establecido que la investigación teórica es devaluada y desestimulada y que a los investigadores científicos que no atraen fondos de apoyo externo usualmente se les niega contrato permanente, independientemente de la calidad de su investigación o de la de su enseñanza. Muchos consorcios privados que financian investigación tienden a rechazar propuestas que no prometan un beneficio económico o tecnológico inmediato. Entonces, la financiación de investigación psíquica sufre de los mismos impedimentos que los de la investigación en medicina alternativa. Por ejemplo, las compañías farmacéuticas no se benefician financieramente al demostrar las propiedades calmantes naturales, libres de efectos colaterales, de la flor de maracuyá. Obviamente ganarán mucho más vendiendo un sedativo químico de alto precio. ¿Quiere esto decir que estas plantas carecen de propiedades curativas? Por supuesto que no, pero las compañías farmacéuticas han tratado por muchos medios de desacreditar los resultados limitados obtenidos por investigadores independientes.

El tercer problema que impide el progreso en la investigación psíquica es la actitud de la comunidad de investigadores. Es posible que siglos de descrédito a la investigación metafísica continúen influenciando el mundo de la ciencia. Existe la creencia que la investigación esotérica no es tan rigurosa ni tan válida como la que se efectúa en medicina, física, matemáticas, o biología. Algunos de mis estudiantes y colegas se muestran incrédulos cuando trato de relacionar alguna ecuación física con una ley universal o filosófica más amplia. Después de haber dedicado años a la ciencia tradicional, ahora puedo hacer investigación personal en el campo que desee, pero para muchos científicos la escogencia de tópicos está severamente limitada por consideraciones puramente utilitarias, o por prejuicios que dictaminan que ciertas áreas no valen la pena estudiarlas.

EL YO INTERMEDIO 51

Como resultado, muy pocos recursos son dedicados a la investigación científica de los fenómenos psíquicos, en comparación a los que se emplean en las materias físicas. ¿Quiere decir que estos fenómenos no existen? Un problema no deja de existir sencillamente porque nos negamos a estudiarlo objetivamente. Pensemos en cualquier fenómeno recientemente descubierto por la ciencia. Por ejemplo, se ignoraba la existencia de la radioactividad antes de que esta fuese observada en el laboratorio e identificada como un efecto natural del decaimiento atómico de ciertas substancias. Como no se "veía" la emisión de las partículas alfa o los rayos gamma, podíamos pretender que estos no existían. Algún investigador podía sospechar sus efectos nocivos para la salud o sus manifestaciones en placas fotográficas veladas. Sin embargo, el negar la existencia de un fenómeno no elimina su existencia.

Igualmente, al rechazar toda la evidencia cualitativa relacionada con la manifestación psíquica no logramos que esta desaparezca. Lo que debemos hacer es examinar la evidencia disponible con rigor crítico que nos permita separar los hechos concretos de la fantasía y de los objetos de la imaginación. Si hojeamos los libros en la sección de "new age" de cualquier librería, nos daremos cuenta de la gran cantidad de literatura disponible, que demuestra el gran interés que el público tiene por el tópico. Como en cualquier tema, hay que leer con rigor crítico para separar la fantasía de los hechos reales, las creencias supersticiosas de los relatos de exteriorizaciones ocultas inusuales, los charlatanes de los investigadores serios. Invito al lector a estudiar materias nuevas con un punto de vista crítico y a la vez abierto. Al igual que la radioactividad, las ondas de radio, de televisión y de ultrasonido, que hoy en día son detectadas, el mundo inmaterial se encuentra en todas partes, en frente de nuestros ojos, expresando sus características, esperando que le reconozcamos y que utilicemos sus propiedades.

Podemos estar seguros de que el mundo inmaterial es vibratorio y que sus manifestaciones se rigen por las mismas leyes de propagación de ondas físicas, ya que las tanto las teorías neurobiólogicas como las filosóficas coinciden en esto. No obstante, las frecuencias vibratorias del mundo inmaterial son substancialmente mayores que las que se observan en las microondas, y esto explica muchas de las propiedades sutiles de los fenómenos psíquicos.

Para comprender la existencia de entidades espirituales, tenemos que ampliar la definición biológica de "vida" para que incluya seres inmateriales. En otras palabras, las entidades espirituales en realidad son formas de vida con atributos de conservación, movimiento y reacción a estímulos similares a otras formas biológicas de vida, excepto que no poseen un cuerpo físico. Así como hay cuestiones fundamentales acerca de la vida que la biología no ha resuelto, la vida del mundo espiritual es un misterio. La esencia de la vida, material o inmaterial, sigue desafiando el entendimiento humano, y lo único que podemos hacer es observar sus atributos. Parece ser que la vida en el mundo material ocurre cuando una forma de consciencia espiritual ingresa a un cuerpo físico. En el ser humano, esto sucede cuando el bebé empieza a respirar. Para el cuerpo físico, la muerte ocurre al cese de la respiración cuando la consciencia que anima al organismo le abandona[1]. Esto presupone que las entidades espirituales pueden vivir independientemente de un organismo físico. Hay muchas evidencias que suportan esta afirmación (Rosen, 1998). ¿Son los espíritus formas de energía? ¿Qué es energía? A menudo hago esta pregunta a mis estudiantes a punto de graduarse en ingeniería civil y mecánica, un grado que por definición los clasifica como expertos en el desarrollo y la aplicación de varias formas de energía (e. g., eléctrica, térmica, hidráulica). La respuesta usual es silencio. Podemos observar las manifestaciones de la energía, incluso diseñar métodos para desarrollarla, sin que sepamos qué es en esencia. Podemos estar seguros de que los espíritus utilizan energía para sus funciones, y en este sentido están sujetos a las bien conocidas leyes de almacenamiento, transformación, y propagación energéticas. Cualquier forma de trabajo física o metafísica requiere un gasto de energía. Sin embargo, debemos decir que los espíritus no son sencillamente formas de energía, sino de consciencia con varios

---

[1] Una excepción a esta regla ocurre con los maestros de yoga Raja avanzados que han desarrollado la técnica de detener el pulso y la respiración a voluntad. Para una descripción véase Yogananda (1993).

grados de desarrollo e inteligencia, lo mismo que en el plano físico hay especies animales con varios grados de desarrollo evolutivo.

Quisiera referir al lector a la extensa literatura psíquica; a que estudie, con mentalidad abierta, los reportes cualitativos que describen la existencia y características de las entidades espirituales. En particular, la compilación detallada de casos reportados por Max Freedom Long (cincuenta casos en total en Long, 1936; más de treinta casos en Long, 1948; muchos más documentados en Long, 1953). Para una mayor explicación sobre la naturaleza de las entidades espirituales le refiero a los tratados serios de magia ceremonial (e. g., Bardon, 2001; Papus, 1992). Un reporte reciente que reúne muchos casos, junto con la opinión de líderes espirituales de renombre, maestros, y científicos fue presentado por Rosen (1998).

La función y la misión del yo intermedio
Una descripción excelente sobre las funciones del yo intermedio se encuentra en Wingo (2002). El yo intermedio es nuestra consciencia diurna; todas las habilidades del pensamiento y del raciocinio, deductivos e inductivos, son sus atributos. El discurso –la posibilidad de hablar– es también su cualidad importante. Tiene la capacidad de voluntad propia, aunque esto requiere energía que sólo puede conseguir a través del yo inferior. Por otra parte, el yo intermedio posee una memoria muy pobre y tiene que confiar en el yo inferior para el almacenamiento de todos los recuerdos. La voluntad de recordar algo requiere de la pronta colaboración del yo inferior. El yo intermedio no alberga sentimientos; todas las emociones provienen del yo inferior. La función más importante del yo intermedio es responsabilizarse de todo cuanto ocurre en nuestra vida, sea por escogencia propia, o por negligencia a actuar; tiene a su cargo el cuidado de nuestro cuerpo, el aprendizaje, el entrenamiento y el trabajar diligentemente durante la vida adulta; tiene igualmente el deber de guiar y controlar al yo inferior, que es un espíritu menos desarrollado; tiene la tarea de aconsejar y modular las expresiones emotivas del yo inferior. Para el disfrute de una vida armoniosa, es esencial que haya un ambiente de cooperación entre el yo intermedio y el inferior.

EXPERIMENTE LA PRESENCIA DEL YO INTERMEDIO

La importancia de la "consciencia total"

En las secciones siguientes describo ejercicios prácticos que le permitirán experimentar consciencia propia. Como este capítulo trata del yo intermedio, puede parecer superfluo dedicarle tiempo a una serie de ejercicios para experimentar algo que siempre sentimos: la consciencia de ser. Sin embargo, la mayoría de nosotros dedicamos gran parte de las horas diurnas a tareas puramente utilitarias destinadas a manipular el ambiente externo. Casi todos nos levantamos en la mañana, nos bañamos, desayunamos, luchamos conduciendo en el tráfico matutino, y dedicamos ocho o más horas procesando papeles, operando maquinaria, mirando pantallas de computador e interactuando con otras personas. Todas estas actividades absorben nuestra consciencia objetiva y la ponen al servicio de tareas externas. En otras palabras, el mundo moderno demanda completa atención a actividades externas. Muy poco tiempo, si es que algo, se dedica a "actividades" introspectivas.

Por lo tanto, los ejercicios de este capítulo le ayudarán a adquirir el hábito de recogimiento hacia su mundo interior. La contemplación o meditación regular durante las horas diurnas mejorarán significativamente la calidad de su vida. Utilizando la expresión de los escritores de Shambala (e. g., Trungpa, 1984), usted experimentará "consciencia total" de las actividades del mundo exterior, se volverá más atento a sus alrededores, tomará mejores decisiones y cometerá menos errores. Igualmente, aprenderá a apreciar las cosas simples de la vida y a disfrutarla más plenamente. Con una práctica regular, poco a poco tendrá acceso a niveles más profundos de su consciencia —tales como su yo inferior descrito en el siguiente capítulo—, que le darán acceso a ciertas habilidades para mejorar su vida. El desarrollo de la intuición y de las diferentes modalidades del pensamiento inconsciente incrementará substancialmente su arsenal de herramientas para una vida eficaz.

Como dijimos anteriormente, la mayoría de nosotros vamos por la vida en piloto automático, sin pensar demasiado en lo que somos, cuáles son nuestras habilidades especiales, qué entidades conscientes comparten nuestro organismo o el porqué estamos aquí. Gastamos nuestros mejores años "ganándonos la vida," empleando todas nuestras energías en pagar una hipoteca, hacer una pequeña fortuna, navegar a través de la jungla humana de politiquería y juegos sociales, y esperando poder jubilarnos algún día. ¿Realmente, es este el propósito de la vida? ¿Qué haría usted si de repente se diera cuenta que la profesión y la acumulación de dinero son sólo *los medios* para alcanzar algo más? ¿No será que, en esta "lucha por la vida," estamos confundiendo *los medios* con *las metas*? Más adelante volveremos a estas preguntas; por lo pronto es importante que reserve un tiempo cada día, así sea unos pocos minutos, a conocerse mejor.

Además de aprender a conocerse y a desarrollar sus entidades espirituales, hay un beneficio inmediato que es el comprobar por sí mismo la existencia de varios niveles de consciencia. Siguiendo el consejo de nunca aceptar nada que no se pueda comprobar de alguna forma, los ejercicios de este capítulo y subsiguientes le ayudarán a comprobar la existencia de sus entidades inmateriales. La "prueba" no será un test observable científicamente; ya hemos discutido las dificultades de tales experimentos con la instrumentación disponible actualmente. La prueba vendrá a través de la aplicación de otras formas tradicionales del conocimiento, tales como la intuición o la percepción interior. Algunos pueden alegar que esa experiencia interna, si llega a ocurrir, es el resultado de la imaginación en lugar de la expresión de un hecho concreto. Este puede ser el caso en ciertas circunstancias. A veces nos llega un cierto sentimiento instantáneo, un impulso inexplicable o una visión interna; se trata de una sensación que nos hace saber con certeza la veracidad de un hecho. Por otra parte, nuestra consciencia no es tan ingenua como para creer que algo que hemos creado en nuestra imaginación, de hecho constituye una manifestación psíquica independiente. Usualmente, podemos engañar a otros cuando relatamos como veraz una ocurrencia psíquica, cuando en realidad sabemos que no lo es. Engañarnos a nosotros mismos, sin embargo, no es tan fácil. Podemos separar el producto de nuestra imaginación, algo que hemos creado voluntariamente, del efecto real de un fenómeno interno. Cuando este último ocurre, lo sabremos con absoluta certeza.

Preparación para los ejercicios

A continuación doy algunas líneas generales para los experimentos. Los lectores familiarizados con la meditación y el trabajo esotérico las reconocerán de inmediato. Aquellos no acostumbrados a la meditación, recíbanlas como una serie de sugerencias solamente. Utilice su propio criterio para determinar la aplicabilidad o relevancia de cualquiera de ellas. Han sido concebidas para aumentar la posibilidad de éxito en los experimentos, realzar el disfrute de sus esfuerzos, y en ciertos casos para protegerlo de posibles consecuencias adversas.

Documente sus experiencias

La primera sugerencia es que documente todos sus experimentos con sus respectivos resultados. El problema de establecer un record de las experiencias psíquicas es que su ocurrencia no puede ser provocada cada vez que lo intentamos. Cada experimento siempre trae consigo una reacción o un resultado, pero es posible que la intensidad de esta reacción no sea suficientemente intensa como para que nuestra consciencia interna la detecte. Es necesario repetir el ejercicio varias veces y mejorar la destreza con cada intento. Ahora bien, cuando el ejercicio tiene éxito, puede que este ocurra en los recintos más profundos de nuestra consciencia a los que no tenemos acceso durante las horas de vigilia, es decir que su efecto y nuestro recuerdo de él desaparece rápidamente tan pronto reanudamos nuestras actividades cotidianas. Para mantener un record de los resultados de sus experimentos, insisto que mantenga cerca de usted un cuaderno, un diario o una grabadora donde pueda guardar tan detalladamente como posible los resultados de todas las pruebas. En cierta forma, el tomar notas descriptivas después de cada experimento nos recuerda los métodos de investigación cualitativa en las ciencias sociales. Tome nota de la fecha, la hora, el tipo de experimento y las condiciones antes de su ejecución. Una vez concluido el ejercicio incorpore todas sus impresiones y sensaciones, tan subjetivas o extrañas como parezcan. No juzgue ni analice el contenido de sus apuntes; su mente consciente y lógica puede intentar desacreditar o ridiculizar sus conclusiones. Esto es particularmente cierto si usted tiende a ser muy analítico en su pensamiento, debido a su educación o entrenamiento. Cuando escriba o grabe sus impresiones, no ceda a este deseo de juzgar la experiencia, pues es una trampa que usualmente le tiende su yo intermedio o su yo inferior. Puede que ellos estén en desacuerdo con sus conclusiones, especialmente si encuentran cuestionable sus resultados o sus sentimientos, y más aun si su ensayo descubrió algún aspecto de su pasado oculto, que ellos piensan que no debe ser revelado. Sencillamente tome nota de todos sus sentimientos tan pronto termine su prueba y deje para luego el análisis de datos.

También tome nota de cualquier resultado en el que aparentemente fracasó el ensayo. Recuerde que no existe lo que llamamos fracaso en cualquier cosa que intentemos. Cada vez que emprendemos algo, también aprendemos algo y siempre hay una manifestación aunque sea de aspecto limitado. No se desanime, siga practicando con una actitud positiva y observe cómo poco a poco mejora su desempeño con cada intento. A veces, lo que parece ser un fracaso en realidad constituye un éxito, el cual no es directamente percibido o aceptado como tal por su yo intermedio lógico.

Es interesante recalcar que cuando, horas o días más tarde, usted vuelve a leer sus anotaciones, mucho de lo que percibió durante el experimento se olvidó. He aquí la razón más importante para documentar todos sus experimentos. Muchos eventos psíquicos suceden en el yo sentimental o yo inferior —que tiene una gran capacidad de memoria—, pero cuando nos volvemos a otras actividades, el yo intermedio —que tiene una memoria limitada— envía todas esas experiencias a la memoria inconsciente. Por ejemplo, nótese qué tan fácil es olvidarse de los sueños. Tan pronto despertamos, tenemos un recuerdo vívido del sueño que tuvimos. Tal recuerdo desaparece en los siguientes minutos y de hecho es posible que unas horas más tarde no recordemos nada.

Aquellos que practican regularmente el arte de la meditación, seguramente estarán familiarizados con los experimentos de este capítulo. Su aplicación regular le preparará para los experimentos de los próximos capítulos. Reserve un período de tranquilidad y soledad para cada ejercicio, a una hora en la que no será interrumpido. Apague y ponga a un lado todos los aparatos electrónicos. Si el ejercicio es para ser ejecutado en una habitación, busque una que no tenga demasiados aparatos eléctricos prendidos. Hay razones para ello; así como algunos aparatos interfieren con las telecomunicaciones locales, ellos pueden igualmente interferir con el flujo de sus energías internas. Son sólo sugerencias, y de hecho si esto no es posible sencillamente haga su experimento donde pueda.

A menos que se indique lo contrario, casi todos los experimentos se ejecutan en posición sentado. Las culturas orientales enfatizan posiciones de meditación que se consideran incómodas en occidente. Busque una silla con un buen soporte para el dorso, es decir que le permita descansar su espalda en una posición lo más vertical posible. Una buena posición vertical estimula el flujo energético a lo largo de la medula espinal. La altura de la silla debe ser tal que los pies descansen en el suelo, es decir ni muy alta ni muy baja. Estas indicaciones excluyen la mayoría de los sofás, sillas reclinables o con espaldares móviles para mirar televisión. Cualquier silla que le permita recostarse hacia atrás o que esté hecha de fibras muy suaves es inapropiada. La razón es que las sillas más cómodas invitan a dormir, especialmente cuando se está cansado. Por la misma razón no se recomienda meditar tendido en la cama; usted no querrá dormirse durante el experimento. En general, sillas de comedor o de escritorio con buen soporte lumbar son las ideales; sillas que le permiten meditar con la columna recta por periodos extensos sin sentir dolor de espalda.

Soledad

A menos que se indique lo contrario, nunca medite en lugares públicos o sitios concurridos, tales como restaurantes, estaciones de tren, aeropuertos, oficinas, etc. Además de las muchas fuentes de interrupción, los sitios públicos son frecuentados por entidades espirituales de diversos grados de desarrollo. No queremos atraer la presencia o interacción con otras entidades, especialmente las malignas, mientras que intentamos dialogar con nuestros propios espíritus. Si aceptamos la existencia de entidades inmateriales, debemos reconocer que algunas de ellas son beneficiosas y amistosas, y otras no. Algunos individuos se dedican a ideales benignos, y otros a malignos, durante su vida encarnada. Por ende, algunas entidades descarnadas pueden tener buenas o malas intenciones. Con esto no pretendo ser sensacionalista, algo demasiado explotado y exagerado por la industria cinematográfica. El punto es que si usted está en una concurrida estación de bus, también estará alerta a la presencia de carteristas, ladrones, timadores disfrazados de vendedores, etc. Por lo mismo, hay que estar alerta para evitar atraer a su consciencia entidades invisibles malévolas. ¿Qué de malo le puede pasar? La literatura describe los casos de golpes y juegos de mal gusto, pensamientos obsesivos y actos extraños propiciados por entidades bajas que se las ingenian para adjuntarse a las auras psíquicas de victimas descuidadas. Si lo hacemos en un sitio inapropiado, la meditación nos pone en estado de receptividad y susceptibilidad a tales eventos.

Voy a compartirle una experiencia personal al respecto. Hace algunos años, me cansé de la congestión de tráfico de la gran ciudad, y de la actitud agresiva de muchos conductores, y decidí tomar el tren para ir al trabajo diariamente. Al principio, esta decisión me dio la oportunidad para meditar en el tren en la mañana y en la tarde. Llegaba a mi oficina con la mente fresca y relajada. En esa época, mi trabajo era de gran responsabilidad y lleno de estrés, el cual creó un sentimiento negativo. En retrospectiva, creo que esa angustia bajó mis defensas contra resfriados y otras molestias, y en última instancia contra eventuales ataques psíquicos. Es un hecho bien conocido que una disposición negativa hacia la vida, especialmente si se mantiene por períodos prolongados, tiende a traducirse en muchas enfermedades degenerativas. La negatividad también atrae eventos adversos en la vida y nos hace susceptibles a influencias psíquicas malignas.

Así pues, en el transcurso de varios meses me ocurrieron muchos "accidentes." Por ejemplo, una noche encontré las ventanillas de mi auto destruidas y su interior vandalizado en el estacionamiento de un suburbio muy tranquilo. Varias veces fui víctima de fraude, o sencillamente robo, por parte de individuos y contratistas tales como mecánicos automotrices (en varios sitios), agentes de propiedad inmobiliaria, dos compañías de mudanzas, y una oficina de administración de apartamentos.

El Departamento de Impuestos me sometió a auditorias de mi declaración de renta de varios años gravables anteriores, y cada año gravable fue revisado varias veces por distintas oficinas fiscales del país. Una vez mi tarjeta de crédito fue robada por alguien que después la usó para gastar más de tres mil dólares en un día. Una noche, estaba cómodamente leyendo en mi cama cuando la lámpara de la mesa de noche se incendió. ¡Nunca había oído que el bombillo de una lámpara de mesa pudiera incendiarse! Por supuesto que uno puede creer que una serie de accidentes son el resultado de "mala suerte." No creo en la mala suerte; creo firmemente en el libre albedrío y en nuestra habilidad para crear y controlar nuestra vida. Esto no significa que no seamos responsables de nuestras acciones, pues muchas veces los "accidentes" que enfrentamos son sencillamente lecciones que tenemos que aprender o la consecuencia natural de malas decisiones pasadas que debemos enmendar.

El episodio de la lámpara fue el que finalmente me hizo caer en cuenta de que había algo inusual con todos estos accidentes. Fue entonces cuando suspendí mi meditación diaria en el tren y mi "mala suerte" desapareció casi instantáneamente. Al bajar mis defensas psíquicas normales durante meditación contemplativa, me había hecho susceptible a ataques de entidades malignas que siempre se encuentran en sitios públicos. Esto equivale a pasearse por un vecindario peligroso al tiempo que se exhibe una billetera llena de dinero. Exceptuando los ejercicios sencillos que invitan a practicar cierta percepción en reuniones sociales, evite a toda costa practicar la meditación profunda en sitios públicos. Busque una habitación en un lugar privado, tal como en su casa, donde pueda relajarse a explorar su vida interior sin interrupciones.

Las reglas éticas del trabajo místico

En capítulos subsiguientes presentamos el método para pedirle a su yo inferior y a su Yo Superior que le atraiga oportunidades, situaciones o eventos favorables para la salud, profesión o status financiero. Nunca pida nada que pueda ocasionar daño a otros. Los Kahunas emplearon algunas de las técnicas de Huna para vindicar o afectar negativamente a otros cuando un cliente así lo solicitaba. El caso extremo fue la "plegaria de muerte." Cualquier daño a otros se reflejará en

EL YO INTERMEDIO 61

usted en una forma amplificada; cualquier beneficio a otros se reflejará en usted en una forma amplificada, especialmente cuando no espera nada de regreso. Esta es una generalización de la ley de acción y reacción formulada en la física por Isaac Newton. Algunos la llaman la ley del Karma o la ley de las compensaciones.

Cualquier cosa que usted "haga" en el universo siempre ocasiona por lo menos una reacción de naturaleza similar. Esto incluye pensamientos buenos o malos. Los pensamientos son formas de energía que se propagan a través del cósmico. Pensamientos buenos atraen eventos y consecuencias buenas, mientras que pensamientos malos atraen eventos y consecuencias malas. ¿Alguna vez se ha preguntado porqué la gente negativa siempre está enferma? Individuos que constantemente le hacen daño físico, emocional o financiero a los demás no parecen disfrutar de una vida próspera y feliz y, al contrario, continuamente sufren de muchas dolencias corporales y contrariedades emocionales; no es mala suerte, sino que sencillamente sufren las consecuencias de su comportamiento y acciones. Resuelva de una vez nunca hacerle daño intencional a nadie, y siempre utilizar sus habilidades para realizar buenas labores y enviar pensamientos positivos a la humanidad, incluso a su peor enemigo. Desde luego esto es muy difícil de lograr, pero recuerde que no es su deber ni su misión "hacer justicia" y castigar a sus enemigos. Por supuesto, esto no quiere decir que no se deba defender en situaciones determinadas, pero la venganza –por el prurito del placer de hacer daño–, le traerá consecuencias negativas. Tenga la absoluta confianza de que sus enemigos jamás podrán escapar la ley de las compensaciones y de que, tarde o temprano, recibirán lecciones que les obligarán a enmendar su comportamiento.

Privacidad y silencio

A través de la historia, se sabe que muchos místicos mantuvieron una disciplina de silencio y anonimidad muy estricta. Esto sucedió porque aquellos poseían conocimientos que se oponían a lo aceptado como "normal" en la sociedad, o porque eran el objeto de persecución política o religiosa por parte de líderes de estados controlados por la iglesia. Aunque esto puede que no sea el caso en la mayoría de los países del hemisferio occidental, cualquier practicante de artes místicas que se aparten de la religión prevalente es visto con sospechas. Ningún ejercicio en este libro tiene una connotación religiosa. Son destinados a los practicantes de cualquier religión o de ninguna en particular. No obstante, a menos que quiera que lo identifiquen como miembro de algún culto extraño, es aconsejable que mantenga sus pensamientos y experiencias en silencio. Esto por supuesto excluye su círculo de amigos y familiares que lo apoyen.

No obstante, hay una razón aun más importante por la cual debería mantener sus anotaciones y los resultados de sus experimentos lo más privados posible. Su yo inferior, y especialmente su Yo Superior, le infundirá un mensaje psíquico cuando considere que está preparado para recibirlo. Este "mensaje" o este sentimiento es algo muy especial que se le otorga en confianza. Compartirlo con otros, especialmente con amigos o familiares incrédulos y críticos, logrará que su yo inferior o su Yo Superior lo considere como indigno de recibirlo y demorará su desarrollo espiritual. Desde luego, esto no es el caso cuando el mensaje le instruye específicamente a compartir con otros, pero la mayoría de las veces la experiencia es otorgada en privado para su uso exclusivo.

Una última clarificación: es posible que el lector asuma incorrectamente que algunos de los ejercicios del capítulo siguiente son magia. Quiero recalcar que ninguno lo es. La magia ceremonial consiste en invocar y conjurar entidades del mundo espiritual con el propósito de manipularlas para que ejecuten ciertos actos, algunos destinados a lastimar a otros. Estos actos son en su mayor parte peligrosos para el ejecutante y para la víctima. Ninguno de los ejercicios de este libro evoca entidades espirituales externas. Aquí el propósito es que usted aprenda a *conocer sus propias entidades espirituales* para su beneficio material, emocional o espiritual, o el de los demás. Esta práctica se clasifica como misticismo en lugar de magia. Con estas sugerencias empezamos los ejercicios. Recuerde que la práctica hace al maestro. No se desanime si al principio no obtiene los resultados deseados. Siempre hay progreso con cada intento, aunque sea modesto o imperceptible. La persistencia es

EL YO INTERMEDIO 63

la que en última instancia logra su meta.

Ejercicio 2.1: Consciencia total en horas diurnas

Objetivo
Percibir la presencia del yo intermedio. Mejorar su habilidad de apreciar y contemplar actividades cotidianas. Realzar el disfrute de las cosas simples de la vida.

Descripción
Lea toda la descripción antes de intentar el ejercicio. A una hora tranquila del día busque una habitación privada, preferiblemente en su casa. Siéntese en una silla con la espalda recta, pies en el piso ligeramente separados, y las manos sobre las piernas. Respire un par de veces profundamente para relajar el cuerpo y la mente: inspire profundamente por la nariz, llene completamente de aire los pulmones, retenga la respiración por unos segundos, después expire por la nariz hasta vaciar completamente los pulmones. Esto completa un ciclo de respiración. Repita el ciclo una vez más. Concluida la respiración, empiece a relajar gradualmente todos los músculos. Para ello, mentalmente recorra y relaje todos los miembros de su cuerpo. Comience por el pie izquierdo, gradualmente subiendo por la pierna, la rodilla y el muslo. Prosiga con su pie derecho, la pierna, la rodilla y el muslo. Después relaje mentalmente el estómago y todos los músculos del abdomen, el pecho, los pulmones. Prosiga ahora relajando la mano izquierda, el brazo y el hombro. Luego la mano derecha, el brazo y el hombro. Ahora enfoque su atención en la base de la columna, gradualmente subiendo por la espalda mientras que relaja todos los músculos. Cuando llegue al cuello continúe relajando los músculos de la cara, los ojos, la frente, la boca, la lengua. Todo el proceso de relajación debería tomarle un minuto mas o menos.

Cuando sienta su cuerpo totalmente relajado, observe todos los objetos de la habitación sin fijar la atención en ninguno en especial. Su cabeza debe permanecer inmóvil y relajada, al tiempo que contempla todo los objetos en frente suyo sin fijarse en ninguno exclusivamente. Sus ojos deben permanecer inmóviles y relajados, mientras que vislumbra calmadamente todo lo que le ofrece su vista. Parpadee normalmente, y contemple en silencio todos los objetos al tiempo, pero ninguno en particular.

Ordénele a su mente que guarde silencio. En otras palabras, es importante que durante su contemplación evite todo tipo de preocupaciones, pensamientos, ideas, análisis y discusiones. Desde luego esto es difícil. Su objetivo es alcanzar un estado de admiración contemplativa de todo a su alrededor, al tiempo que evita todo tipo de pensamientos y juicios. Si en determinado momento le llega algún pensamiento o idea, inspire profundamente por la nariz, llene de aire los pulmones, contenga la respiración por un par de segundos, exhale el aire por la boca mientras repite mentalmente la palabra "pensando," al tiempo que imagina que el pensamiento, cualquiera que haya sido, se expulsa por la boca y se disuelve. Inmediatamente después vuelva a su contemplación. Esta interrupción le ocurrirá muchas veces, pero cada vez que un pensamiento le asalte, deshágase de él respirando profundamente mientras que repite mentalmente la palabra "pensando." En este capítulo enfatizamos al yo intermedio; es por eso que es crucial eliminar todos los juicios o pensamientos que interfieran con su contemplación silenciosa, incluso cualquier sentimiento proveniente del yo inferior.

Su meta está en mantener la contemplación visual en el aquí y el ahora, sin permitir que ideas o pensamientos le distraigan. Al principio, usted podrá sostener este estado de atención total por sólo unos segundos, pero con el tiempo y la práctica poco a poco el intervalo de tiempo entre interrupciones irá aumentando.

Durante este estado de contemplación pura, admire los detalles de la habitación sin fijarse en ninguno en especial. Observe la decoración, los cuadros, los marcos. Perciba los colores, los muebles, los cojines, los libros, los objetos sobre las mesas. Sienta la textura de cada objeto, los contornos, los materiales. Note la intensidad de la luz en el cuarto, los aromas, los sonidos provenientes de otras habitaciones. Igualmente, note los miembros de su cuerpo, la fricción con la ropa, su

EL YO INTERMEDIO

respiración. Sus sentidos le están suministrando toda esa variedad de estímulos. Ahora pregúntese: ¿Quién está detrás de esos sentidos? Sus ojos le proporcionan una gran variedad de estimulación visual. ¿Quién es el que está detrás de esos ojos? ¿Quién es el que está mirando? El observador es el yo intermedio en contemplación, como quien observa un programa de televisión interesante.

Si al comienzo puede mantener este estado por un minuto, debería felicitarse. Termine el experimento cuando desee e inmediatamente escriba en su diario todas sus impresiones. Inicialmente el experimento debería durar más o menos cinco minutos. Trate de aumentar la duración gradualmente.

Posibles resultados

Este ejercicio constituye una preparación excelente para las meditaciones de los siguientes capítulos, que le permitirán acceder a niveles más profundos de consciencia. Las ventajas de este ejercicio son cuantiosas. La primera y más obvia es la relajación física y mental que sentirá al concluir la práctica. Podrá reanudar sus actividades normales con una sensación de paz y un aumento en su capacidad de concentración y eficiencia. Empezará a apreciar la vida por el simple hecho de vivir; a observar cosas sencillas y a admirar lo que usualmente pasa desapercibido por la mayoría; a ver la belleza donde la mayoría de la gente no ve nada de valor. Si mantiene su contemplación por un período prolongado, su consciencia gradualmente se trasladará del yo intermedio al yo inferior, y aun a niveles más profundos; empezará a percibir las energías sutiles a su alrededor, incrementando su intuición y raciocinio.

Resumen

En resumen, los pasos a seguir en este experimento son:

1. Siéntese en una silla apropiada en una habitación callada.

2. Relaje el cuerpo y la mente: respire profundamente un par de veces y mentalmente recorra todo su cuerpo relajando todos los músculos.

3. Contemple calmadamente todos los objetos a la vista, sin enfocar en ninguno en especial. Mantenga el cuerpo y la cabeza inmóviles. Los ojos deberán estar abiertos, y suavemente fijos en el centro de la vista. Parpadee normalmente. Observe, admire, escuche, huela y sienta todo lo que le ofrece su ambiente.

4. Deshágase de cualquier pensamiento o idea que le interrumpa su contemplación. Si un pensamiento le asalta, tome aire profundamente por la nariz, conténgalo un par de segundos, exhale por la boca imaginándose que expulsa el pensamiento, al tiempo que repite la palabra "pensando." Luego regrese a su contemplación. Repita esta operación cada vez que le llegue una idea.

5. Después de unos minutos de contemplación, termine el ejercicio y escriba todas sus impresiones en su diario.

Si practica el Ejercicio 2.1 regularmente, observará que las interrupciones a su contemplación, y la acción de respiración con la palabra "pensando," serán cada vez menos frecuentes. Con el tiempo y la práctica, cuando perciba cualquier interrupción mental, el regreso a la contemplación se logra directamente sin necesidad de la maniobra anterior.

En el Ejercicio 2.1, se le pide que fije su mirada en el centro de su "pantalla visual" sin enfocar en ningún objeto en particular. Una variante de este modo de contemplación consiste en mover al azar la cabeza y los ojos, y fijarse en la mayor cantidad de objetos posibles. Admire cada objeto en todos sus detalles, al tiempo que mantiene su mente libre de cualquier pensamiento; esto constituye observación pura. Si algún pensamiento, recuerdo o idea le asalta, deshágase de él con la maniobra de respiración y la palabra "pensando" antes descrita.

Con el tiempo y la práctica, usted aprenderá a reconocer objetos o características que antes le parecían sin interés o irrelevantes, y ahora lucen atractivos, únicos. Por ejemplo, el estilógrafo sobe el escritorio que antes le parecía común y corriente, de repente luce con líneas y colores hermosos que nunca antes apreció. El cuadro en la pared, que nunca observó en sus minuciosos detalles, de repente presenta un paisaje digno de admiración; después de todo, un artista gastó muchas horas creándolo. Ahora que lo ha descubierto de nuevo, usted siente una especie de unión con el tema y la pintura; se imagina estando en el cuadro rodeado por ese paisaje. Lo mismo ocurre cuando comenzamos a apreciar y admirar todo en la vida. ¡Nos sentimos unidos y parte de la vida! Los siguientes ejercicios son variantes del anterior. Sugiero los ensaye todos y después seleccione uno que le agrade para practicarlo regularmente. El Ejercicio 2.2 es muy similar al Ejercicio 2.1 pero se desarrolla en la naturaleza.

Ejercicio 2.2: Consciencia total en la naturaleza

Objetivo
Sentir la presencia del yo intermedio. Mejorar la habilidad para la concentración, la contemplación y el goce de la naturaleza.

Descripción
Lea toda esta descripción antes de intentar el ejercicio. Vaya a un sitio en las afueras donde pueda observar la naturaleza sin ser interrumpido. Idealmente, podría ser una playa no muy concurrida, las orillas de un río o un ambiente de montaña. Si no es posible estar solo en la naturaleza, visite el parque favorito en su localidad y siéntese sobre la hierba o en una de las bancas. Igualmente podría sentarse en el jardín trasero de su casa, si es tranquilo. Empiece a relajar el cuerpo y la mente, tal como se describe en el Ejercicio 2.1.

Cuando se sienta calmado y totalmente relajado, empiece a contemplar lo que le ofrece la naturaleza a su alrededor. Admire tranquilamente todos los detalles del paisaje, sin enfocar en ninguno en particular. Mantenga su cuerpo y la cabeza inmóvil y los ojos suavemente fijos en el centro de su visión. Siéntase como si estuviera mirando a una gran pantalla de cine sin enfocar en ninguno de los objetos proyectados, sino en todos a la vez.

Durante ese estado de observación de la naturaleza, evite a toda costa cualquier pensamiento, idea o recuerdo que le llegue a su consciencia. Como en el ejercicio anterior, si un pensamiento le asalta, lo que sucederá muchas veces, tome aire profundamente por la nariz, conténgalo por unos segundos, y exhale por la boca mientras repite mentalmente la palabra "pensando," y al tiempo que se imagina que la idea se expulsa con el aire y se esfuma. Inmediatamente después, regrese a su contemplación. Repita esta acción tan a menudo como sea necesario. Lo que está haciendo, es desocupar temporalmente su mente de esa perpetua revisión y repetición de ideas y recuerdos que mantienen su atención continuamente ocupada, con el objeto de dar campo a esa rara sensación de consciencia total pura.

Mientras se encuentra en ese estado de contemplación pura, admire sus alrededores. Observe los árboles, las hojas, la forma de los troncos, su color y textura. Admire las flores, sus colores, sus aromas, la forma aleatoria en que están distribuidas. Observe la parte del cielo que alcanza a ver en su pantalla visual, las formas de las nubes, las tonalidades de gris. Note los pájaros, sus patrones de vuelo, escuche la variedad de su canto. Mire los insectos volando o arrastrándose, sus formas. Perciba el suelo, la arena, la vegetación pequeña, las formas minúsculas de las hojas. Sienta el aire y el viento rozando su cuerpo, los aromas, la temperatura. Sienta el contacto de su cuerpo con la ropa y con el suelo. ¿Alguna vez había experimentado algo más hermoso? Si este es el jardín trasero de su casa, estoy seguro de que se habrá dado cuenta de pequeños detalles que nunca antes había notado, tales como florecillas minúsculas o una hermosa piedrecilla en una esquina. Todo esto es ordinario, siempre presente, esperando ser descubierto. Su vida cambiará cuando empiece a apreciar lo que siempre se encuentra a su disposición, en lugar de pensar en lo que no lo está. Ahora bien, sin abandonar este estado de concentración total, perciba quién está detrás de la pantalla visual. ¿Quién es ese yo intermedio detrás de sus ojos, detrás de sus sentidos? ¿Quién es el que está mirando, oyendo, oliendo, sintiendo y contemplando? ¿Es parte de usted? ¿Es usted mismo? ¿Quién es usted?

Después de unos minutos de contemplación, termine el ejercicio y anote sus impresiones y observaciones con el mayor detalle posible y sin juzgar ni criticar nada. Se dará cuenta que después se sentirá más relajado, más enfocado y mejor preparado para las tareas y decisiones del resto del día. En este ejercicio, usted relaja sus facultades objetivas y analíticas para lograr un estado de consciencia pura. Le recomiendo practicarlo diariamente.

Resumen

En líneas generales, estos son los pasos de este experimento:

1. Busque un lugar tranquilo en la naturaleza donde no será interrumpido por unos minutos y siéntese o tiéndase en el suelo.

2. Relaje el cuerpo y la mente: respire profundamente un par de veces y recorra brevemente todo su cuerpo al tiempo que relaja cada parte.

3. Calmadamente, observe y contemple todos y cada uno de los elementos a su alrededor, sin enfocar en ninguno en particular. Mantenga la cabeza fija, el cuerpo inmóvil pero relajado, los ojos abiertos y tranquilamente fijos en el centro del campo visual. Parpadee normalmente y observe todos los objetos al tiempo, pero ninguno en especial. Observe y admire los arboles, las flores, el cielo, la vegetación, los insectos. Perciba los aromas, el viento. Escuche los sonidos. En última instancia, perciba que su yo intermedio observa, huele, siente y oye detrás de sus sentidos .

4. Durante todo este tiempo, evite cualquier pensamiento, idea, o recuerdo. Si algún pensamiento le asalta, inspire profundamente por la nariz, contenga la respiración por unos segundos, exhale por la boca imaginando que el pensamiento que le llegó se expulsa por la boca y se esfuma, al tiempo que se repite mentalmente la palabra "pensando." Inmediatamente después, regrese a su contemplación. Repita esta maniobra cada vez que le llegue un pensamiento.

5. Después de unos minutos, termine el experimento y apunte todas sus impresiones en su diario.

Una variante del ejercicio anterior consiste en mover la cabeza y los ojos al azar, enfocando en tantos objetos como sea posible. Observe cada objeto en todos sus detalles, mientras que mantiene su mente libre de cualquier pensamiento o cualquier juicio.

¿Cuándo fue la última vez que suspendió su rutina normal de trabajo sencillamente para contemplar la belleza de la naturaleza? Muchos de nosotros vivimos en vecindarios rodeados de hermosas zonas verdes. ¿Cuán a menudo nos detenemos a admirar realmente su belleza? La mayoría de la gente mira a su jardín trasero como un trabajo más por hacer, en lugar de un sitio para descansar. Si van a su jardín es porque necesitan cortar el pasto, recoger las hojas del otoño, podar los árboles, y muy rara vez para tumbarse en el césped y sencillamente no hacer nada. El jardín trasero de mi casa es una cuenca de detención que el constructor de la urbanización tuvo que excavar para cumplir las reglas de control de inundación del municipio. Mis vecinos querían que le sembrara pasto, lo que me hubiese costado la esclavitud de tener que podarlo cada semana. En lugar de eso, dejé que la naturaleza siguiera su curso y que lentamente se repoblara y se transformara en lo que prometía ser un hermoso médano. En el transcurso de un par de años, no menos de veinte variedades de flores silvestres aparecieron en el jardín, la mayoría sin ser invitadas, y empezaron a propagarse naturalmente. Arbustos y coberturas vegetales silvestres se intercalaban en forma armoniosa. Pronto el pequeño médano se convirtió en el hogar o el sitio de paso de liebres, sapos, ardillas, zorros, pavos silvestres, venados, y una miríada de insectos y pájaros. Toda esta belleza me llegó gratis a pocos pasos de la puerta trasera de la casa. Sentarse en el jardín trasero a disfrutar de la naturaleza en pequeño es un privilegio para toda la familia. En lugar de eso, me hubiera tocado gastar un par de horas a la semana podando el pasto durante la primavera y el verano y el resultado hubiera sido una grama uniforme y aburrida desprovista de vida. La mejor solución fue no hacer nada.

El siguiente ejercicio le invita a intentar consciencia total en un ambiente social. Esto es un poco más difícil de lograr, pues además de sus propios pensamientos necesita eludir los de los demás. En verdad, aunque no esté consciente de ello, muchos deseos, impresiones, pensamientos y sentimientos que recibe cuando se encuentra en sitios públicos pueden provenir de otros y ser transmitidos a su consciencia a través de su inconsciente. También sucede que otros le interrumpan su contemplación. De todas formas, aprender a estar consciente de todo lo que percibe y todo lo que hace cuando está en presencia de otros constituye una habilidad incomparable.

Ejercicio 2.3: Consciencia total en las reuniones sociales

Objetivo
Sentir la presencia de su yo intermedio cuando esté interactuando con otros. Mejorar su habilidad para escuchar y apreciar la compañía de otros.

Descripción
Lea completamente esta descripción antes de intentar el ejercicio. La próxima vez que se encuentre en la compañía de otra persona, en el trabajo o en la casa, trate de relajar el cuerpo y la mente. Por supuesto que no querrá atraer la atención de su interlocutor respirando profundamente; sencillamente relájese y si está sentado asuma una buena postura corporal enderezando la columna y separando ligeramente sus manos y pies. Mantenga su mirada enfocada en los ojos de la otra persona. Este ejercicio enfatiza en la habilidad para escuchar atentamente al otro, sin juzgar mentalmente el contenido de su discurso. A menos que le hagan una pregunta, permítale a su compañero o compañera que termine su charla sin interrumpirle.

Su misión en este caso es escuchar atentamente a la otra persona sin interrumpirle y sin juzgar o analizar mentalmente lo que dice. En verdad esto es muy difícil de lograr. Durante este ejercicio, si descubre que está pensando en interrumpir para responder, que está juzgando lo que le dicen, o peor que está pensado en otras cosas mientras que pretende escuchar, repítase mentalmente la palabra "pensando," al tiempo que regresa a una escucha total. Después de unos minutos termine el ejercicio y si es posible anote luego sus impresiones en su diario.

Posibles resultados

Al mejorar sus habilidades para escuchar, se convertirá en un mejor moderador y un mejor conversador. Esto no son sencillamente buenas maneras; usted está aprendiendo a concentrarse en el discurso de otros y a beneficiarse totalmente de su comunicación, sin prejuicios, sin falta de atención. Igualmente, está permitiendo que los demás expresen sus ideas y sus sentimientos y que se sientan mejor. Si alguien comparte sus preocupaciones, y usted le escucha con atención y comprensión total, aquel se sentirá mejor y se recuperará más pronto de sus sentimientos negativos; usted se habrá convertido en parte del proceso de recuperación. Si se trata solamente de una conversación informal, se convertirá en un mejor amigo o amiga, en un mejor ser humano. Reconocemos que esto es muy difícil de lograr; no siempre se puede ser un escucha atento e imparcial, especialmente cuando uno también quiere ser oído, o cuando se trata de una discusión seria y emotiva porque su yo inferior está envuelto en el asunto. Es por eso que recomiendo que practique este ejercicio por períodos cortos, y que gradualmente prolongue su duración hasta que se convierta en parte de los rasgos positivos de su personalidad.

Resumen

Los siguientes son los pasos resumidos del presente ejercicio:

1. La próxima vez que se encuentre conversando con otra persona, asuma una buena postura, si está sentado, y mentalmente ordénele a su cuerpo que se relaje.

2. Constantemente mire a su interlocutor en los ojos, mientras escucha atentamente a todo lo que dice, sin interrumpirle, sin juzgarle, sin analizar el contenido de su discurso.

3. Si descubre que está pensando en algo, o preparándose para interrumpir a su interlocutor, repítase mentalmente la

palabra "pensando," al tiempo que regresa a su escucha total.

4. Después de unos minutos o cuando deba responder a una pregunta, termine el ejercicio y luego anote sus impresiones en su diario.

En el mundo moderno, nadie escucha a nadie. La conversación típica entre dos personas se reduce a una de ellas siempre dominando la charla, mientras que la otra siempre apoyando con monosílabos. Nadie hace una pregunta esperando una respuesta detallada, sino palabras sencillas o instrucciones concretas. Si se responde con una descripción detallada, el que pregunta interrumpe y ofrece sus propias ideas. En el ambiente social normal, se saluda diciendo "hola." Si alguien pregunta "¿qué tal estuvo el fin de semana?" se espera que responda "magnífico" y nada más; si continua describiendo en detalle, lo más probable es que sea interrumpido o que se quede hablando solo. Esto incluso ocurre entre amigos. Si uno desea ser "escuchado," hay que poner las ideas por escrito. ¡Mucha gente tiene más "amigos" en la Internet que en la vida real! Este fenómeno moderno es más pronunciado cuando hay un grupo de gente en conversación prolongada. Siempre hay una o dos personas que dominan la conversación, usualmente aquellas con carácter más fuerte. Si hacen una pregunta, se espera que el respondiente sea breve, a riesgo de que le interrumpan en la mitad de su discurso. Parece que ya nadie escucha.

Parece ser que nadie pregunta con el genuino deseo de escuchar. Recientemente, hice un viaje muy agradable donde tuve la oportunidad de compartir con amigos que no veía hacia años; disfruté mucho del paisaje, la compañía y la comida regional. Cuando regresé, me di cuenta con tristeza que en todo ese tiempo nadie me había preguntado nada acerca de mi vida, mi trabajo, mi familia. ¿Qué conduce a la gente a tener tan poco interés en los demás?

La necesidad de ser escuchado es tan grande, que existen especialistas que le cobran a la gente por oír, incluyendo terapeutas, sicólogos, y orientadores sociales. Los niños han aprendido que para poder ser oídos tienen que interrumpir a los demás y levantar la voz. ¿Es esto sencillamente malas maneras? ¿Es que vivimos en un mundo tan narcisista que sólo nos preocupamos por nuestro propio beneficio? ¿Será que nos encontramos tan anonadados con nuestros propios problemas que no tenemos la paciencia de atender a los demás con el simple acto de escuchar? Paradójicamente, muchas veces lo que se necesita para resolver un problema emocional es un oyente comprensivo; la literatura sicológica está llena de evidencia al respecto. Lo único que hacen la mayoría de los terapeutas es escuchar atentamente al paciente.

Escuchando atentamente a los demás —con compasión, sin juzgar, sin culpar—, estamos ayudando a la humanidad a subsanar gran parte de su sufrimiento emocional. Recuerde la última vez que tuvo una preocupación que compartió con un buen oyente, y después se sintió mejor aun si el otro no dijo ni una palabra. Muchos de mis estudiantes se aparecen en mi oficina para expresar su frustración ante algún problema matemático, y a veces uno emocional. A veces, no tengo una respuesta para darles y lo único que hago es escucharlos con una actitud de apoyo. Invariablemente, se marchan muy agradecidos, aun si no hice nada para resolverles su problema.

Variaciones de los ejercicios
Desde luego, puede cambiar los ejercicios anteriores si así lo desea. Practicándolos regularmente, llegará a conocer al espíritu de su yo intermedio desde una nueva dimensión. Incrementará su habilidad para la concentración y para disfrutar cada minuto del día. Se convertirá en una persona más perceptiva y se preparará para los ejercicios de los capítulos siguientes. Hay muchas variantes de los experimentos anteriores. A continuación ofrezco algunas de ellas, que sugiero ejecute en su totalidad, y que después modifique de acuerdo a su propio gusto, estilo de vida o pasatiempos.

Contemplación después del ejercicio físico
Todo el mundo sabe de las ventajas del ejercicio regular. Algunas de las consecuencias positivas de la actividad física regular incluyen el control de peso, flexibilidad y resistencia muscular, agilidad y buena figura, tranquilidad interior y buen

sueño, actitud positiva y aumento en la concentración mental. Además, la prevención de muchas enfermedades —tales como un accidente cardiovascular, la trombosis y la osteoporosis— han sido ligadas al ejercicio físico regular. Igualmente, existen muchas ventajas espirituales para la persona activa físicamente. Una de ellas es que inmediatamente después del ejercicio el cuerpo está cansado, la mente objetiva relajada, y los tres espíritus se encuentran más receptivos que de costumbre.

Si usted practica cualquier tipo de deporte o ejercicio, especialmente del tipo aeróbico, aproveche esta disposición anímica después de una rutina intensa. Una vez que el organismo se ha enfriado, proceda con cualquiera de los experimentos anteriores, especialmente el Ejercicio 2.1 o el Ejercicio 2.2. Notará que su percepción aumentará drásticamente y que la experiencia en general será mucho más profunda. Por siglos, se ha sabido acerca de este fenómeno, especialmente por los practicantes de magia ceremonial y de viajes chamánicos. Entre las preparaciones rituales para el evento mágico o el viaje chamánico, se incluyen el someter al candidato a danzas repetitivas, a vueltas continuas por un periodo prolongado o a actividades y pruebas físicas intensas, a veces acompañadas por percusión monótona. Este proceso puede durar horas o hasta que el mago caiga exhausto en el suelo. Existe la creencia de que las entidades sutiles del individuo pueden realizar la gran obra mágica una vez que han sido liberadas de las restricciones usuales de la consciencia objetiva y lógica (Frater U. D., 2001; Rutherford, 1996). Así que si usted baila, juega tenis, nada o corre, aproveche de liberar sus otros espíritus durante este estado receptivo posterior a la actividad física. No es necesario correr "hasta caer" para experimentar esta receptividad; incluso una caminata rápida de quince minutos proporciona no sólo los beneficios saludables del ejercicio, sino que también realza las actividades espirituales.

Percepción en varios eventos sociales

Ahora que ha visto el formato básico y el objetivo de estos ejercicios, intente aplicarlos a otras actividades cotidianas. Es fácil intentar consciencia total cuando no se le interrumpe. Si alguien le hace una pregunta, tendrá que proveer una respuesta, lo que detiene su contemplación. Por otra parte, se puede tener consciencia total de cada respuesta y de cada acto que ejecutamos, pero esto es mucho más difícil de lograr, ya que debemos incluir al yo inferior en el cuadro de operaciones. Al principio, es más fácil escoger una situación en la que se puede observar los alrededores sin ser interrumpido. La próxima vez que se encuentre en una reunión o comida social que satisfaga estas directrices, trate de contemplar a cabalidad sus alrededores. Si se encuentra cenando en grupo, por ejemplo, observe los utensilios de mesa, los detalles de la comida, su presentación. Mastique la comida más lentamente y saboree intensamente cada porción. Admire el color hermoso del vino, aprecie su aroma, demore y saboree cada trago un poco más. Note la decoración de la mesa, disfrute la presencia y compañía de cada huésped, su ropa, su conversación.

Ahora, atrévase a transformar la próxima reunión de oficina, de algo aburrido, inútil y usualmente pérdida de tiempo, a un evento de maravillosa consciencia total. Conozca bien a su yo intermedio e incítelo a que le ayude a convertirse en un mejor empleado, un mejor amigo, un mejor colega. Pronto aprenderá a reconocer sentimientos e información adicional de la gente en sus cercanías, que no provienen de su yo intermedio sino de su yo inferior. Cuando estamos receptivos a las impresiones internas, estamos estimulando el desarrollo de la intuición, además de otras habilidades psíquicas, lo que requiere estar muy atento; he aquí el valor intrínseco de la consciencia total del presente. Cuando logramos callar ese constante pensamiento repetitivo, le damos campo a la escucha receptiva y a la contemplación pasiva, y permitimos la emergencia de cualidades sutiles de los otros espíritus en nosotros. Un mundo maravilloso le espera cuando empiece a descubrir y a beneficiarse de sus "otras mentes."

3.
EL YO INFERIOR
Nuestra consciencia animal

En el capítulo anterior, vimos que el yo intermedio es el yo consciente que controla todos los movimientos voluntarios, que es capaz de pensamiento inductivo y deductivo, que puede observar hechos y racionalizarlos lógicamente, que tiene la propiedad del lenguaje y que tiene la facultad del libre albedrío. En este capítulo, estudiamos al yo inferior o inconsciente, sus características bien conocidas en sicología y sus talentos especiales normalmente desconocidos por la persona común. Igualmente, presentamos varios ejercicios prácticos destinados a reconocer la presencia del yo inferior, a integrarlo armoniosamente con el yo intermedio y a estimular su participación en la mejora de su vida.

Como decíamos en el capítulo primero, la mayoría de nosotros vivimos creyendo que el yo consciente es la única componente del "yo." Nuestra educación formal nos dice que hay un inconsciente que es parte de nuestra personalidad. Sin embargo, rara vez intentamos conocerle o comprender el papel tan preponderante que juega en la preservación de la vida. Generalmente no lo aceptamos como un yo independiente, ni aprovechamos sus aptitudes. Intelectualmente, aceptamos la existencia del inconsciente, pero no nos damos cuenta que constituye un compañero inseparable en nuestra vida. En ciertas ocasiones, nos enteramos de su presencia cuando sus emociones se atreven a desafiar y sobreponerse a nuestra consciencia racional. Muy pocos aprovechamos esos momentos críticos para comprender la naturaleza de nuestros problemas, para resolver nuestros conflictos afectivos y crecer.

Nuestro espíritu animal: El *unihipili*

La sicología moderna, especialmente la teoría sicoanalítica, reconoce el concepto del inconsciente o subconsciente. Freud lo concibió como el almacenamiento de la memoria, el centro de las emociones, los instintos y los impulsos. No obstante, en sicología el inconsciente se considera como un nivel o una fase de la personalidad. Los Kahunas llamaron al inconsciente el unihipili y lo reconocieron como una entidad espiritual independiente viviendo en el cuerpo. Max Freedom Long llamó al unihipili el yo inferior. La palabra "inferior" no implica un comportamiento negativo o inapropiado, sino sencillamente un yo menos evolucionado que el yo intermedio.

Figura 3.1: Esculturas de piedra en San Agustín (Colombia) sugiriendo una estructura sicológica humana compuesta de un doble yo.

Otras culturas en el mundo apoyan esta representación humana compuesta de más de un solo yo compartiendo el mismo. El arte antropomórfico y la escultura pueden verse como evidencia de ello. Por ejemplo, algunos tótems de los aborígenes maorí en Australia están compuestos de varias figuras humanas o cuasi humanas apiladas unas encima de otras. Glover (1983) describe figuras totémicas compuestas de tres partes. En la base de la escultura se encuentra una figura cuasi animal, posiblemente una representación del yo inferior. Encima de esta se encuentra una figura más refinada, semejante a un humano, que refleja al yo intermedio. En la cúspide de la escultura se encuentra una tercera talla hecha de la unión de dos formas humanas, una masculina y una femenina, con alas. Esta última representa al Yo Superior, curiosamente integrado por dos entidades de sexo opuesto. Las alas representan la naturaleza espiritual elevada del Yo Superior y posiblemente su ubicación fuera del cuerpo.

Figura 3.2: Esculturas de piedra en el parque arqueológico de San Agustín (Colombia), ilustrando el concepto de la psique humana compuesta de al menos dos consciencias compartiendo el mismo cuerpo.

Las Figuras 3.1 y 3.2 ilustran una concepción similar de la personalidad humana dividida, de acuerdo a la cultura de San Agustín en Colombia. De acuerdo a la prueba del carbono catorce, esta civilización data del siglo sexto D. C. y desapareció misteriosamente tres siglos antes de la conquista Española. En verdad, es interesante que las culturas antiguas entendieran la estructura de la psique humana muchos siglos antes de la ciencia moderna.

Los Kahunas creían que el yo intermedio y el yo inferior eran dos espíritus diferentes unidos para compartir el mismo cuerpo. Cada espíritu tiene una misión específica que cumplir. El yo intermedio es más evolucionado, puede hablar o razonar, pero es incapaz de experimentar emociones o de recordar mucho. El yo inferior es menos evolucionado, puede experimentar emociones, y tiene una gran capacidad para memorizar. Estos espíritus pueden separarse después de la muerte. Se sabe a cabalidad que existen muchos grados de inteligencia y desarrollo entre las entidades espirituales. Aquellos que frecuentan las sesiones de espiritismo exhiben grandes diferencias en su desarrollo. Algunos parecen tener atributos de raciocinio intelectual, pero no pueden recordar nada de su vida pasada (i. e., el espíritu de un yo intermedio). A otros que les gusta asistir a sesiones de espiritismo, recuerdan eventos de su vida pasada, pero parecen incapaces de razonar (i. e., el espíritu de un yo inferior). Estos últimos son los llamados "poltergeists" que les gusta jugar, hacer ruido, y hacerse pasar por otros. Un fenómeno similar ocurre con las personas que han sufrido daño cerebral y perdieron alguno de sus espíritus. La persona cuyo yo inferior abandonó el cuerpo puede seguir razonando, moviéndose, y analizando ideas, pero habrá perdido su memoria. La persona cuyo yo intermedio dejó al cuerpo parece no tener control sobre sus acciones; sin voluntad para nada, divaga por el mundo sin propósito aparente y sufriendo continuamente descargas emocionales. Estos parecen ser los síntomas de enfermedades mentales tales como la esquizofrenia. Existe un caso más, y es el de individuos en estado vegetativo que han perdido ambos espíritus.

Para los Kahunas, el yo inferior era un yo animal. Como todos los animales, este yo es guiado instintivamente a ejecutar funciones orgánicas involuntarias, respirar, digerir comida, crecer y defenderse. El yo inferior controla nuestras reacciones automáticas, tales como los reflejos, el corazón, la temperatura del organismo, la química de la sangre, y la secreción de hormonas.

Un yo inferior afectivo

El yo inferior es el centro de las emociones; puede experimentar risa, rabia, tristeza, amor u odio, que son reacciones involuntarias. Para provocar rabia intencionalmente, el yo intermedio tiene que imaginarse o pedirle al yo inferior que recuerde algo desagradable hasta que este último exprese la emoción. Igualmente, para provocar tristeza, el yo intermedio debe pedirle al yo inferior que recuerde algo que le causó tristeza en el pasado hasta que este reaccione con el sentimiento y el llanto. Las emociones están asociadas con algo que ocurrió anteriormente. Usualmente, estos eventos estimularon sentimientos dolorosos que fueron almacenados en la memoria. De ahí en adelante, el yo inferior expresará el mismo sentimiento cada vez que un acontecimiento externo le recuerde la experiencia pasada.

A veces las explosiones emocionales del yo inferior son muy potentes, gastan demasiada energía, y trastornan el balance armonioso entre el yo intermedio y el inferior. Si estos accidentes son muy frecuentes, corremos el riesgo de que el yo emocional controle nuestras vidas. La repetición frecuente de explosiones irracionales sucede porque el recuerdo del evento original no fue racionalizado conscientemente por el yo intermedio, y en su lugar fue almacenado "inapropiadamente" en el inconsciente. Cada vez que reaccionemos en una forma irracional y emotiva ante una situación, deberíamos tomar nota y aceptar el incidente como una invitación a que exploremos la causa interna de nuestra reacción. Tenemos la ilusión de que el problema fue "causado" por el suceso externo. Es muy fácil culpar a los demás de todo lo malo que nos pasa, en lugar de tomar responsabilidad por nuestros propios problemas. En realidad, el problema fue causado por nuestra reacción al fenómeno externo, pues si este no evocara un sentimiento negativo no habría ningún inconveniente.

Una de las misiones del yo intermedio es aprender a controlar las emociones negativas. El día que podamos enfrentar situaciones aparentemente angustiosas sin perder la calma —no sencillamente reprimiendo nuestros sentimientos negativos sino con una tranquilidad profunda—, habremos aprendido una de las lecciones más importantes de la vida. Esto requiere que utilicemos los incidentes de la vida cotidiana que nos causan estrés para explorar y clarificar las raíces inconscientes detrás del sufrimiento. Desde luego que es posible hacer esto sistemáticamente con ayuda de un terapeuta y de hecho esta es la mejor opción para los traumas profundos. Sin embargo, con respecto a los muchos detalles que hacen la vida desagradable e infeliz, deberíamos resolver las dificultades por nuestra cuenta. Más adelante presentaremos métodos que le permitirán lograr este ideal sin incurrir en los costos astronómicos de un terapeuta.

El beneficio inmediato de la resolución de sus traumas es, por supuesto, una vida más feliz. ¿Puede imaginarse el día en que la mayoría de sus sentimientos sean agradables, independientemente de su ambiente hogareño o de trabajo? Aun enfrentando las condiciones más conflictivas, si es capaz de mantener una calma interna genuina, su experiencia no solamente será positiva y productiva sino, lo que es más importante, tomará mejores decisiones. Esto no significa que una vez que alcance un estado avanzado de desarrollo permitirá que se aprovechen de usted. Por el contrario, es su deber y su derecho que se defienda ante cualquier injusticia. Dependiendo de las circunstancias, puede que tenga que quejarse ante la autoridad correspondiente; entablar una demanda contra un comerciante que le cobró por servicios que no prestó; entrevistarse con el superior de su jefe si se le ha tratado indebidamente; reclamar una auditaría injusta contra el Departamento de Impuestos, etc. La persona con superación mística no tiene porqué ser víctima de injusticia. Sin embargo, podrá enfrentar el proceso de su defensa, si es que decide hacerlo, sin el estrés, el conflicto y el rechazo emocional que usualmente le acompañan. Su decisión de actuar o no actuar en cualquier circunstancia se basará en un cuidadoso raciocinio de las circunstancias que predominen, en lugar de su rabia, miedo o sentimientos de traición que le aflijan. En muchos casos, se dará cuenta que no vale la pena reaccionar ante una situación que sólo persigue la defensa de su ego o el restablecimiento de su propia imagen. Muchas discusiones inútiles pertenecen a esta categoría. En otros casos, puede que se decida a actuar porque redunda en su verdadero bienestar físico o económico.

En verdad, la superación de sus complejos y fijaciones le traerá muchas ventajas. Además de ellas, hay una ventaja adicional que resulta de la racionalización de sus complejos y la clarificación de sus conflictos internos. Una de las características más importantes del yo inferior es que, a diferencia de su yo intermedio, goza de comunicación directa con el Yo Superior. Esto constituye un aspecto crucial si nos damos cuenta que para poder contactar al Yo Superior sólo podemos hacerlo a través del yo inferior. La mayoría de las solicitudes fallidas, o como decían los Kahunas "plegarias sin respuesta," ocurren porque el yo inferior se rehúsa a cooperar. Es posible que el yo inferior tenga alguna objeción o que esté en desacuerdo con su solicitud, y sencillamente ignore su mensaje. Es por esto que eliminando sus complejos y emociones negativas el yo inferior no tendrá ninguna objeción en satisfacer su demanda y enviará el mensaje al Yo Superior. En el Capítulo 5 describimos en detalle las técnicas para clarificar la línea de comunicación con el Yo Superior y superar los bloqueos detrás de plegarias sin respuesta.

El administrador de la memoria

Tal Como dijimos, el yo inferior está a cargo del almacenamiento y manejo de los recuerdos y de todas sus experiencias desde el momento del nacimiento, y aun antes, hasta la hora de la muerte. El yo intermedio, al contrario, tiene una capacidad de memoria limitada. Si el yo intermedio necesita recordar algún detalle, tiene que pedírselo al yo inferior, quien lo buscará inmediatamente en sus bancos de memoria y lo suministrará al yo intermedio, a veces en fracciones de segundo. Por supuesto, la eficiencia de este proceso requiere que haya una buena relación entre las dos consciencias. A veces sucede que el asunto a ser recordado, por ejemplo el nombre de una persona, no fue bien almacenado y por lo tanto al yo inferior le tomará un tiempo en encontrarlo y hacerlo disponible al yo intermedio. A veces nos sentimos incapaces de recordar un nombre o un número a pesar de nuestros esfuerzos; cuando finalmente desistimos y pensamos en otra cosa —dejamos de presionar al yo inferior y le dejamos que se tome su tiempo en encontrarlo—, entonces la información aparece de repente en nuestra mente.

Por otra parte, a veces no podemos recordar un evento en absoluto. Esto sucede porque su yo inferior no desea revelárselo, porque se relaciona con un acontecimiento doloroso del pasado. Se trata de un recuerdo anexo a un sentimiento de angustia que no fue adecuadamente racionalizado por el yo intermedio, y por lo tanto no fue correctamente almacenado en la memoria. Estos incidentes pueden ser recordados por asociación libre. Los primeros sicoanalistas descubrieron que muchos sucesos inconscientes podían ser recordados siguiendo la cadena de pensamientos y asociaciones entre recuerdos que el paciente relataba aparentemente al azar. Por ejemplo, la fragancia de un perfume nos recuerda cuando conocimos a alguien que lo usaba; esa persona nos recuerda el sabor del caldo de pollo que probamos en aquella ocasión, lo que a su vez nos recuerda una calle en una ciudad donde vivimos, etc. El descubrimiento de la libre asociación entre recuerdos condujo a la teoría de que los acontecimientos se almacenan en el inconsciente en grupos unidos por una cadena de similaridad. Las teorías neurobiológicas modernas sobre la consciencia han intentado una explicación de este fenómeno (e. g., Crick, 1994). Las basadas en mecánica cuántica establecen que los eventos están almacenados en el cerebro en grupos o campos de neuronas llamadas neuroredes. Esto explica lo que ocurre cuando disolvemos una fijación o un aspecto de dichos eventos; otros eventos que se encuentran ligados metafóricamente o por similaridad al primero igualmente quedan resueltos.

Es verdaderamente sorprendente que los antiguos Kahunas poseían estos conocimientos siglos antes del advenimiento de la ciencia moderna. Para ellos, el yo inferior tenía la tarea de grabar todas las impresiones, los detalles visuales, los aromas, los sonidos y los pensamientos de cualquier evento. El banco de memoria del yo inferior se representó figurativamente como un saco negro, pues su contenido no podía ser visto por el yo intermedio. El yo intermedio sólo puede pedirle al yo inferior que busque un recuerdo. Todos los recuerdos se almacenan en unidades, que los Kahunas representaron por elementos redondos, tales como uvas o semillas. Cada unidad constituye un conjunto de pensamientos y recuerdos relacionados entre sí, que se almacenan en el cuerpo etérico, o el cuerpo psíquico, del yo inferior. Estas unidades se clasifican en bloques de recuerdos o eventos relacionados, unidos por "cuerdas" o hilos de substancia psíquica.

La Figura 3.3 ilustra el principio Huna del almacenamiento de memoria. Los Kahunas representaron el archivo de memoria del yo inferior —su cuerpo psíquico— como una bolsa negra. Dentro de la bolsa, el yo inferior arregla y clasifica los pensamientos y recuerdos pasados. La bolsa era oscura porque los pensamientos y recuerdos son invisibles para el yo intermedio, que necesita pedirle al yo inferior que recuerde algo, lo busque en la bolsa, y cuando lo encuentre se lo presente al yo intermedio. Los pensamientos se almacenan en la bolsa en bloques de memoria, y cada pensamiento se representa por un círculo pequeño, tal como una uva o una fresa. Cada círculo representa una unidad o una conformación de pensamiento. Como veremos, cada pensamiento está compuesto por una forma de energía sutil llamada *maná*, que contiene información acerca del evento y una estructura gráfica con los datos sensoriales relacionados que fueron grabados cuando ocurrió el incidente (e. g., impresiones visuales, olores, sonidos, sentimientos, etc.). Cada unidad de pensamiento está rodeada por un cuerpo psíquico o substancia etérica invisible.

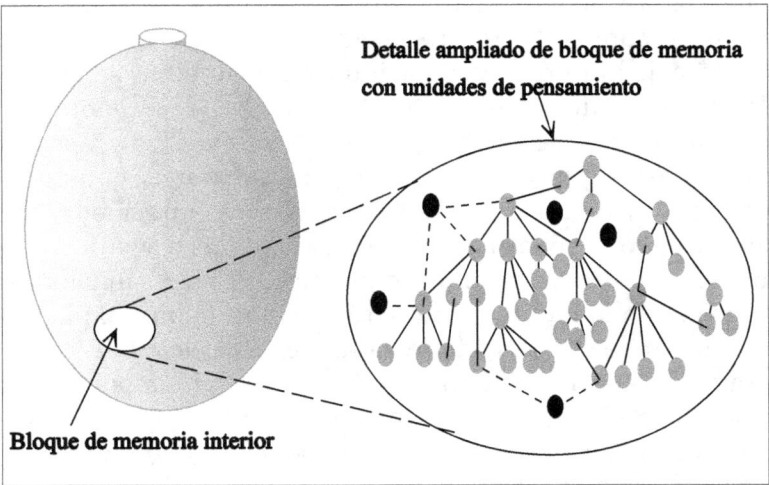

Figura 3.3: El concepto Huna de pensamientos y recuerdos almacenados en la memoria del cuerpo psíquico del yo inferior.

Los pensamientos de sucesos relacionados están organizados en bloques unidos por líneas de similaridad o relevancia. Estos ligamentos están hechos de la substancia invisible que constituye el cuerpo psíquico. Similaridad entre pensamientos quiere decir que los eventos ocurrieron a un mismo tiempo, que su contenido está relacionado por significado o analogía, o que algunos de sus elementos corresponden a otros pensamientos. Por ejemplo, el recuerdo de una discusión reciente con su jefe puede evocar otro recuerdo en el cual le ocurrió algo similar: Su maestro de la escuela primaria le trató injustamente, gritándolo y culpándolo injustamente de algo que no hizo. El recuerdo del aroma de una flor puede estar adjunto a uno de su infancia cuando estas flores crecían en abundancia en el jardín trasero de la casa paterna. Este recuerdo puede estar unido a un sentimiento de alegría que caracterizaba el estado de ánimo en aquella época. El simple acto de oler esta flor, o sencillamente recordar como huele, puede traerle a su mente una larga cadena de eventos ligados por similaridad.

Existen algunos incidentes traumáticos que están almacenados en el yo inferior en una forma inapropiada; son accidentes emocionales que por su intensidad sentimental no fueron racionalizados y asimilados por el yo intermedio. Estos se representan por círculos pequeños en la Figura 3.3. El yo inferior se ocupa de ligar estos incidentes con otros relacionados por medio de hilos de cuerpo psíquico. Las uniones se hacen en la forma irracional que opera el yo inferior (representado por líneas punteadas en la Figura 3.3). Estos eventos y recuerdos relacionados se recuerdan con dificultad; en circunstancias normales el yo inferior no se los ofrece al yo intermedio, y sin embargo su contenido emocional constituye las bases de nuestro comportamiento irracional repetitivo. Estas fijaciones o complejos son la fuente de nuestros miedos, fobias, explosiones de rabia, indecisiones, depresión, desesperación, rechazo a ciertas cosas, atracción anormal por otras, comportamiento negativo con la gente, etc. Como mencionamos anteriormente, es por nuestro propio beneficio que debemos trabajar en superar y racionalizar estos conflictos. El resultado será una vida más feliz tanto para nosotros como para los que nos rodean, pero lo más importante es que preparará a nuestro yo inferior para comunicarse con el Yo Superior.

Un amigo impresionable

Las crónicas sicológicas describen a la mente inconsciente como el almacenamiento de fijaciones perversas, complejos depravados y sentimientos embarazosos que deben ser evitados en lo posible. Ciertamente, estamos en desacuerdo con esas evaluaciones morales del yo inferior, que es como un colega del yo intermedio, pero menos evolucionado. Puede que no tenga los atributos del pensamiento inductivo, todavía, pero cumple funciones vitales que redundan en nuestro bienestar general. El yo intermedio, por su parte, tiene la misión de guiar al yo inferior en su camino de evolución. El yo inferior dispone de habilidades latentes extraordinarias, descritas más adelante, que pueden mejorar nuestra vida inmensamente si aprendemos a aprovecharlas. La mejor actitud que podemos adoptar es considerar a nuestro yo inferior como un amigo y como un hermano menor, con quien debemos comunicarnos regularmente y con quien debemos buscar un ambiente de cooperación constante.

Una característica importante del yo inferior es su susceptibilidad a la sugestión y al pensamiento deductivo. El yo inferior admira y respeta al yo intermedio y acepta sin reservas como realidad tangible cualquier sugerencia verbal, pensamiento o imagen mental figurada que se le ofrece, a menos que en el pasado haya adquirido alguna objeción o un programa contradictorio. Cualquier cosa que el yo intermedio afirme y repita como verdadero, aun si es una creación de su imaginación, el yo inferior lo aceptará como cierto. Cuando el yo intermedio duerme, cuando está cansado o en casos en que este carezca de voluntad, el yo inferior aceptará sin reservas las sugerencias del yo intermedio de otros. El yo intermedio puede ser hipnotizado y entonces al yo inferior se le pueden dar sugestiones aparentemente irracionales, que este ejecutará inmediatamente.

Esta característica nos puede ayudar a desarrollar buenos o malos hábitos. Cuando aprendemos alguna habilidad nueva, tal como a conducir un auto, tenemos que estar bien conscientes de cada movimiento de nuestra cabeza, manos y pies. Una vez que hemos "aprendido," es decir cuando nuestro yo inferior ha memorizado la operación del vehículo, nuestro yo intermedio ya no necesita recordar paso por paso el procedimiento. A menudo atravesamos el centro de la ciudad durante la hora de mayor tránsito en "piloto automático," es decir con nuestro yo inferior ejecutando todas las acciones de memoria, mientras que nuestra consciencia directa piensa en otros problemas o asuntos de la vida. Entonces llegamos a casa sin recordar exactamente cómo lo hicimos. Una vez que aprendemos una habilidad compleja como conducir, montar en bicicleta, caminar, nadar o bailar tango, esta es aprendida para siempre. Puede que perdamos un poco de práctica después de un tiempo, pero siempre que la intentamos, aun después de muchos años, esta nos sale naturalmente como si la hubiésemos aprendido ayer. Este es un talento maravilloso; podemos aprender cualquier cosa, a cualquier edad de la vida, y de hecho entre más cosas nuevas aprendemos más divertido y feliz es el yo inferior.

De la misma forma, podemos aprender hábitos indeseables. Como el yo inferior puede memorizar instrucciones fácilmente, hay el peligro de aprender comportamiento negativo, especialmente durante la juventud, sencillamente repitiéndolo unas cuantas veces. Durante la adolescencia, cuando queremos ser aceptados por ciertos grupos de "amigos," es posible que hagamos repetidamente ciertas cosas, que conscientemente sabemos que no son buenas para nosotros ni para los demás. Es entonces cuando aprendemos a fumar, a beber en demasía, a ser agresivos con la gente que está en desacuerdo con nosotros, a ser arrogantes y egoístas, a engañarnos a nosotros mismos y a los demás, a ser compulsivos e intolerantes con nosotros mismos y con los demás, etc. Estos son hábitos que una vez aprendidos son muy difíciles de eliminar, porque han sido permanentemente almacenados por nuestro yo inferior y están adheridos a emociones muy intensas. Es nuestro deber eliminarlos durante la edad adulta. Aquí también viene un aviso importante, y es que debemos estar muy atentos a nuestros pensamientos y a nuestra conversación con nosotros mismos. Si lo que se dice a sí mismo es negativo en alguna forma, puede estar seguro que su yo inferior está escuchando y memorizando.

Al aprender comportamiento inapropiado nos convertimos en robots repitiendo un acto o un discurso negativo sin pensar, y al mismo tiempo atraemos las condiciones negativas que lo justifican. La consciencia es el origen de la materia y de las circunstancias. El yo inferior tratará de justificar cualquier comportamiento aprendido, no importa que absurdo le resulte al yo intermedio. De la misma manera, al buscar conscientemente una vida positiva, armoniosa y feliz, el yo inferior hará un hábito de ello, que buscará repetir automáticamente y, lo más importante, tratará de manifestar las condiciones que justifiquen tal actitud positiva.

El yo inferior acepta cualquier sugestión del yo intermedio sin reservas, hasta que aprende a entender las limitaciones de este último. A veces, el yo inferior rechaza las sugerencias o pensamientos del yo intermedio que ha aprendido a reconocer como falsos. En suma, es cierto que la sugestión puede ser muy efectiva para gobernar al yo inferior, excepto cuando este sabe que la indicación no es verdad. Es por esto que la autosugestión puede ser inefectiva en tratamientos curativos, dependiendo de las circunstancias. Una vez que aprendemos a fumar es muy difícil convencer al yo inferior de que deje de hacerlo, sencillamente usando el poder de la voluntad. No importa cuántas veces le digamos de que deje de hacerlo, o qué convincentes sean nuestros argumentos acerca de los peligros del tabaco, no lo va a dejar fácilmente. El yo inferior cree, por encima de todo, lo que se puede percibir con los sentidos, es decir lo que puede ver, oír, sentir, oler. Para obtener la cooperación del yo inferior, hay que utilizar estimulación física en combinación con autosugestión. Como describimos más adelante, estas eran las bases del método de curación de los Kahunas: el uso de sugestiones de cura en conjunto con la aplicación de alguna forma de estimulación física.

El cuerpo del yo inferior: El cuerpo psíquico

Una diferencia importante entre las teorías neurobiológicas y Huna respecto a la localización de la memoria. La ciencia neurobiológica afirma que la memoria se encuentra almacenada electroquímicamente en bloques de neuronas del cerebro. Los Kahunas creían que las formas del pensamiento se encontraban almacenadas en el cuerpo psíquico del cerebro (Long, 1948, página 376). El cuerpo psíquico –equivalente al concepto moderno del "cuerpo astral" o el "cuerpo etérico invisible"– es una réplica exacta del yo inferior, pero compuesto de una energía sutil. De hecho, los Kahunas creían que todas las cosas materiales poseían una réplica exacta invisible hecha de consciencia pura y energía sutil, que precedía a la creación de su contraparte física. En otras palabras, el cuerpo psíquico de cualquier cosa es mentalmente creado como un esquema o un plano del objeto material, y después el objeto mismo es materializado de acuerdo a las especificaciones o al "molde" del cuerpo etérico. Hay muchas evidencias acerca de la existencia de un cuerpo psíquico que rodea al yo inferior, pero también el yo intermedio y el Yo Superior poseen a su vez el suyo propio. Cada espíritu vive en su propio cuerpo psíquico, que le envuelve como un guante de sustancia protectora y que posee sus propias características. Puede ser observado por individuos de visión sensible; puede sobrevivir una lesión a un órgano específico y aun a la muerte misma. El cuerpo psíquico es como el molde de cada órgano y puede ser utilizado como guía en la cura o "reparación" del mismo.

El cuerpo psíquico mismo —o sus partes— es capaz de proyectarse fuera del cuerpo físico. La gente que desarrolla esta habilidad reporta la capacidad de "ver" los detalles de un lugar remoto sin necesidad de usar los ojos. En cierta forma, pueden proyectar su consciencia instantáneamente a distancia y ver, oler, oír, y recordar sucesos sin usar los órganos de los sentidos; utilizan la contraparte psíquica de sus órganos físicos.

Habilidades latentes del yo inferior
Muy pocos se dan cuenta de que el yo inferior posee destrezas inusuales, además de la capacidad de usar los sentidos, experimentar emociones, almacenar y administrar la memoria y controlar las actividades autonómicas del cuerpo. Se ha dicho que normalmente sólo usamos cerca del diez por ciento de nuestras capacidades mentales. Aquí vale la pena recordar que muchos se dedican al desarrollo de sus facultades psíquicas como un objetivo en sí mismo para manipular a otros; esta no es la forma apropiada de promover el desarrollo espiritual. Por otra parte, muchas de estas habilidades son utilizadas indirectamente cuando tratamos de conocer nuestro yo inferior con el propósito de mejorar nuestra vida, y especialmente cuando tratamos de contactar a nuestro Yo Superior.

El yo inferior tiene la habilidad innata de percibir auras o radiaciones sutiles provenientes de las personas, animales y cosas, que pueden registrarse en la consciencia inferior más allá de las observaciones provenientes de los sentidos. Por ejemplo, nuestros ojos físicos pueden registrar la imagen de un objeto externo con su forma y color característicos. Además de eso, con su visión psíquica el yo inferior puede percibir colores adicionales emanando del aura del objeto, que son invisibles a los ojos. Para poder percibir e interpretar correctamente estas imágenes, hay que armonizarse mentalmente con el yo inferior. La mayoría de nosotros somos tan dependientes de nuestros ojos que nunca nos detenemos a observar este fenómeno. Si la imagen externa es la de una persona, al sincronizarnos con el yo inferior podemos descubrir otras características no registradas por los ojos, oídos y aun el tacto. Es posible que nos llegue algún sentimiento que nos revele el estado de ánimo y la salud de la persona. Estos sentimientos intuitivos nos llegan de repente en una forma que es difícil describirlos en palabras. La mayoría descarta esas sensaciones y solamente confían en las impresiones de los sentidos. La gente que rutinariamente confía en estas impresiones sutiles toma decisiones más acertadas y comete menos errores.

La teoría Huna establece que estas percepciones se logran cuando el yo inferior proyecta un pequeño hilo de su cuerpo psíquico hasta alcanzar el objeto externo. En otras palabras, el yo inferior lanza una cuerda "pegajosa" de su cuerpo psíquico que se adhiere al objeto de interés. Una vez que se logra ese contacto, se puede enviar o extraer información a través de ese "cable" etérico; se puede extender la visión y la audición psíquicas. El yo inferior detecta esta información, la transporta por el hilo psíquico y se la ofrece al yo intermedio en forma intuitiva, si es que este está dispuesto a recibirla. El yo intermedio detecta esta información no como si proviniera de los órganos internos, sino como si fuese un recuerdo, un sentimiento o un producto de la imaginación.

Tal y como el yo inferior extrae información del objeto externo a través del hilo psíquico, el yo intermedio puede mandar información hacia el objeto. Para lograrlo, el yo inferior transforma la imagen que se quiere transmitir —su figura, su sonido— en un pensamiento. En otras palabras, el yo intermedio construye un cuadro mental de la idea que se quiere transmitir y le ordena al yo inferior que lo envíe al objeto externo. Tradicionalmente a esto se le conoce como telepatía, que es un proceso esencial cuando nos queremos comunicar con el Yo Superior, pues todas las plegarias son actos telepáticos.

Lo anterior nos conduce finalmente a la habilidad más importante del yo inferior, que es el poder comunicarse con el Yo Superior. Desafortunadamente, el yo intermedio no puede hacerlo directamente, sino que necesita de la cooperación del yo inferior. Si por alguna razón, el yo inferior se siente indigno de comunicarse o de pedirle algo al Yo Superior, se rehusará a establecer tal contacto y la plegaria fracasará. De aquí se desprende la importancia de resolver y superar fijaciones, traumas y complejos arraigados en el yo inferior. Para progresar materialmente, emocionalmente y espiritualmente, es necesario disponer de un yo inferior libre de prejuicios y siempre listo a obtener la ayuda necesaria del Yo Superior.

Maná: **Energía para la manifestación de la consciencia**

De los principios de la física, sabemos que para producir trabajo es necesario gastar energía. Para desplazar una masa una distancia determinada, es necesario aplicar una fuerza. Para generar transferencia de calor a través de una barra conductora, es necesario aplicar una diferencia en energía térmica, medida por la pérdida de temperatura a lo largo de esta. Para producir una corriente eléctrica a través de un cable conductor, es necesario crear una diferencia de potencial eléctrico, medido por el voltaje entre los extremos de este. Para generar cualquier forma de trabajo hidráulico, térmico o eléctrico, se debe usar una forma de energía correspondiente. Al mismo tiempo, hay una resistencia que se opone a ese trabajo y que se manifiesta en el material en el que se ejecuta el trabajo. La resistencia a la transferencia del calor es medida por la conductividad térmica de la barra. La resistencia a la corriente eléctrica es medida por la resistividad eléctrica del cable, que es alta en el plástico y el vidrio y baja en los metales. También aprendimos de la física que la energía puede transformarse en otras formas equivalentes. La presión hidrostática del agua retenida detrás de una presa puede ser transformada en energía cinética de rotación de una turbina, la que a su vez puede ser transformada en energía eléctrica por la rotación de un generador. La ciencia moderna ya empieza a reconocer que la materia y la energía están íntimamente relacionadas. A velocidades muy altas, tales como las de la luz, la masa y la energía son intercambiables.

Es posible establecer un paralelo, o una correspondencia, entre el mundo físico y el inmaterial, pues ambos están sujetos a leyes inmutables similares. En el mundo inmaterial, también se requiere energía para poder manifestar cualquier trabajo consciente. Los antiguos Kahunas la llamaron maná, que es mucho más sutil que las energías físicas, pero también se rige por leyes similares. Se propaga a través del tiempo y el espacio a velocidades más altas que las ondas electromagnéticas. Es atenuada y resistida por el medio cósmico por el que viaja, pero sufre de pérdidas considerablemente menores que las energías físicas que viajan por superficies materiales. Al igual que las energías físicas, maná también puede ser transformado en otras formas energéticas. De hecho, maná es producido por el yo inferior a través del procesamiento de los alimentos que ingerimos y de su oxidación en la sangre por el aire que respiramos. Esta energía suporta todas las funciones vitales del organismo, pero también constituye la energía necesaria para manifestar las habilidades latentes del yo inferior descritas anteriormente. Para proyectar un hilo de su cuerpo psíquico, el yo inferior necesita de esta misteriosa fuerza llamada maná. Otras tradiciones han designado esta energía con otros nombres; algunos de ellos incluyen *prana* en las tradiciones yoguis de la India, energía vital *chi* en las filosofías Taoístas de la China, *fuerza vital* en algunas tradiciones occidentales, *libido* en la sicología moderna. Pocas tradiciones, sin embargo, aprendieron a aplicar esta energía con tanta destreza como los Kahunas.

Del párrafo anterior, el maná o fuerza vital lo fabrica el yo inferior a partir de la materia y otras formas de energía física. Este maná se puede transformar en otras formas de energía, tales como maná un poco más sutil para el yo intermedio, quien lo transforma y lo usa en sus procesos de imaginación, pensamiento y fuerza de voluntad. No es necesario recalcar que un abastecimiento bajo de maná trae consigo no sólo una salud pobre y una propensión a las enfermedades, pero también un nivel bajo de energía, una capacidad baja para la concentración y una falta de fuerza de voluntad. Para gozar de buena salud física y mental, es necesario tener una fuente contante y abundante de maná. El yo inferior también suministra de maná al Yo Superior, que lo transforma en formas de energía aun más sutiles que requiere en su trabajo. Un punto importante a recordar, es que el maná responde a los comandos y órdenes de seres conscientes. Puede ser extraído de nuestro cuerpo por seres del mundo astral, que sin darnos cuenta nos roban la fuerza vital, o puede ser enfocado y dirigido por el yo intermedio para curar o hacerle daño a otros.

Gracias a Huna, ahora podemos refinar nuestra noción de "vida." Si aceptamos que la consciencia es el origen de la materia, que se manifiesta de acuerdo a un molde que llamamos el cuerpo psíquico, entonces la fuerza motriz de la vida es la consciencia. De esta forma, la consciencia se manifiesta en el cuerpo psíquico a través del uso de la fuerza vital o maná.

El aliento de la vida: Producir maná para el trabajo psíquico

Ahora que sabemos la importancia del maná para mantener y mejorar nuestra salud física y mental, para manifestar las habilidades latentes del yo inferior y para comunicarnos con el Yo Superior, entonces debemos disponer de un procedimiento para generar una cantidad extra de maná cada vez que necesitamos ejecutar un trabajo psíquico. En los diferentes tratados de Huna se describen varias formas de acumular maná (e. g., Long, 1953, 1981; Glover, 1983; Odum y Wingo, 1993; Wingo, 2002). Todos coinciden en que la respiración constituye la clave para producir maná. Los alimentos que ingerimos, se almacenan en diferentes formas en el organismo, tales como grasas, glicógeno o azúcar en la sangre. Gracias al aire que respiramos, el azúcar de la sangre se oxida y se genera energía o maná para satisfacer las necesidades metabólicas del cuerpo.

Cuando emprendemos cualquier actividad física o muscular que requiere una gran cantidad de energía, automáticamente empezamos a respirar intensamente para suministrar más

EL YO INFERIOR   95

oxígeno para la producción de maná adicional. Esta energía adicional se consume directamente en los movimientos cinéticos de los músculos en cuestión o en los mecanismos asociados, tales como la circulación de la sangre y la refrigeración del cuerpo (i. e., producción de sudor). El yo inferior se encarga de estas actividades y la respiración intensa se ejecuta casi inconscientemente.

Sin embargo, cuando deliberadamente respiramos profundamente, sin que estemos participando de actividades físicas intensas, el yo inferior empezará a producir maná en exceso. Los beneficios de esta energía excesiva son bien conocidos. Lo único que necesitamos para aumentar nuestra concentración intelectual es respirar profundamente un par de veces; la resolución de la vista, el oído y la agudeza general se incrementan considerablemente. Respirar profundamente relaja la mente y el cuerpo cuando estamos en estrés, mejorando así nuestra receptividad y capacidad decisoria. Levantarnos para respirar profundamente dos o tres veces nos libra instantáneamente del embotamiento o aburrimiento causado por el trabajo mecánico o intelectual repetitivo, tal como el que resulta de mirar a una pantalla de computador por horas. Los atletas y deportistas están muy conscientes de la importancia de respirar profundamente varias veces para proveer al organismo de energía adicional y para aumentar la concentración antes del ejercicio. Cuando la fuerza vital se encuentra baja, el yo intermedio pierde control del yo inferior, el cual se torna errático y sin propósito. Está claro que con un nivel adecuado de maná se garantiza la salud y el vigor, y a falta de este la vida ciertamente desaparece.

Se puede decir mucho acerca de maná, además de lo relacionado con la salud física y emocional. La importancia de respirar profundamente en el trabajo psíquico, deliberadamente y concienzudamente, es bien sabido por muchas tradiciones esotéricas y ocultas. Las filosofías orientales contienen formas especiales de respiración como parte integral de sus rituales (e. g., Ramacharaka, 1937a). La respiración realza nuestro desempeño y la efectividad de los ejercicios de yoga (e. g., Kilham, 1994). Existen decenas de técnicas de respiración; no necesitamos aprender alguna en particular para obtener los beneficios del maná. Lo importante es tener presente que para poder realizar cualquier trabajo psíquico es necesario fabricar una cantidad excesiva de maná.

Para acumular una gran cantidad de maná, es necesario pedirle mentalmente al yo inferior que lo fabrique, mientras que respiramos profundamente, como se describe en el Ejercicio 2.1 del Capítulo 2. ¿Cuántas veces es necesario respirar? Hay varias opiniones al respecto. Una regla común es respirar profundamente cuarenta veces, mientras que nos imaginamos al maná acumulándose gradualmente en el cuerpo, comenzando por los pies hasta llegar a desbordarse por la corona en la cabeza (Long, 1948; Glover, 1983). Algunas personas pueden fabricar maná más eficientemente que otras; por lo tanto, uno debe confiar en su intuición y seguir respirando hasta que sienta que el cuerpo ha almacenado la cantidad de maná suficiente para ejecutar la operación psíquica.

Una emoción fuerte también puede generar una gran cantidad de maná. Se sabe a ciencia cierta que el organismo puede producir una gran descarga de energía vital cuando está afligido por una emoción muy profunda, lo que sucede cuando nos sentimos amenazados física o mentalmente. Cuando percibimos que nuestra vida se encuentra en peligro, esta energía se utiliza en el desahogo de ese sentimiento de desesperación. De la misma forma, el estrés y los conflictos emocionales drenan el cuerpo del precioso maná. Es esencial para la salud y la felicidad el poder controlar el estrés a nivel cotidiano. Por otra parte, estimular al yo inferior a producir una emoción positiva realza la producción de maná antes del trabajo psíquico. Es por esto que la visualización acompañada de sentimientos de alegría intensos es muy efectiva, como veremos en los ejercicios siguientes.

El yo inferior necesita maná para hacer uso de sus facultades latentes. Por ejemplo, una vez acumulada una gran cantidad de maná, el yo intermedio puede usarlo para curar alguna parte afectada del cuerpo o para ayudar a otros. El Yo Superior también requiere maná para ejecutar su trabajo y satisfacer la plegaria formulada por el yo intermedio. El Yo Superior sólo puede usar maná extraído del yo inferior y transformarlo en uno mucho más sutil apropiado para las labores cósmicas superiores. En el capítulo presente ofrecemos algunos ejercicios destinados a extraer maná del yo inferior para aprovechar algunas de sus habilidades latentes. En el Capítulo 4, aprenderemos cómo utilizar maná para contactar al Yo Superior con un propósito específico.

El método Huna para curar con maná y el yo inferior

En el sistema de salud americano actual, el paciente promedio recibe muy poca atención personal; la visita típica al médico requiere que el paciente esté preparado para gastar entre media hora y dos horas en la sala de espera. Después de eso, una enfermera conduce al paciente a una habitación mínima, le mide la presión arterial, la temperatura y el peso. Todavía ninguna información acerca del paradero del doctor; a veces al doctor ni siquiera ha llegado al edificio. Ahora se le pide al paciente que se desvista y que espere más tiempo, que puede ser otras dos horas. Al final de esta espera, el doctor recoge y revisa brevemente la historia clínica que está colgada afuera de la puerta de la pequeña habitación. Finalmente, el doctor hace su aparición, saluda al paciente sin mirarle a los ojos, mientras que sigue leyendo la historia clínica; hace pocas preguntas, si es que alguna, y antes que el paciente haya tenido la oportunidad de decir algo el médico le pedirá que se someta a varios exámenes costosos, le recetará varios analgésicos para el dolor y se marchará sin más. En total no habrá pasado ni cinco minutos con el paciente. Los exámenes que pidió corren por cuenta del seguro del paciente y son en su mayoría innecesarios, pues están destinados a proteger al médico de posibles demandas legales. Si algún medicamento es prescrito, estos son para tratar los síntomas únicamente; pareciera que no existe la intención de encontrar la causa de la dolencia o de la enfermedad. Exceptuando los incipientes centros de medicina alternativa, esta situación que describo es típica en los Estados Unidos. Mientras que el paciente ha perdido toda la mañana en este proceso, el doctor gastó un par de minutos con él, durante los cuales la calidad de la interacción humana es deplorable. Rara vez hay una relación que respete el tiempo y la dignidad del paciente. De hecho, las clínicas veterinarias proporcionan un tratamiento más "humano" a sus pacientes animales.

Estamos hablando de un sistema médico que se jacta de sus avances tecnológicos, que en realidad son impresionantes en muchos casos. Sin embargo, el sistema médico americano actual posee un entendimiento muy pobre acerca de los principios de la salud y la enfermedad. Toda la atención se dirige a tratar únicamente los síntomas. Parte del problema, es el entrenamiento que reciben los profesionales de la salud en las escuelas de medicina, que conciben al ser humano sólo como una maquina electroquímica; el problema de la conciencia humana y su relación con el cuerpo no está ni siquiera contemplado. Esta no es toda la historia, pues por otro lado al médico le obligan a ver hasta cincuenta pacientes en un día para satisfacer las demandas mercantiles del seguro médico. Otro aspecto del problema, lo proporcionan las políticas utilitarias de la industria farmacéutica que promueve sus medicamentos y estimula a los médicos, a veces con atenciones especiales cuestionables, a que prescriban las más costosas. En esencia, los síntomas del paciente se tratan con sustancias químicas y muy poca atención se le da al proceso de prevenir la enfermedad o recuperar la salud. Agreguemos a todo esto las políticas de precios tan agresivas del seguro médico y de la industria farmacéutica, y el resultado es el estado tan deplorable y crítico en el que se encuentra el sistema de salud en los Estados Unidos.

Espero que no se me malinterprete; cuando siento un dolor fuerte, soy el primero en visitar al doctor. La tecnología proporciona medios eficaces. Sin embargo, visitar al médico es sólo una de las cosas que intento, y ciertamente analizo con rigor crítico y con mucha cautela su diagnóstico y recomendación. Hace un tiempo me aquejaba un dolor persistente en el hombro, desde un día que me puse a cortar leña con un hacha. Mi médico tomó una placa de rayos X, que no reveló ninguna lesión, y me refirió a un osteópata, que a su vez me mandó al hospital para que me tomaran una imagen de resonancia magnética. El especialista sugirió cirugía láser para cortar uno de los huesos. Estos exámenes de diagnóstico le costaron cinco mil dólares al seguro y tardaron un mes en ejecutarse. Por mi parte, no creí que un proceso quirúrgico tan invasivo pudiera ser mi mejor alternativa y en su lugar me sometí a dos semanas de fisioterapia, al cabo de las cuales el dolor desapareció casi totalmente.

Poco a poco, el público americano se está volviendo hacia la medicina alternativa, que se enfoca en la prevención de la salud, la cura de las enfermedades y el respeto a la integridad humana. Muchos de estos sistemas son adaptaciones modernas de tradiciones muy antiguas. La razón por la cual la medicina alternativa funciona, es que concibe al ser humano como algo más que un cuerpo –un cuerpo que dotado de consciencia. La enfermedad se manifiesta por medio de síntomas, pero su causa debe ser buscada en la falta de armonía y balance entre las partes físicas y emocionales del ser. Los sistemas de tratamiento que reconocen esta interrelación sicosomática tienden a ser más efectivos en curar enfermedades crónicas que los que la ignoran. Por ejemplo, la fisioterapia aparentemente se dirige a desarrollar músculos específicos del cuerpo. Más allá de ello, el tratamiento constituye una relación entre el paciente y el terapeuta que puede durar meses, incluye masaje y estimulación física, además de sugestión positiva. El costo del tratamiento es una fracción del de la cirugía que el doctor prefiere prescribir.

Los antiguos Kahunas comprendieron las características de los diferentes niveles de consciencia en el ser humano, y los métodos para curar enfermedades crónicas, algunas veces con resultados extraordinarios. Max Freedom Long (Long, 1948) redescubrió la técnica Kahuna para curar a los enfermos. Esta técnica aprovecha las facultades sugestivas del yo inferior en conjunto con la aplicación de maná y la estimulación física. Como se explicó anteriormente, el yo inferior primeramente cree en impresiones que se derivan de los sentidos físicos. También puede aceptar sugestiones del yo intermedio, o del yo intermedio de otra persona, siempre y cuando no tenga ninguna objeción ni ninguna razón de su experiencia pasada que le indique que es una afirmación falsa o incorrecta. Además, el yo inferior del terapeuta puede fabricar una cantidad adicional de maná y proyectarla en el cuerpo del paciente con la intención de reparar un órgano o mejorar el estado de salud. Estas tres componentes –estimulación física, sugestión positiva y proyección de maná– constituyeron la clave de un sistema extraordinario de salud que sólo hasta ahora empieza a ser entendido por la medicina occidental moderna.

El método de cura de los Kahunas se llamaba *lomilomi* y consistía en tres pasos practicados en orden. En el primer paso, al paciente se le pedía que tomara un baño, en el que se le refregaba el cuerpo con una infusión de té caliente compuesta de hierbas y sales, mientras que el Kahuna entonaba ciertos cánticos que enfatizaban que la enfermedad y todas las dolencias se lavaban con el agua. Después del baño, se le aplicaban piedras calientes al cuerpo del paciente. En el segundo paso, el paciente recibía un masaje con manipulación y presión intensa de los músculos, las coyunturas de los brazos, el cuello y la espalda. En el tercer paso, se le ponía a descansar, mientras que el Kahuna colocaba sus manos sobre el sujeto, al tiempo que afirmaba que el poder curativo fluía del médico al paciente. El proceso duraba varios minutos, después del cual se cubría al enfermo con cobijas y se le dejaba dormir. La evidencia sugiere que este tratamiento era efectivo (Long, 1948).

Pasos a seguir en el método para curar con Huna

En resumen, los tres pasos de la cura Kahuna son los siguientes:

(1) **Estimulación física**. La estimulación física incluye un baño de agua caliente, la fricción con hierbas, y la aplicación de calor.

(2) **Sugestión positiva**. Utilización de sugestión positiva en forma de cánticos o afirmaciones intensas que le ordenan al yo inferior del sujeto a que se cure.

(3) **Proyección de maná**. La proyección de maná de las manos del terapeuta al paciente. Este maná ha sido previamente generado por el terapeuta a través de respiración profunda o de un deseo intenso de curar (i. e., una emoción fuerte), y utilizado para introyectar un cuadro mental de completa salud y bienestar en la consciencia del paciente.

Se sabe que cada uno de los pasos anteriores es provechoso por sí mismo. La estimulación física, tal como ejercicio de cualquier clase, la aplicación de masaje, la ducha, el sauna, el baño Turco o el jacuzzi hacen que los músculos se relajen, que la mente desahogue estrés y el individuo se sienta renovado. Igualmente, el uso de afirmaciones, sugestión positiva, orientación de un terapeuta, sicoanalista o un sacerdote de confianza, causan que el yo inferior del sujeto crea en esas frases y actúe efectivamente, especialmente si provienen de alguien que le inspire confianza. Finalmente, el posar las manos sobre el cuerpo del enfermo y proyectarle un influjo de energía vital empieza a ser comprendido y apreciado por la medicina occidental como un agente curativo poderoso. Durante la infancia, aprendimos a relajarnos y a curarnos cuando nuestros padres nos decían que todo estaba muy bien, al tiempo que nos acariciaban o abrazaban. En la edad adulta, nos sentimos aliviados cuando un buen amigo se nos acerca en momentos de angustia y nos dice que todo va a salir muy bien, al tiempo que nos da una palmada amistosa en la espalda. También nos sentimos estimulados en presencia de ciertos individuos que inspiran confianza, que proyectan una gran energía positiva. Estas son habilidades naturales de cura que todos tenemos. Lo que parece extraordinario es que los Kahunas practicaron las tres modalidades de cura como parte de un tratamiento integrado. Estas prácticas pueden haber parecido magia o superstición a los misioneros occidentales que llegaron a Hawaii en 1820, ochenta años antes del descubrimiento del inconsciente por Sigmund Freud. Es sólo ahora en el siglo XXI que la medicina alternativa está tratando de reanudar sistemas curativos de la antigüedad.

Comparemos el sistema curativo Huna con la típica visita al médico en la actualidad. Probablemente el tratamiento sería más efectivo si el doctor se tomara un tiempo para conversar con el paciente, asegurándole que sin lugar a dudas se va a mejorar, mientras que examina y palpa las áreas afectadas. Esto incluiría sólo dos de los pasos del tratamiento Huna, estimulación física y sugestión positiva, pero constituiría una mejora radical con respecto al tratamiento frío e impersonal de la actualidad. Igualmente, la toma de cualquier medicamento sería mucho más efectiva si va acompañada de afirmaciones positivas intensas. De esta forma, no sólo estamos aprovechando las propiedades químicas de la medicina, sino también las facultades del yo inferior que estará trabajando hacia el mismo objetivo. El tercer paso en el tratamiento Huna, consistente en posar las manos y en la aplicación de maná, está encontrando un renacimiento importante en occidente. Tratamientos de la medicina energética, tales como acupuntura, shiatsu o reiki están encontrando mucha aceptación hoy en día (Eden y Feinstein, 1998). Combinando estas técnicas con la estimulación física y la sugestión positiva se llegará a un éxito más profundo que con el uso aislado de cualquiera de ellas.

EXPERIMENTE LA PRESENCIA DEL YO INFERIOR

En las secciones siguientes presentaremos algunos ejercicios sencillos destinados a que conozca a su yo inferior y a que gradualmente desarrolle sus habilidades latentes. Sugiero que practique cada uno de ellos varias veces, anote sus resultados e impresiones en su diario, y modifique sus favoritos de acuerdo a su gusto y estilo de vida. Recuerde que la única forma de conocerse a sí mismo y aprovechar los talentos de su yo inferior para mejorar su vida, es desarrollar el hábito de meditar unos minutos diariamente. Otro objetivo de estos ejercicios es prepararle para contactar a su Yo Superior que, como se describe en el próximo capítulo, debería ser su motivo ulterior. Su vida cambiará drásticamente una vez que alcance esa meta. Para lograrla, sin embargo, es necesario obtener la cooperación de su yo inferior, que posee la clave para comunicarse con su Yo Superior. El yo intermedio puede iniciar la comunicación al pedirle al yo inferior que genere una cantidad extra de maná y que la envíe al Yo Superior con un cuadro mental específico, pero el yo inferior tendrá que colaborar.

Poco a poco se dará cuenta que la práctica regular de los ejercicios en este capítulo gradualmente desarrollará su intuición y sus habilidades psíquicas internas. Sin embargo, Huna no se centra en al desarrollo de estas habilidades únicamente, sino en conocerse mejor a sí mismo, disolver sus complejos y fijaciones, disfrutar una vida armoniosa y feliz, mejorar y mantener su salud, planear y manifestar los cambios materiales y financieros necesarios en su vida y en general disfrutar una vida armoniosa y próspera. Al mejorar su relación con el yo inferior se convertirá en un ser humano mejor.

Preparación para los ejercicios

Antes de seguir con los experimentos de esta sección, es aconsejable revisar la discusión acerca de la preparación para los ejercicios del Capítulo 2, puesto que también se aplica a esta sección. Es importante practicarlos diariamente a la misma hora; busque una habitación tranquila en su casa donde no será interrumpido. Un momento ideal es en la mañana apenas se levante o en la noche inmediatamente antes de acostarse, aunque en este último corre el riesgo de dormirse si se encuentra cansado, que no es el propósito del experimento. Use ropa confortable y apague y guarde sus dispositivos inalámbricos. La temperatura de la habitación también es importante, pues demasiado calor o frío interferirán con la concentración. El silencio es preferible, pero con el tiempo debería acostumbrarse a meditar con ruido normal. Igualmente, siga las reglas éticas y de privacidad; jamás utilice su tiempo y habilidades para hacerle daño a nadie, ni siquiera a sus enemigos más acérrimos. Las vibraciones positivas o negativas que usted genere en el cósmico se le devolverán amplificadas. Recuerde la ley de acción y reacción descrita anteriormente.

Uno de los ejercicios descritos más adelante, el Ejercicio 3.4, le invita a que use sus poderes curativos latentes para ayudar a otros. Siempre aplíquelos con su compañero o compañera, o con familiares muy cercanos, con el propósito de tranquilizar y confortar en momentos de estrés y de dolencias menores. Es imperativo que nunca intente aplicarlos a extraños, primero porque es ilegal y puede ser visto como el ejercicio de la medicina sin licencia, y segundo porque estos ejercicios incitan a posar las manos sobre el cuerpo del paciente y el tocar a un extraño puede ser malinterpretado y hacerle susceptible de demandas legales –al menos en los Estados Unidos.

Aprender a conocer al yo inferior

El primer ejercicio intenta presentarle al yo inferior. Max Freedom Long (Long, 1953) sugirió que la mejor forma de conocer al yo inferior es conversar con él o ella, de la misma forma que lo haría con un viejo amigo durante un reencuentro.

Después de todo, ustedes dos han pasado muchos años juntos desde la infancia, y han compartido las mismas experiencias desde puntos de vista diferentes. Así pues, el ejercicio siguiente le estimula a que conozca a su yo inferior, a que comience a tratarle como a un buen amigo y a que establezca una comunicación amistosa y frecuente. Antes que todo, deberá tener una mentalidad abierta, creer que existe un yo inferior separado del yo intermedio. Necesita buscar el tiempo para conocerle y gradualmente construir una buena relación. El yo inferior es un amigo fiel que regula muchas de las funciones vitales del organismo y que cuida y respeta mucho al yo intermedio. Es como un hermano o una hermana menor con una personalidad y actitud muy definidas. Conocerle constituye una experiencia muy fructífera, como reportan muchos practicantes de Huna.

Ejercicio 3.1: Conocer al yo inferior

Objetivo

Adquirir consciencia del yo inferior. Construir una relación nueva entre el yo intermedio y el yo inferior; una relación más armoniosa, amistosa y con un espíritu de cooperación.

Descripción

Siéntese en una silla apropiada en una habitación tranquila donde no será interrumpido, como se describe en el Ejercicio 2.1 del Capítulo 2. Recuerde que el yo inferior se impresiona con estimulación física; así pues, entre más formal la sesión, mayor será la atención y dedicación por parte del yo inferior. Respire profundamente un par de veces, relaje todo su cuerpo, y deje de un lado todas las preocupaciones del día, mientras que practica brevemente el Ejercicio 2.1. Cuando se sienta tranquilo y en un estado contemplativo, empiece a hablar en una voz suave invitando al yo inferior a que se presente a sí mismo con nombre propio. Esto puede parecer extraño al principio, pero por favor evite cualquier duda o pensamiento crítico; está aprendiendo a conocer una parte suya importante. Usted puede comenzar expresándole su interés genuino de conocerle y de compartir unos momentos juntos. Entonces, pregúntele cómo le gustaría que le llamara. Pause por un minuto y observe cualquier pensamiento que llegue a su consciencia, que después de todo es compartida por los dos seres. Sin saber qué es lo que se espera de él, puede que su yo inferior no responda inmediatamente. Si es así, háblele y pregúntele nuevamente. Es probable que su yo inferior tenga una idea muy clara de cómo se llama. Max Freedom Long le dio el nombre genérico de "Luis." De ahora en adelante, diríjase a su "Luis" ("Luisa") por su nombre propio. Recuerde que Luis no puede hablar y que la única forma de comunicarse con usted es a través de pensamientos, sentimientos, cuadros mentales y símbolos. Ponga atención cuidadosa a todo lo que le llegue, y si su mente empieza a divagar con otros pensamientos acerca de su trabajo u otras interferencias, tome aire profundamente y exhale mientras que se repite mentalmente la palabra "pensando," como se describe en el Ejercicio 2.1. Entonces continúe su conversación con su Luis. Si tiene éxito, pregúntele a Luis cuál es su recuerdo favorito de infancia y disfrute lo que venga. Si el recuerdo trae consigo otro relacionado, deléitese con Luis. Pídale a Luis que recuerde unas vacaciones que le parecieron divertidas y espere su respuesta y recuerdos particulares. Disfrute la compañía y conversación con su Luis por unos minutos y termine el ejercicio cuando así lo desee. Recuerde anotar los detalles de sus impresiones en su diario.

Posibles resultados

Es posible que tenga dificultad en lograr que el yo inferior responda, especialmente si usted es una persona que usualmente desprecia explorar, expresar y analizar sus propios sentimientos, o si el hecho de gastar un tiempo solo "sin hacer nada" le parece como una pérdida de tiempo. Puede ocurrir lo mismo si en el pasado ha tenido una relación que ignoró o despreció al yo inferior. Puede que tenga que repetir el experimento varias veces, asegurándole a su yo inferior que ahora usted quiere conocerle mejor y establecer una relación de cooperación. Si persevera, con seguridad tendrá éxito; se enterará que a Luis le gustan las mismas cosas que a usted y, para su sorpresa, que le disgustan ciertas otras que usted ama. Muchos recuerdos enterrados en el pasado distante saldrán de nuevo a la luz. Repetir este experimento con frecuencia le permitirá conocer mejor las profundidades de su consciencia; descubrirá fijaciones y sentimientos traumáticos que necesita superar, al igual que ideas e inclinaciones hacia nuevos proyectos que querrá emprender con la cooperación renovada de su Luis.

Resumen
He aquí los pasos resumidos de este experimento:

1. Siéntese en un lugar tranquilo, respire profundamente un par de veces, y relaje el cuerpo y la mente.

2. Háblele en voz baja a su yo inferior, manifiéstele su intención de conocerle y pregúntele su nombre. Pause unos momentos y ponga atención a cualquier pensamiento o sentimiento que venga.

3. Mantenga una conversación con su yo inferior; pregúntele que recuerde eventos agradables y escuche atentamente. Rechace cualquier otro pensamiento irrelevante al ejercicio, dando prioridad a la conversación con su yo inferior.

4. Después de unos minutos, termine el ejercicio y anote sus impresiones en el diario.

Explorando al yo inferior

Aceptar y explorar mis sentimientos fue para mí un proceso de aprendizaje gradual. Fui criado en Bogotá como un niño típico de una cultura latina que veía con sospechas cualquier manifestación que pareciera femenina en un hombre. No se suponía que un hombre expresara sus sentimientos, excepto rabia; se esperaba de mí que aguantara dolor físico o emocional sin ceder en nada; cualquier inclinación hacia las artes plásticas o culinarias era reprochable. Las cosas han cambiado bastante, pero sólo fue hasta que me mudé a Norteamérica cuando empecé a explorar mis sentimientos y a descubrir los placeres culinarios y de la vida doméstica. Esto no quiere decir que la cultura del machismo no existe en Norteamérica, sino que encuentra expresión en formas diferentes. Por ejemplo, en los Estados Unidos, o en El Canadá, no se espera que un hombre o una mujer descanse por mucho tiempo; la única forma aceptable de pasar el tiempo es trabajando ("If you are busy, you are

OK."). Si no se dice que uno esta trabajando duro o, lo que hacen muchos, si no se *pretende* trabajar duro constantemente, se asume que hay algo malo con el individuo. En el resto del mundo, se trabaja para vivir, con muchos menos recursos y confort material. Desgraciadamente, la globalización moderna, que a veces temo se confunde con "americanización," ha exportado muchos de estos valores. Palabras nuevas como "trabajólico" ahora encuentran expresión en la lengua castellana, al igual que en el francés e italiano. Entonces, trabajar incansablemente hasta morir, con el objeto de acumular riquezas materiales es un ideal favorito. Tristemente, la mujer americana ha adquirido estos valores tradicionalmente masculinos, pues ha aprendido que la única forma de tener éxito en el mundo empresarial es trabajar incesantemente, expresar agresión y desarrollar hipertensión, al igual que los hombres.

Mis primeras sesiones con Luis fueron muy cálidas. Me enteré que Luis quería ser llamado con el mismo apodo que mi padre solía llamarme durante mi infancia. Durante el transcurso de varias sesiones, Luis me deleitó con muchos recuerdos agradables. Me di cuenta que los momentos más felices de mi vida los pasé en casa de mis abuelos en Bucaramanga (noreste de Colombia), que es una ciudad bellísima en las montañas andinas con un clima de eterna primavera. La casa de mis abuelos era una quinta española tradicional de paredes de tapia pisada de un metro de espesor, teja de barro, un patio central interior de cerámica colonial con una fuentecita y muchas plantas floridas, y un patio trasero que terminaba en un jardín lleno de árboles frutales. Luis y yo disfrutamos inmensamente los recuerdos de esta casa. Recordé las vacaciones de mitad de año que pasé en esa casa y muchos de sus detalles; la espectacular magnolia sobresalía entre decenas de flores con multitud de aromas; infinidad de insectos multicolores recorrían los troncos de los árboles a los que me subía; el color y aroma penetrante y estimulante del ají rojo, el verde, el amarillo; los aromas y colores de muchas frutas exóticas; los distintos tipos de cítricos –cada uno con su forma, color y aroma característicos–, la papaya, la guama, la granadilla, la granada, el níspero; la magia del cacao púrpura; el cafeto rojo intenso que contrastaba con el verde brillante de sus hojas; las decenas de pájaros con su variedad de cánticos, algunos dulces y suaves, otros fuertes y disonantes; las temibles avispas; las distintas clases de hormigas, rojas, negras, marrones que me atraían a observarlas por horas mientras que cargaban infatigablemente pedacitos de hojas a sus nidos; la gran cantidad y variedad de árboles, cada uno con su tronco, textura, hojas y color propio; las muchas horas que pasaba en contemplación extática de tanta belleza; el sonido de las gotas de lluvia que golpeaban las hojas del árbol de plátano; las arruguitas en el rostro de mi abuelito que hablaba siempre en parábolas y todo lo que decía era de una sabiduría profunda; la biblioteca de la casa, el olor de los libros viejos; el sabor de la comida tan distinta a la de mi casa en Bogotá; el pan marrón –la "mestiza"– fresco del día, la miel recogida localmente, la mantequilla casera, el pescado de agua dulce local, las sopas; el vino que siempre me daban a probar.

En las sesiones siguientes, Luis reveló otros recuerdos felices. Reconocí que las mejores épocas de mi vida habían sido viajando y disfrutando de la naturaleza. Luis trajo a mi mente los recuerdos de mi primer viaje a Valencia, España, durante un año sabático de la Universidad de Kentucky. Luis me recordó momentos inolvidables recorriendo los lugares históricos, viajando por el país o en casa sin hacer nada. Aprendí a cocinar las distintas variedades de paella, y fue allí que empecé la afición de la elaboración del vino casero, que hoy en día produce suficiente para el consumo de todo el año. Recordé los castillos misteriosos de Aragón y las catedrales medievales de Toledo y Córdoba; la sobriedad y sencillez de las capillas Románicas de Castilla; la arquitectura y los jardines árabes de Granada; las carcajadas fuertes de muchos amigos y colegas en cafés llenos de humo. Estoy seguro que cada uno puede llegar a conocer su yo inferior, desenterrar y disfrutar muchos recuerdos agradables; es cuestión de gastarle el tiempo que se merece.

En el siguiente ejercicio va a explorar la personalidad y estilo de su yo inferior; se le invita a que provea respuestas independientes a sus preguntas. Todo yo inferior, como todo yo intermedio, tiene una personalidad propia diferente a la de los demás. Algunos son serios y reservados, mientras que otros son informales y entretenidos. Repitiendo este ejercicio regularmente, mejorará su relación y confianza con su yo inferior; gradualmente, llegará a conocer mejor una parte recesiva de sí mismo, sus cualidades y sus habilidades inusuales.

Ejercicio 3.2: Comprendiendo al yo inferior

Objetivo
Conocer mejor al yo inferior. Mejorar la relación entre el yo intermedio y el yo inferior. Descubrir y aplicar sus habilidades.

Descripción
Busque una habitación tranquila, preferiblemente en su casa, a una hora en la que no será interrumpido. Siéntese en una silla con buen soporte para la espalda, tal y como se describe en el Capítulo 2, con los pies en el suelo ligeramente separados, y las manos con palmas hacia abajo sobre las piernas. Ahora cierre los ojos, respire profundamente unas cuantas veces y relaje todo su cuerpo como se describió en el Ejercicio 2.1, Capítulo 2. Cuando sienta que su cuerpo y mente se encuentran totalmente relajados, respire normalmente y permanezca relajado durante todo el ejercicio. Si en algún momento le llegan pensamientos que le distraigan, elimínelos de la forma que se describe en el Ejercicio 2.1 y continúe con el presente. Llame a su yo inferior en voz baja por su propio nombre, como se enteró en el Ejercicio 3.1. Aquí lo llamaremos genéricamente Luis. Dígale que le gustaría conversar con él; pregúntele si en este momento es apropiado. Permanezca callado por unos momentos y perciba cualquier sentimiento o idea que llegue a su consciencia. Si no obtiene respuesta o si tiene la sensación de que a Luis no le gustaría compartir ahora, respete sus sentimientos e inténtelo en otra ocasión. A veces la personalidad del yo inferior puede ser sensible y terca; recuerde que su relación con Luis debe ser construida sobre la base de la confianza y el respeto mutuo. Tratar de obligarlo a hacer algo puede ocasionar que se rehúse a cooperar del todo.

Si percibe una atmósfera de cooperación, entonces prosiga y hágale una pregunta a Luis. Puede preguntarle cualquier cosa relacionada con su vida cotidiana actual, su familia, sus relaciones presentes o pasadas. Puede preguntarle cómo se siente con respecto a su empleo. Espere pacientemente una reacción o sentimiento; tal vez puede ser útil concentrar su atención en el área del estómago (i. e., el plexo solar cerca del ombligo). Es muy posible que Luis tenga su propia opinión de las cosas, distinta de la de su yo intermedio, que le dejará saber si espera y escucha pacientemente. Pregúntele a Luis cómo se siente con respecto a alguna persona, una actividad, un evento, un proyecto. Desista de pedirle que se comunique con espíritus de muertos, que son gestiones peligrosas que le pondrán en situaciones vulnerables. Igualmente, no le pregunte que prediga el futuro; Luis intentará satisfacerlo y le inventará la respuesta que usted quiere oír, especialmente si usted desea que ocurra algo en particular. Mantenga este diálogo por unos minutos y agradézcale a su Luis cuando termine.

Posibles resultados

Si repite este ejercicio con paciencia y persistencia, llegará a conocer la opinión de Luis sobre los diferentes aspectos de su vida. En verdad esto es información muy valiosa. Para tener éxito en cualquier proyecto o relación, es necesario obtener la cooperación previa de su yo inferior. Encontrará que a veces es posible hablar con Luis y convencerle de que cambie su opinión acerca de asuntos que no estén sujetos a fijaciones o complejos previos. Poco a poco, aprenderá a conocer la personalidad de Luis, que es un gran activo para construir una relación harmoniosa. También es posible que no tenga ninguna respuesta de Luis durante su sesión. Algunos reportan recibir una intuición repentina horas o días después de haber formulado una pregunta. Dependiendo de la profundidad y la sagacidad de la respuesta, es posible que esta visión provenga del Yo Superior, como se describe en el siguiente capítulo. Finalmente, también es factible que la respuesta a una pregunta venga en un sueño.

Resumen

He aquí los pasos resumidos de este ejercicio:

1. En una habitación tranquila, siéntese en una silla con buen soporte en el espaldar, con la espalda erguida, los pies en el suelo ligeramente separados y las manos sobre las piernas. Cierre los ojos, respire profundamente unas veces y relaje su

cuerpo y mente. A través del ejercicio, descarte cualquier pensamiento que le distraiga como se describe en el Ejercicio 2.1.

2. Cuando esté relajado, respire normalmente y diríjase en voz baja a su yo inferior por su propio nombre (e. g., Luis). Pídale permiso para conversar y escuche en silencio. Si siente que él está en desacuerdo, interrumpa el ejercicio e inténtelo en otra ocasión.

3. Si Luis está de acuerdo con la conversación, hágale una pregunta de su presente, pasado o una opinión sobre cualquier asunto. Espere en silencio cualquier respuesta en forma de una sensación o una intuición e interprétela.

4. Repita el paso 3 con varias preguntas más y después de unos minutos agradézcale a Luis y termine el ejercicio. No olvide anotar sus experiencias en su diario.

Usar al yo inferior para percibir el lado oculto en los demás

En el ejercicio siguiente, podrá pedirle a su yo inferior información sobre las personas con las que interactúa en el trabajo o en eventos sociales. Esta constituye una habilidad útil que vale la pena desarrollar. En esencia, le va a pedir a su yo inferior que proyecte un hilo de su cuerpo psíquico invisible, lo adhiera al aura de la persona con la que establece contacto visual, envíe un influjo de maná a través del hilo, extraiga información del sujeto y se la ofrezca a su consciencia. Su yo intermedio recibe la información a través del inconsciente en forma de sentimientos o sensaciones sutiles. Todo este proceso se ejecuta casi automáticamente por el yo inferior cada vez que establecemos contacto visual con alguna persona. Lo que ocurre es que la mayoría de nosotros rechazamos o ignoramos la información que nos ofrece el yo inferior. Desde luego que si la otra persona no desea compartir ninguna información, y decide aplicar ciertas medidas protectoras, usted no podrá percibir nada. Esta habilidad de percibir y analizar información adicional de los demás es maravillosa; le permitirá tomar mejores decisiones, emplear nuevos colaboradores, contratar agentes de finca raíz, decidir sobre una transacción nueva, aceptar o rechazar propuestas de negocios, etc. Con un buen entrenamiento, su yo inferior le subministrará información precisa y a veces invaluable.

Ejercicio 3.3: Desarrolle su intuición para relacionarse con los demás

Objetivo

Desarrollar su habilidad intuitiva para percibir información sutil, no verbal, de los demás. Aprender a interpretar y a aplicar las habilidades intuitivas del yo inferior.

Descripción

La próxima vez que tenga la oportunidad de conocer a alguien por primera vez, intente percibir cualquier información que su interlocutor no le suministre verbalmente o visualmente. Esto será más fácil lograrlo durante los intervalos de tiempo en que usted no le está hablando al otro y puede permanecer observándole y contemplándole silenciosamente por unos momentos. Es necesario relajarse; evite practicar este ejercicio cuando se encuentre estresado, cansado o en alguna forma enojado, pues la interpretación de sus sentimientos será incorrecta. Este ejercicio es una extensión del Ejercicio 2.3, Capítulo 2, excepto que aquí estamos dando un paso adelante importante. En otras palabras, intente respirar profundamente un par de veces y trate de relajar su cuerpo y mente sin llamar la atención. La respiración no sólo relaja el cuerpo sino que genera el maná extra que Luis necesita para ejecutar la operación. Si se encuentra sentado, asuma una buena postura enderezando la espalda, separando sus manos y pies. Mantenga su mirada suavemente enfocada en los ojos del otro. Parpadee normalmente. Recuerde que los ojos son las ventanas del alma.

Ahora escuche a la otra persona sin juzgar mentalmente el contenido de su discurso. Simultáneamente, pregúntele mentalmente a Luis que es lo que piensa de esta persona. Escuche atentamente. Preste atención a cualquier sentimiento, sensación o intuición que le llegue espontáneamente. Es muy importante aprender a diferenciar estos sentimientos sutiles, que traen la información solicitada a través del hilo psíquico, de otros juicios o análisis que también provienen de Luis y que son procesados por el yo intermedio. Por esta razón, en el Ejercicio 2.3 se le pidió que practicara escuchar sin juzgar, y que descartara cualquier pensamiento o distracción mientras que repetía mentalmente la palabra "pensando," y retornaba a su contemplación silenciosa. Es necesario ejecutar la misma maniobra en el presente ejercicio. De otra forma, lo que ocurre es que cuando recibimos la información intuitiva de la otra persona, automáticamente la relacionamos con recuerdos almacenados en el yo inferior y la analizamos con la lógica del yo intermedio. Esta evaluación analítica también es valiosa, pero no es la que estamos tratando de detectar en este momento –los datos no verbales y no visuales. Recuerde escribir en su diario los detalles del experimento y sus impresiones al respecto.

Posibles resultados

Es probable que perciba una sensación de paz, de tranquilidad, de confianza. Por el contrario, puede que sienta desconfianza, tristeza o incluso dolor en el abdomen. Tengo una amiga que siente el dolor físico de la persona con la que interactúa, hasta que le pregunta a su Luis (Luisa) "Este dolor es mío?" Con práctica, usted podrá percibir el estado de salud física o emocional de su interlocutor. Si esta es una transacción de negocios, observe atentamente sus sentimientos. ¿Son positivos? ¿Siente algún tipo de ansiedad? ¿Siente que debería confiar en las buenas intenciones que expresa la otra persona? Como dijimos antes, es difícil separar los sentimientos genuinos provenientes del cuerpo psíquico del otro, de sus reacciones al respecto que también pueden ser emociones fuertes que ocultan y dominan su percepción. Por ejemplo, si en el pasado tuvo una mala experiencia con un abogado es probable que haya desarrollado un prejuicio en contra de ellos. Si en este momento está considerando la posibilidad de contratar a uno en particular, es posible que su percepción actual le haga creer que la persona no es de confiar, a pesar de que el abogado sea competente. Lo que ocurre es que su yo intermedio incorrectamente interpreta los sentimientos como si vinieran de la otra persona y la intuición es incorrecta.

Toma tiempo y experiencia aprender a separar y distinguir entre los tres tipos de información que llegan a nuestra consciencia: (1) la percepción intuitiva de un objeto externo; (2) nuestra reacción a datos externos proveniente de análisis lógicos (yo intermedio); (3) nuestra reacción a datos externos proveniente de nuestras propias fijaciones (yo inferior). Este último caso ocurre, por ejemplo, cuando la declaración verbal o información que recibimos atrae un recuerdo relacionado o una fijación en nuestro yo inferior que nos ocasiona miedo, desconfianza o rabia, que no tiene nada que ver con el aura de la otra persona y es sencillamente nuestra reacción automática re-estimulada. Aquí también la intuición es incorrecta. Una vez más, es importante explorar y superar sus fijaciones. Uno de los muchos beneficios, es el poder discernir correctamente el ambiente exterior al tener un mundo interior claro y tranquilo. Con la práctica y con paciencia, usted logrará descifrar automáticamente los datos intuitivos, al tiempo que recibe y analiza la información lógica. Logrará distinguir entre los tres tipos de datos: los sentimientos intuitivos; el análisis lógico y racional de la información verbal y visual; y los sentimientos de eventos relacionados ocasionados por los otros dos tipos de datos. Estos últimos serán reconocidos como reacciones conectadas, y serán descartadas de su cuadro mental. Este es, en verdad, el uso ideal de su mente.

Resumen
1. La próxima vez que converse con alguien, asuma una buena postura si se encuentra sentado, y ordénele mentalmente a su cuerpo e intelecto que se relajen.

2. Escuche cuidadosamente cada palabra y observe cada acción que el otro ejecute, sin juzgar el contenido del discurso o acción, al tiempo que mira constantemente a su interlocutor en los ojos. Ahora pregúntele mentalmente a su Luis qué piensa del otro. Esté atento a cualquier sensación o sentimiento que le llegue espontáneamente.

3. Si descubre que está pensando, juzgando o a punto de interrumpir a su colega, repítase mentalmente la palabra "pensando," y regrese a su contemplación y observación del otro. Trate de separar la intuición del aura de su

interlocutor, de los sentimientos generados por recuerdos relacionados o por fijaciones que pueda tener, los cuales le darán una lectura incorrecta.

4. Después de unos minutos, o cuando le pidan responder o hacer algo, termine el ejercicio. A la primera oportunidad anote sus impresiones en su diario.

Figura 3.4: Representación de la proyección del cuerpo psíquico completo.

En el ejercicio anterior se aprovecha la habilidad que tiene el yo inferior de proyectar hilos del cuerpo psíquico. De hecho, se sabe que el cuerpo psíquico entero tiene la capacidad de proyectarse a voluntad, como se ilustra en la Figura 3.4. Sin embargo, esta es una habilidad difícil de desarrollar. Cuando se logra la proyección total del cuerpo psíquico, nuestra consciencia y nuestra habilidad de mandar y recibir información sensorial se transporta a voluntad a un lugar distante a la velocidad del pensamiento. Algunas organizaciones iniciáticas tradicionales proveen las instrucciones acerca de este procedimiento. Como dijimos, proyectar el cuerpo psíquico completo es un acto difícil que requiere entrenamiento y práctica. En lugar de eso, en la mayoría de los casos el yo inferior puede entrenarse fácilmente a que proyecte hilos o cuerdas de su cuerpo psíquico. Estos son los que los Kahunas llamaban cuerdas de *aka*, cuyos extremos pueden adherirse a objetos externos o al cuerpo psíquico de otras personas. Una vez que esto se logra, es posible enviar o recibir información.

La Figura 3.5 es una ilustración de las diferentes clases de datos que nuestra atención consciente recibe cuando percibe información de un objeto externo. Para simplificar la descripción, los cuerpos psíquicos del yo intermedio y del yo inferior son representados por elipses. El yo inferior recibe información de los sentidos (e. g., la vista, el olfato, etc.) y se la ofrece a la atención consciente. Simultáneamente, el yo inferior proyecta un hilo psíquico y registra información no sensoria (i. e., intuitiva). La información sensoria y la intuitiva pueden despertar el recuerdo de eventos y sentimientos similares o generar juicios y análisis en el yo intermedio. Al intentar analizar información intuitiva, uno debe aprender a diferenciar entre los diferentes tipos de datos. Los sentimientos provenientes de recuerdos relacionados pueden ser incorrectamente interpretados como información intuitiva del objeto exterior.

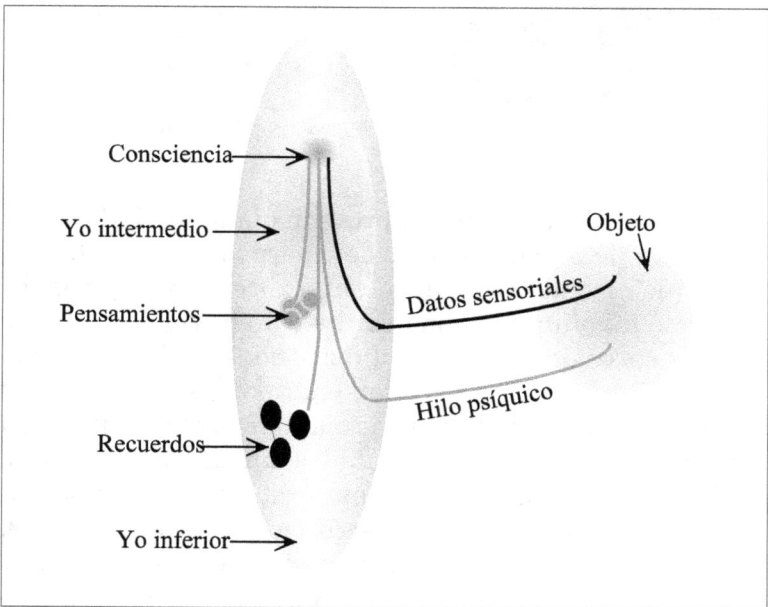

Figura 3.5: La información recibida de un objeto externo consiste en datos sensorios, percepciones intuitivas, recuerdos relacionados con el objeto y pensamientos adicionales.

Con el tiempo y la práctica, se puede aprender a interpretar correctamente la información intuitiva. En mi caso, entre más tranquilo permanezco cuando contemplo a los demás, más precisa y más profunda es mi percepción intuitiva. Una de mis fijaciones pasadas es la rabia que experimento en presencia de injusticia de cualquier tipo. Estos sentimientos provienen de experiencias injustas traumáticas durante la infancia. Clarificar estas fijaciones me ha tomado años, pero cuando siento rabia en relación a otros, se que estos sentimientos provienen de mis recuerdos del pasado y no necesariamente de datos sutiles de mi interlocutor. Igualmente, Luis me envía una sensación desagradable cuando percibe fraude proveniente de la otra persona; es una sensación característica que correctamente interpreto como intuición. Cuando esto ocurre siempre le agradezco a Luis, sigo su consejo y rechazo la propuesta en cuestión. En el pasado, esta confianza en mi yo inferior me ha salvado de innumerables sufrimientos por concepto de malos contratos, negocios desfavorables, productos defectuosos, malas escogencias, etc.

Aplique el raciocinio inherente al yo intermedio en armonía con la intuición del yo inferior

Cuando se trata de tomar decisiones complejas en la vida, es invaluable la ayuda que podemos recibir si utilizamos las habilidades intrínsecas a cada nivel de la personalidad. La lógica inherente al yo intermedio constituye una componente esencial para analizar información, pero como hemos visto es de un alcance limitado. Por otro lado, si sometemos las conclusiones lógicas del yo intermedio al escrutinio intuitivo del yo inferior, nuestra percepción del asunto aumenta radicalmente y las decisiones que tomemos pueden ser superiores. A continuación expongo algunos ejemplos de mi propia experiencia.

Empleando trabajadores o seleccionando socios

Luis me ha ayudado en el pasado en situaciones cuando debo seleccionar entre dos o más candidatos con calificaciones similares para un empleo. Una vez verificadas las referencias y credenciales de un candidato, y después de cualquier análisis puramente racional, procedo a escuchar cuidadosamente la opinión de Luis acerca del candidato en cuestión. Nunca me he equivocado en seleccionar el candidato que con el tiempo resultó ser el mejor, al menos cuando la decisión de empleo fue sólo mía. En algunos casos he tenido que aguantar las consecuencias de una mala decisión cuando no confié en mi intuición o cuando me impusieron la decisión oficiales más altos en la escala administrativa.

Mercadeo de acciones en la bolsa de valores

Luis ha sido muy efectivo en la compra de acciones. Nunca he comprado o vendido acciones a corto plazo, como se puso de moda con las compañías de mercadeo por Internet a finales de la década de los noventa. Por el contrario, siempre me he acercado a la bolsa de valores en una forma conservadora. En 1998, por primera vez consideré la posibilidad de invertir mis ahorros en la compra acciones de compañías individuales. Consulté detalladamente el asunto con Luis y decidimos intentarlo. Discutimos largamente los sentimientos negativos que tendríamos que enfrentar si perdiéramos nuestra inversión por malas decisiones. Me alejé de todo tipo de consultores y corredores de bolsa y abrí una cuenta de mercadeo por Internet. Habiendo aceptado emocionalmente la posibilidad de una pérdida, diseñé un método de selección que combinara el raciocinio y la lógica del yo intermedio con la intuición y percepción sutil del yo inferior. Antes de comprar acciones de una compañía, estudio el valor financiero de diez o quince compañías en una misma industria. Esto implica gastar tiempo estudiando el reporte financiero anual de cada una y observar su desempeño por los últimos diez años. La cantidad de información disponible es verdaderamente enorme. En particular, busco que la compañía exhiba un aumento consistente en sus utilidades brutas, un aumento continuo en sus utilidades netas, una deuda externa baja y un capital de accionistas elevado. También leo en detalle las descripciones sobre nuevos planes, nuevos productos y las razones que la gerencia tiene para planificar y justificar su desarrollo futuro. Como se puede ver, esto no es más que sentido común a la antigua. Como mi padre solía decir, "Tanta jerga financiera, ¿es que al fin de cuentas esta compañía gana plata?" Sin embargo, el precio de una acción no depende solamente del desempeño financiero de la compañía, sino de *lo que los inversionistas* **piensan** *de su desempeño financiero*. Esto explica porqué a veces las acciones de compañías con malos reportes financieros aumentan de precio, mientras otras con buenas cifras disminuyen. En esencia, el análisis racional puro no es suficiente.

Una vez seleccionadas dos o tres compañías finalistas, todas con buenas cifras y con sólida actuación financiera, organizo una sesión de meditación con Luis y le pregunto, una por una, lo que opina de la acción de cada compañía. Para ello, coloco en frente de mí el reporte de la compañía en cuestión, con mis anotaciones al respecto, mientras que le pido que me ayude a decidir acerca de la viabilidad de invertir en ella. Anoto todas las sensaciones y sentimientos que me llegan. Al final de la sesión, tengo la escogencia de la compañía cuyas acciones compro. Después de hacer una compra, espero por lo menos un año sin ni siquiera mirar si ha subido o bajado en precio. Cada año reviso las últimas cifras financieras y, si su precio ha aumentado significativamente, le pregunto a Luis si es tiempo de vender. Todas las utilidades de las ventas, aunadas con sus dividendos y con el depósito regular de más ahorros, las reinvierto en la compra de acciones de otras empresas. Comencé este ejercicio con una pequeña suma que ahorré de la devolución de los impuestos en 1998 y desde entonces el balance ha subido gradualmente. La primera gran prueba a este experimento de inversión amateur ocurrió en el 2001 durante el colapso de las compañías "punto com." Mi portafolio no sufrió mayor pérdida, pues no había invertido en ninguna de esas compañías de moda con balances tan negativos. La segunda gran prueba, ocurrió entre el 2008 y el 2010, durante la caída del mercado inmobiliario y la correspondiente crisis económica global. Mi portafolio sufrió una baja temporal de un treinta y cinco porciento, que en la actualidad recuperó en su totalidad. Durante las bajas del mercado trato de mantener la calma, reafirmo mi seguridad en las decisiones pasadas y sobretodo me rehúso a vender cualquier acción. Por el contrario, ese es el momento cuando aprovecho para comprar acciones de buenas compañías a precios de ganga. Comprar acciones cuando todo el mundo vende desesperadamente requiere confianza en sí mismo y fe en el futuro de la economía. Al mismo tiempo, rehusarse a vender una acción cuando todo el mundo vende a precio de ganga requiere disciplina. Recuerde que no pierde nada si no vende. Elimine todos los miedos que su yo inferior tenga de perderlo todo. Una vez más, he aquí la importancia de eliminar sus miedos y fijaciones. Por supuesto todas mis decisiones no han sido buenas, pero en general la cooperación entre las dos fases de mi consciencia ha sido muy provechosa y me proveerá de ingresos adicionales en mi futura jubilación.

Podría mencionar muchas más anécdotas que atestiguan la cooperación invaluable entre mi yo intermedio y mi yo inferior. Es de gran beneficio servirse de las habilidades del yo inferior y tratarlo como lo que es –un amigo fiel. Gradualmente, es posible incrementar la participación de su yo inferior en todas las decisiones de su vida. Confiando en las habilidades lógicas de su yo intermedio y en la capacidad intuitiva de su yo inferior, sus decisiones serán más acertadas y su vida más próspera y agradable. Empiece de una vez a incluir a su yo inferior en toda decisión, no importa que tan pequeña sea. El o ella a su vez apreciará mucho la consideración y atención que le preste y comenzará a ayudarle más. Por otra parte, recuerde que es deber del yo intermedio aconsejar y mantener al yo inferior bajo control. Esto implica no permitir a su Luis que tome decisiones exclusivamente basadas en la intuición o el sentimiento. Usted debe aplicar su raciocinio lógico y llegar a un acuerdo mutuo.

Aplicaciones a la seguridad y protección personal

Un aspecto importante a recordar es que el yo inferior nunca descansa, ni siquiera cuando usted duerme. Constantemente se encuentra examinando su ambiente. Usted puede confiar ciegamente cualquier impulso que proviene del yo inferior y acatarlo. Una vez, mi esposa se encontraba caminando en el centro de la ciudad cuando le llegó una corazonada muy fuerte que le indicaba que debía dar la vuelta y tomar una de las calles laterales, presumiblemente un camino más largo hacia su destino. Al poco tiempo, vio a un par de adolescentes jugando en la calle; en un instante pensó que lo mejor sería pasar de largo y decidió ignorar su intuición. Los dos muchachos la asaltaron y le robaron el bolso. En retrospectiva, recuerda vivamente el sentimiento inconsciente de aviso y lamenta no haberlo acatado. Pídale a su yo inferior que le avise acerca de cualquier peligro potencial en cualquier situación; que le despierte si se encuentra durmiendo y hay una circunstancia seria que requiere de su atención inmediata; que le avise si su propiedad o intereses propios están en peligro. Una vez más, cuando reciba una alarma así, agradézcale a su yo inferior y ponga atención; nunca ignore el mensaje.

Escoger las mejores opciones

La próxima vez que se encuentre en un supermercado y esté indeciso acerca de cuál cereal escoger, entre dos marcas del mismo precio, sostenga una caja en cada mano y pregúntele a Luis en voz baja (mentalmente si hay gente cerca) "¿Luis, cuál de los dos cereales me conviene más?" Preste atención a sus sentimientos, pues tendrá una respuesta inmediata, y de seguro escogerá la mejor opción. Para las decisiones importantes, como escoger el mejor distribuidor de autos, es mejor que escriba su experimento en su diario. Empiece por hacer su trabajo racional y lógico, es decir verifique las referencias comerciales, converse con otros clientes acerca de sus experiencias con esa empresa, compare precios con otros distribuidores, estudie la reputación de la compañía en la oficina que se encarga de archivar reclamos, etc. Una vez concluida la investigación racional, tenga una sesión privada con Luis y pídale ayuda en su proyecto de comprar un auto en dicha empresa. Revise, y si es necesario corrija, su decisión final una vez que haya tenido la oportunidad de conocer a su vendedor cara a cara. Preste especial atención a lo que Luis le comunique cuando se encuentre negociando con el vendedor. Comprar casa, seleccionar un colegio, un negocio, un compañero de negocios, un abogado, un cirujano o un dentista constituye una decisión importante cuyas consecuencias tendrá que afrontar. La vida sería mucho más fácil si usáramos todos los aspectos de nuestra mente y llegáramos a una decisión mutua que satisfaga todas las partes. Un yo inferior bien entrenado, y libre de decisiones parcializadas ocasionadas por fijaciones, es capaz de ver posibilidades y alternativas que su yo intermedio no puede vislumbrar. Muy a menudo los impulsos del yo inferior contradicen toda evidencia lógica y ofrecen una mejor alternativa, aun desafiando los datos concretos disponibles. El uso del yo inferior requiere confianza. Esto presupone disolver y superar los complejos, fijaciones, ansiedades y miedos almacenados en el yo inferior, los cuales no sólo le causan sufrimiento, sino que también malogran su habilidad intuitiva.

Es fácil que Luis se salga de las manos cuando se encuentra expresando obsesivamente sentimientos asociados con recuerdos del pasado. La responsabilidad del yo intermedio está en reconocer que la explosión emocional proviene del yo inferior; en no permitir que Luis asuma control de su consciencia; en ayudarlo, aconsejarlo y convencerlo que supere la circunstancia.

En el Capítulo 5 veremos métodos prácticos basados en terapias energéticas que puede aplicar por su cuenta para eliminar sus emociones negativas. Son técnicas sencillas y una alternativa económica a las terapias sicológicas tradicionales. Como dijimos anteriormente, adicionalmente a la eliminación del sufrimiento la ventaja de disolver nuestras fijaciones es la posibilidad de contactar al Yo Superior, que es la mente más desarrollada que tiene siempre a su disposición.

Programar al yo inferior con instrucciones futuras

La susceptibilidad a la sugestión que posee el yo inferior encuentra otra aplicación importante, darle instrucciones para ser ejecutadas después. La instrucción debe ser clara, directa y firme, aunque promulgada amistosamente. Cuando me dispongo a dormir –ya tendido en la cama, con la luz apagada y los ojos cerrados–, a veces le pido a Luis que me despierte a una hora específica. Por ejemplo, digo con firmeza "Luis, por favor despiértame mañana a las 6:15 AM." La instrucción verbal la acompaño con una imagen mental del reloj con las manecillas indicando la hora deseada. Invariablemente, Luis me despierta a la hora exacta. Póngalo en práctica usted mismo; claro está, apenas se despierte tiene que hacer caso y levantarse inmediatamente. Si no lo hace y se vuelve a dormir, Luis creerá que las instrucciones que le da no son importantes y puede que empiece a ignorarlas.

¿No es maravilloso tener un amigo que fielmente le cuida cuando usted duerme y que le despierta dulcemente a la hora apropiada? Cuando estoy muy ocupado con muchos asuntos, rutinariamente le pido a Luis que me recuerde más tarde de ejecutar ciertas diligencias que debo hacer. Por ejemplo digo "Luis, por favor acuérdame de enviar este cheque cuando pase por el correo camino a casa esta noche." Esto lo digo en voz clara y firme, mientras que miro intensamente al cheque en cuestión.

Acto seguido, me olvido completamente del asunto por el resto del día. Con absoluta seguridad, me acuerdo de ello cuando paso por el correo esa noche. Incluso, me ha ocurrido que si descuidadamente tomo una ruta alterna −que no pasa por el correo− al entrar a la calle adjunta percibo una sensación en el estómago que cuando presto atención me llega el pensamiento del cheque. Dicha sensación es difícil de describir, pero es clara y concisa.

Aplicaciones a la creatividad y la innovación

Su yo inferior puede encargarse de tareas mucho más complejas. Estará muy complacido de ayudarle con sus ideas y actividades creativas, si se le permite. Quisiera compartir la ayuda de mi yo inferior en mi profesión a través de los años. Mi área de especialización en ingeniería y ciencia es en los modelos matemáticos de sistemas ambientales. Mi trabajo de investigación consiste en desarrollar soluciones de las ecuaciones fundamentales que gobiernan procesos ambientales, tales como la contaminación de suelos, e implementarlas en programas de simulación por computador que predicen el avance de contaminantes. Estos modelos se basan en complicados sistemas de ecuaciones diferenciales. A veces me ha tomado años desarrollar una nueva solución antes de poder publicar resultados en una revista científica. El proceso empieza con una ardua labor de análisis matemático en el que las habilidades lógicas y racionales de mi yo intermedio son utilizadas al máximo. Esto requiere pensamiento inductivo repetitivo y sobretodo persistencia. Eventualmente, llego a un punto muerto en el que mi yo intermedio no puede encontrar una solución. Es entonces cuando enlisto las aptitudes creativas de mi yo inferior. Cuando me dispongo a dormir, le pido a mi Luis que me ayude con el problema matemático que no puedo resolver. Brevemente, reviso en mi mente las ecuaciones y el problema en general, en la forma que mi yo intermedio las ve, y luego le pido a Luis que me ayude a encontrar una solución o que me indique en donde puede haber un error. Seguidamente, me olvido completamente del asunto y me entrego a mis sueños. La respuesta a mi pregunta usualmente viene en forma de un sueño que debo interpretar, en medio de la noche cuando de repente me despierto con el sentimiento de haber hallado una solución o temprano en la mañana cuando me despierto con una idea nueva. Este ejercicio normalmente me mantiene medio despierto una buena parte de la noche, que es un precio muy bajo que hay que pagar por encontrar la solución a un problema importante. Inmediatamente, escribo en mi diario la respuesta, las ideas, los puntos de vista que he recibido, asegurándome de no criticar ni analizar en ninguna forma las ideas de Luis. Esto es muy importante; cuando implemento con una mente abierta las sugerencias de Luis, el ejercicio invariablemente me conduce a la respuesta correcta. Hasta la fecha, la cooperación armoniosa entre mi yo intermedio lógico con mi yo intuitivo inferior me ha llevado a publicar más de cien artículos de investigación en revistas técnicas.

Pasos a seguir para consultarle al yo inferior un problema complejo

El yo inferior no sabe de matemática, ciencia ni arte. El procedimiento que describí anteriormente le ha dado buenos resultados a gente que trabaja en las artes. Existe la creencia de que el yo intuitivo solamente puede asistir en materias artísticas o literarias. Sin embargo, si nos detenemos a pensar un momento nos daremos cuenta que la matemática, o cualquier actividad intelectual, utiliza símbolos que constituyen el lenguaje del inconsciente. El yo inferior es creativo e intuitivo; tiene la capacidad de encontrar soluciones o alternativas que la mente racional, por sus limitaciones metodológicas, no puede hallar. El yo inferior también tiene acceso al Yo Superior y aun a niveles de consciencia más elevados. Es posible que tratando de encontrar soluciones a mis problemas financieros y matemáticos haya recibido ayuda de mi Yo Superior, y no sólo del yo inferior. Usted puede servirse de todas las componentes de su mente cuando intente encontrar soluciones a otros problemas, tales como la decisión a tomar en una circunstancia difícil que envuelva recursos humanos y financieros, o en una situación compleja cuyo resultado afecte su carrera o su familia. Para tener éxito, hay ciertos pasos que debe seguir en orden.

(1) ***Haga su parte***. Haga todo lo que esté a su alcance para lograr su objetivo utilizando la lógica de su yo intermedio. Esto incluye estudiar el problema, pensar y sopesar posibles alternativas y soluciones. Si inicialmente no logra buenos

resultados, siga intentándolo; en otras palabras, aproveche todas las capacidades del yo intermedio.

(2) *Pídale ayuda a Luis.* Decida exactamente qué clase de ayuda necesita del yo inferior y solicítesela en una forma concisa. Para este efecto, resuma y revise brevemente su trabajo racional, con las ventajas y desventajas de cada opción, y afirme claramente el tipo de ayuda que usted busca.

(3) *Olvídelo.* Deje de pensar conscientemente en el asunto; esto se puede lograr fácilmente cuando se dispone a dormir –su yo intermedio es el único que duerme– y a dejar que el yo inferior continúe trabajando en el problema y tal vez tenga acceso a niveles superiores. Si lo desea, también puede practicar un ritual, como el que se describe en el Ejercicio 3.2.

(4) *Acepte la ayuda de Luis con fe.* Implemente con una mentalidad abierta cualquier respuesta que le llegue –sentimientos, ideas, impulsos–, no importa que tan absurda o trivial parezca.

Los cuatro pasos anteriores son esenciales. En el paso (1) usted debe hacer su trabajo. Mucha gente espera que el yo inferior resuelva un problema complejo sin haber hecho su parte consciente, es decir sin recoger toda la información relevante, consultar con "expertos" si es necesario, conversar con amigos, leer, estudiar y analizar alternativas, y en suma hacer que el yo intermedio ejecute todo lo que pueda desde el punto de vista de sus capacidades lógicas e inductivas. Debe agotar sus recursos inductivos; si no lo hace y le entrega a Luis una pregunta, es muy posible que reciba una respuesta incorrecta. ¿Por qué? Hay varias razones; la más obvia es que no le ha suministrado a Luis toda la información que necesita para su trabajo; no posee datos suficientes para procesarlos con su mente intuitiva. Recuerde que el yo inferior no procesa información en la misma forma que su yo intermedio, pero de todas maneras necesita información de base. Exceptuando problemas triviales, lo único que Luis puede hacer es adivinar.

Hay otra razón muy importante que indica que la posibilidad de éxito es mínima si se omite el paso (1) –la razón filosófica. La Inteligencia Universal le otorgó al ser humano el libre albedrío y la habilidad de pensamiento inductivo y deductivo. Estas facultades se le confirieron con un propósito; usted debe usarlas. Hay un propósito en la vida y es aprender, explorar, intentar lo mejor que podamos, cometer errores, aprender de ellos y mejorarnos a nosotros mismos. Este propósito cósmico se anula si usted no usa sus facultades y talentos o si no intenta resolver sus problemas de la mejor manera con las herramientas que se le han dado. Esto implica que usted debe hacer todo lo que esté a su alcance para resolver una circunstancia o un problema difícil. No deje ninguna alternativa sin ser explorada; ninguna acción sin ser ejecutada. Ayúdese a si mismo lo mejor que pueda, y sólo entonces se justifica pedir ayuda.

En el paso (2), se le pide a Luis la ayuda apropiada con una frase sucinta. El yo inferior acepta sugerencias precisas. Por ello, formule sólo una pregunta o sugerencia a la vez, tan concisa como sea posible. Si la respuesta que recibe es vaga, usted puede modificarla y reafirmarla al día siguiente. Por ejemplo, si usted hizo todo lo que pudo para prepararse para una reunión profesional y el resultado no fue lo que usted esperaba, puede preguntarle a Luis qué fue lo que salió mal, luego de resumirle toda la información pertinente. Alternativamente, puede pedirle a Luis un consejo acerca de qué hacer para evitar un resultado indeseable. En otras palabras, una vez resumida la información, puede preguntarle, "¿qué debo hacer, Luis?" Una vez más, tenga cuidado, pues la respuesta de Luis puede provenir, no de su intuición, sino de recuerdos de una fijación del pasado. Si la respuesta implica venganza o expresiones de rabia en cualquier forma, puede estar seguro que no es la respuesta apropiada. Aquí recalcamos de nuevo la importancia de disolver sus complejos si quiere sobrellevar una relación armoniosa y beneficiosa entre las diferentes partes de su mente. Un yo inferior libre de complejos siempre es positivo y constructivo con usted y los demás.

En el paso (3) descrito anteriormente, hay que dejar de lado toda preocupación o pensamiento relacionado con el problema en cuestión. Es un paso sencillo, crucial, pero fácilmente ignorado. Una vez le ha entregado a Luis un trabajo, deje que lo haga. Si continúa pensando en el asunto, interferirá con la labor de Luis y es posible que le impida que haga algo al respecto. Recuerde que su yo intermedio ya hizo todo lo que estaba a su alcance; es completamente fútil preocuparse o darle vueltas a los detalles del caso; lo único que logrará con ello es mantener a Luis ocupado con sus pensamientos lógicos, aunque repetitivos, obsesivos y limitados. Desde luego, esto es difícil de lograr, especialmente si se trata de un tema delicado. Cuando le pida ayuda a Luis, ¡déjelo hacer su trabajo! No se convierta en un "micro manager" de su yo inferior. El micro manager no hace nada, pero tampoco permite que sus subalternos hagan nada; delegue las funciones y tranquilícese.

Hay otra consecuencia adversa de preocuparse mucho de los problemas, y es que es posible que atraiga precisamente las situaciones que usted más teme. Al poner demasiada energía pensando en el peor desenlace de una situación, su yo inferior y su Yo Superior pueden interpretar esto como un deseo. Ellos le pueden conceder las condiciones en las que usted piensa tanto con el propósito de que aprenda de ellas. Una vez que dejó a Luis encargado, adquiera el hábito de despedir de su mente todo lo concerniente al problema. Una forma de hacerlo es dormir después de pedir ayuda. Otra forma es ponerse a hacer algo totalmente diferente; vaya al cine o a la clase de baile; juegue baloncesto con sus amigos o póngase a desyerbar en el jardín. Las horas más productivas de mi tiempo ocurren cuando llego a casa después de un largo día de trabajo, me pongo ropa cómoda, toco mi música favorita, me sirvo una copa de vino y empiezo a mezclar la masa para preparar pasta casera para toda la familia. Es una actividad agradable, totalmente diferente, intensa y que requiere concentración; ocupa completamente a mi yo intermedio y le permite a mi yo inferior trabajar en los asuntos complicados del día. Después de todo, se requiere bastante atención y práctica para lograr una masa de harina con la densidad y humedad apropiadas antes de pasarla por la máquina de cortar pasta; una masa muy seca es frágil y se desmiembra; una masa muy húmeda se pega y produce bolas de pasta, en lugar de hilos de spaghetti. Busque una actividad agradable e intensa y olvídese de sus problemas.

Si en la noche no puede dormir preocupada por su problema, trate de pensar conscientemente en algo que le guste. Recuerde los detalles de sus mejores vacaciones, su comida preferida, una fiesta divertida. Un amigo me confió su sistema favorito para eliminar sus preocupaciones y poder dormir; consiste en recordar el rostro y la figura de las mujeres que encuentra atractivas. A veces, dice mi amigo, recuerda mentalmente los detalles más vívidos de sus romances experiencias sexuales pasadas. Si bien esto lo estimula momentáneamente, una imagen fuerte, aunque positiva, lo libera de sus preocupaciones y le permite dormir al poco tiempo. Una causa común del insomnio es el pensamiento persistente en los problemas del día. Si los problemas son serios, el repetirse a sí mismo "tranquilícese" no logra nada. En este caso, es provechoso aplicar la ley de la polaridad en misticismo (Three Initiates, 1912): combatir un pensamiento preocupante y potente con otro igualmente potente, pero satisfactorio. En cualquier caso, haga lo que haga, asegúrese de desprenderse mentalmente del problema una vez que se lo ha entregado a su Luis.

Los valores culturales americanos enfatizan que para ser más productivo hay que trabajar largas horas. Esto no es necesariamente cierto; trabajar en exceso tiende a producir ansiedad, hipertensión, y otras enfermedades, incluyendo el síndrome de movimiento repetitivo. No hay que trabajar más duro; lo que hay que hacer es trabajar inteligentemente utilizando las habilidades de su mente. Las personas más productivas trabajan intensamente durante un par de horas y después toman un receso corto haciendo algo diferente. Cuando digo "receso" por ejemplo en una reunión de trabajo, no quiero decir pararse a recoger el almuerzo y volver a la reunión, ¡y seguir trabajando mientras come! Esto por supuesto no es un receso; es un invento americano y una locura que ha acabado con siglos de separación entre el trabajo, que requiere concentración y dedicación, y la comida, que requiere relajación y despreocupación. Está documentado científicamente que la concentración disminuye exponencialmente después de una hora. Cuando estudié ingeniería en la universidad, trabajaba regularmente con mi amiga Patricia por las noches. Recuerdo que su hermana era una brillante estudiante de medicina que siempre nos dejaba perplejos con su método de estudio, que consistía en trabajar durante una hora memorizando nombres de enfermedades de un grueso libro de patología; al cabo de una hora, la hermana de Patricia se tendía en la cama a dormir por exactamente una hora. Después de una hora de sueño, el reloj despertador la levantaba y se ponía a estudiar intensamente durante una hora. Este ciclo de una hora trabajando seguido de una hora durmiendo lo repetía durante toda la noche. Una vez nos dijo que su concentración era óptima durante una hora y que en la hora siguiente de sueño su inconsciente trabajaba generalizando y convirtiendo lo que había aprendido en parte de su memoria permanente. Lo que decía tenía mucho sentido, especialmente para nosotros, que después de dos o tres horas de trabajo continuo –y como seis tazas de café– quedábamos completamente exhaustos e incapaces de aprender nada. En cambio, ella se levantaba al día siguiente refrescada y tranquila, sin ninguna muestra de estrés o cansancio.

Hoy en día, muchas corporaciones grandes han empezado a reconocer y a aplicar con fines lucrativos las características sutiles de la mente humana. Incluso algunas han eliminado las horas de trabajo obligatorias y han construido salas de ejercicio y piscinas de natación adyacentes a la oficina de trabajo. Desde luego esto es muy saludable, pero lo más importante es que redunda en un ambiente de trabajo estimulante que incrementa la productividad del empleado. En mi caso, después de una mañana de clases y reuniones académicas, normalmente me encuentro cansado y abrumado alrededor del medio día. En mi período de almuerzo me dirijo al centro atlético de la universidad y disfruto de una media hora de natación, seguida de unos minutos de silencio contemplativo en el sauna. Luego de un almuerzo liviano consistente en frutas de la estación, me encuentro renovado física y mentalmente, y listo a continuar con el resto del día. En comparación, algunos de mis colegas gastan la hora del almuerzo hablando de los problemas del trabajo, al tiempo que consumen una comida pesada que incluye pizza, pollo frito con papas o hamburguesas fritas en su propia grasa. En las horas de la tarde, se les puede observar su pesadez y embotamiento. Para ellos, el progreso profesional es medido en términos de relaciones públicas, la habilidad para manipular a los demás, el número de kilos de sobrepeso, y no necesariamente en la productividad individual.

Por último, ¡dese una vuelta por ahí! Una caminata de quince minutos al día puede salvarle la vida, dice el doctor. Es algo magnífico para sus músculos y coyunturas, y maravilloso para la mente. Recuerdo a un amigo de la universidad que era un hombre de inteligencia excepcional. Un día se encontraba trabajando arduamente en un problema de análisis estructural. Yo sabía que sus esfuerzos no le estaban dando buenos resultados, a juzgar por la cantidad de malas palabras que pronunciaba y los golpes a la mesa. De repente, se levantó tirando el lápiz en la mesa y dijo "Me voy a dar una caminata y a mirar a las chicas bonitas." Después de media hora regresó muy alegre describiendo a quien se encontró, pausó por un momento mirando a su escritorio y exclamó "¡Pues claro, cómo no se me ocurrió eso antes!" Al ocupar su mente con algo totalmente diferente, mi amigo le dió la oportunidad a su yo inferior de consagrarse a los datos, y cuando regresó a trabajar en el problema un impulso de sabiduría intuitiva le otorgó la solución.

La última etapa del procedimiento para solicitarle al yo inferior ayuda con un problema, es decir el paso (4) anteriormente descrito, consiste en confiar en la solución que Luis le ofrece. Esto implica aceptar e implementar —o intentar honestamente— las instrucciones que reciba de su yo inferior. No juzgue, ni rechace, ni ridiculice las ideas ofrecidas, no importa lo absurdas que parezcan. Estas ideas provienen de su parte intuitiva; desde luego al yo intermedio no le parecen lógicas y coherentes. Sin embargo, fueron construidas a partir de los datos racionales y lógicos que usted recogió y de hecho constituyen una solución, a veces superior y más sencilla. Agradézcale a Luis; reconozca su trabajo y sus esfuerzos por ayudarle. Si al final de cuentas resultó que estaba equivocado, y esto es posible, no lo critique. Le conviene que Luis se sienta útil y que siga ayudando en el futuro. En mi experiencia, una vez cumplidos a cabalidad los cuatro pasos anteriores, la respuesta es siempre correcta y produce la mejor solución, y si no lo es, el problema no tiene solución, o el asunto está relacionado con una fijación o complejo inconsciente que hay que clarificar para obtener un juicio imparcial.

Su yo inferior tiene una memoria infinita y puede encargarse de muchas tareas. Desde luego no puede pedirle que haga algo que cuestiona. Por ejemplo, si le pide a Luis que deje de fumar porque es malo para la salud, su experimento fallará. Hay que eliminar la fijación inconsciente que hace que usted fume compulsivamente, y para ello la sugestión es inefectiva. En el Capítulo 5 discutiremos nuevos métodos basados en terapias energéticas, o acupuntura para las emociones, para eliminar fijaciones persistentes.

Otras formas de comunicarse con el yo inferior

Hasta el momento hemos enfatizado la importancia de conocer al yo inferior, hablando con él o a través de un comando directo. Esta es la situación ideal, y con el tiempo su yo inferior responderá inmediatamente a su orden verbal o a sus pensamientos, sin la ayuda de ningún intermediario. Sin embargo, es posible que después de varios intentos no reciba la cooperación deseada de su Luis o no sienta que comprende bien el significado de sus mensajes. Hay varias razones detrás de esto. Es posible que la falta de comunicación del yo inferior sea el resultado de años de desprecio; que su educación y formación desconfían de sentimientos y tópicos no considerados como "científicos;" que su yo inferior sufre de alguna objeción o fijación que le impide comunicarse con usted en cualquier forma que no sea el manejo de la memoria.

Más adelante discutiremos la forma de clarificar complejos y fijaciones. Por ahora recalco que hay muchas formas que permiten mejorar la comunicación con el yo inferior y amplificar sus impulsos. A continuación describo algunas que debería explorar. Aprender a leer las cartas del Tarot o a utilizar el péndulo le permitirá mejorar su intuición mucho más que por simple comunicación verbal. Tenga bien presente que estas son sencillamente herramientas para ponerse en contacto con sus propios sentimientos, mejorar su diálogo con el yo inferior y desarrollar sus habilidades latentes. Las cartas, las Runas, el péndulo o las monedas del I Ching por sí mismas no significan nada. Las herramientas que decida utilizar le ayudarán a detectar y amplificar los mensajes de su yo inferior, pero no son "talismanes" u objetos que transmitan ningún tipo de poder mágico. El poder de un instrumento proviene del interés y de la fe que usted le otorgue.

Otro punto que hay que recordar es que usualmente los sistemas de adivinación se enseñan para que un operador (i. e., usted) practique lecturas a otros, lo que por supuesto también puede ser divertido. No obstante, aquí el propósito es recibir e interpretar correctamente los impulsos intuitivos para mejorar la comunicación con su yo inferior. En general, la literatura sobre el tema no estimula a que el operador genere lecturas de sí mismo, alegando que los resultados son poco confiables cuando este posee algún interés en las respuestas. Como expresamos anteriormente, este punto es válido si intenta predecir su futuro. Por lo demás, si hace preguntas que exploran sus propios sentimientos con respecto a un evento o una persona, o pide una inferencia en la que el yo inferior debe adivinar una respuesta, entonces no hay peligro de decepción. Así pues, anímese a explorar los sistemas que expongo a continuación, y sobretodo diviértase con su yo inferior.

El péndulo

Max Freedom Long (Long, 1953) aconsejaba el uso del péndulo (o la radiestesia) como un buen medio de comunicarse con el yo inferior. El proceso consiste en entrenar al yo inferior a usar los músculos involuntarios de los dedos y el brazo para percibir independientemente las reacciones del inconsciente. La radiestesia ha demostrado ser efectiva en la prospección de agua y minerales subterráneos, la selección de alimentos y vinos, y en la búsqueda de objetos perdidos. El péndulo también puede ser usado para hacerle preguntas directas al yo inferior. Todas estas aplicaciones de la radiestesia emplean las habilidades latentes del yo inferior, especialmente las que le permiten proyectar hilos invisibles de su cuerpo psíquico a distancias lejanas, y a través de substancias sólidas. Algunos practicantes argumentan que es posible emplear el péndulo para manipular, no sólo percibir, las energías sutiles. Aunque esto no sea cierto, de todas maneras el péndulo parece ser una herramienta ideal para adiestrar al yo inferior a desplegar sus habilidades latentes. Aquí refiero al lector a cualquiera de los muchos libros sobre el tema (e. g., Nielsen y Polansky; 1987; Wheatley, 2000).

Las cartas del Tarot

Hay muchos sistemas de adivinación que permiten un diálogo con el yo inferior y tal vez con el Yo Superior. Aquí no nos interesa confirmar o negar las aseveraciones de que el futuro puede ser predicho con estos métodos; de hecho, el futuro que se ha cristalizado puede ser presagiado. La física moderna, con sus teorías de sincronización y universos paralelos, ya empieza a reconocer que a velocidades muy altas –como a la velocidad del pensamiento– el tiempo colapsa. No obstante, la habilidad de predecir el futuro pertenece al Yo Superior no al yo inferior. Si alguien pronostica el futuro con regularidad y con certeza, se puede estar seguro que es gracias a una buena comunicación con el Yo Superior a través del yo inferior. Aquí menciono estos métodos de adivinación como medios para conocer al yo inferior y desarrollar sus aptitudes ocultas, en particular la intuición.

Recomiendo que explore las cartas de Tarot (i. e., la cartomancia), que son ocultas, misteriosas e interesantes, precisamente las cualidades que hacen que el yo inferior se impresione y colabore. Para un tratado cautivante sobre el tópico, escrito por una investigadora seria, sugiero el libro de Giles (1992). Se han publicado muchos libros acerca de la interpretación de las cartas, algunos de los cuales el lector puede encontrar útiles. Para una breve introducción consúltese el libro de Martello (1990). Lerner y Lerner (1992) publicaron una nueva baraja de cartas basada en cuentos infantiles tradicionales, que puede ser una buena escogencia para explorar al yo inferior a través del poder del mito. Como se sabe, el mito es portador de símbolos que potencialmente motivan asociaciones con el inconsciente individual o colectivo. Para una historia de las cartas y explicación de su simbología, véase Papus (1995); esta es una reimpresión de la traducción del francés publicada la final del siglo XIX por el gran ocultista Dr. Gerard Encausse (Papus). Recientemente se han publicado tratados que intentan aplicar el poder simbólico de las cartas para manipular circunstancias y opciones (Fairfield, 1997). La mayoría de estas citas se refieren a la baraja de Waite, muy común en los países angloparlantes. Sin embargo, si visita una librería especializada en temas ocultos encontrará docenas de barajas tradicionales y modernas con muchos temas de enfoque.

En los países de lengua española es muy popular la baraja de las copas, espadas, bastos y oros. Mi sugerencia es que visite una de tales librerías y seleccione una baraja cuyas figuras y colores le atraigan y estimulen. Las cartas representan símbolos muy antiguos portadores de correspondencias ocultas con el inconsciente.

El lenguaje del inconsciente es simbólico; por lo tanto, aprender a interpretar símbolos es una tarea esencial para comunicarse con el yo inferior. La cartomancia puede ser la actividad ideal para deleitarse en compañía de su yo inferior. Sugiero la consulta de libros serios sobre el tema, evitando aquellos que prometan resultados fantásticos, sensacionalistas.

Mi experiencia con las cartas ha sido muy provechosa. Empecé con el Tarot de Waite y con el tiempo desarrollé mi propia forma de barajar y servir las cartas: en cuatro filas, de siete cartas cada una, que para mi representan el mes lunar de aproximadamente veintiocho días. La influencia de los astros, en particular la luna, en el flujo de energías psíquicas es bien conocida. Una vez al mes me siento a solas, apago las luces de la habitación, enciendo una vela, toco música suave de fondo (e. g., guitarra acústica o arpa) y relajo el cuerpo y la mente como en el Ejercicio 2.1. Trato de usar la mayor solemnidad posible, consciente de que los "rituales" preparativos impresionan a mi Luis y lo estimulan a cooperar.

Seguidamente, formulo una pregunta a Luis referente a eventos ocurriendo en mi vida, como por ejemplo "¿Qué opina de las dificultades administrativas en mi oficina?" o "¿Qué consejo me da con respecto a la propuesta de fabricar y distribuir vino?" o "¿Cree que la junta directiva hace una evaluación independiente y justa de mi proyecto?" o "¿Vale la pena presentar solicitud para este nuevo empleo?" He llegado a concluir que entre más general la pregunta, mejor. Pocos problemas en la vida son tan sencillos como para permitir un simple "si" o "no" como contestación. Las respuestas más provechosas son aquellas en las que sencillamente pido un consejo o un punto de vista. Una vez establecido el propósito de la consulta, sirvo la primera fila de cartas y me detengo por unos minutos tratando de percibir los sentimientos que me llegan mientras contemplo las bellas figuras. Cuando me inicié en el proceso de lectura, hace algunos años, solía pausar para hojear en un libro la interpretación tradicional de cada carta o combinación de cartas. A través de los años, he llegado a memorizar sus significados y, lo más importante, he llegado a asociar algunas cartas con la ocurrencia de ciertos eventos. En otras palabras, he desarrollado mis propias correspondencias, mi propio lenguaje de comunicación con mi Luis. Eventualmente, es importante dejar de consultar los libros y confiar solo en la intuición propia, pero desde luego esto toma tiempo.

Es difícil encontrar cartas que correspondan a enseres o costumbres modernas, tales como la computadora o el correo electrónico, aunque algunas cartas se refieren al trabajo agrario y la comunicación verbal y se pueden adaptar para crear las correspondencias apropiadas. No se deje influenciar demasiado por las interpretaciones de los libros; use su propio criterio y siempre escriba en su diario la lectura, pues es fácil olvidarla a los pocos días. Igualmente, documente lo que finalmente ocurrió y comentarios que luego le permitirán mejorar sus lecturas futuras. Agradézcale a Luis su trabajo y nunca le reproche si su juicio estaba incorrecto.

A lo largo de los años, mis sesiones de cartomancia se han convertido en una forma encantadora de relajarme y divertirme en compañía de Luis —en compañía de mí mismo. Incluso me sirvo una copa de mi vino favorito y me entrego a un diálogo delicioso. Luis me ha dado un entendimiento fuera de lo común; he aprendido a asociar ciertas figuras en las cartas –i. e., caballeros, reyes, reinas– con individuos específicos, a los que les invento una historia de lo que está ocurriendo juzgando por las cartas aledañas. Las figuras y la historia reflejan con sorprendente exactitud lo que está ocurriendo en la actualidad, y a veces las posibles consecuencias futuras del asunto. Luis me ha revelado una desconfianza de ciertos individuos, un profundo afecto por otros, y sus objeciones serias con respecto a la ejecución de algunos proyectos.

Las respuestas más sabias parecen provenir del Yo Superior, y no de mi impetuoso yo inferior; siempre han demostrado ser correctas y a veces en verdad han presagiado un acontecimiento futuro. El más asombroso fue una lectura en la noche del 9 de Septiembre del 2001, que mostraba como tema central dos cartas del Arcano Mayor, la Torre y el Mundo, rodeadas a lado y lado por muchas cartas de espadas. La Torre enseña un edificio alto recibiendo la descarga de un rayo y generalmente presagia serias dificultades. Recuerdo que percibía mucha agonía y sufrimiento, pero pronto concluí que no se referían a mí. En este caso, la interpretación era literal. Como recordará el lector, Septiembre 11 del 2001 fue la fecha de los ataques a las torres del World Trade Center en Nueva York. A menudo Luis me da una respuesta que al parecer no tiene nada que ver con mi pregunta. Esto es bastante común, y hay que prestar atención especial, pues se sabe que el Yo Superior, a través del yo inferior, usualmente manifiesta *lo que uno necesita saber, no lo que uno quiere saber*.

El problema de adquirir destreza en la cartomancia es que pronto amigos y allegados le pedirán lecturas. Mi esposa, mi hija y casi todos mis amigos que conocen del pasatiempo invariablemente me piden que les lea las cartas. Siempre les recalco que el futuro rara vez está establecido, que la lectura sólo provee consejos y posibilidades que se avecinan, y que depende del sujeto afectado el aprovecharse de esas buenas circunstancias o evitar las malas tomando precauciones acordes. Si decide hacer lecturas a otros, nunca prediga eventos fatales, especialmente a individuos muy sugestionables. Si un tal acontecimiento aparece muy claro, cierre las cartas sin decir nada y olvídese del asunto. Su misión debería ser aconsejar, estimular y ayudar a los demás; nunca influenciar negativamente sus vidas.

El libro del destino de Napoleón

A lo largo de la historia, la gente ha optado por diferentes métodos de clarividencia. Incluso hombres tan calculadores y lógicos como Napoleón Bonaparte usaron formas de adivinación que les permitieran mejorar sus decisiones estratégicas, más allá de las limitaciones de la razón. El Libro del Destino de Napoleón (Deacon, 1977) cayó misteriosamente en mis manos un día mientras hojeaba libros empolvados en una librería de segunda mano. El autor describe sus obscuros orígenes en la antigüedad, la aplicación que le dio Napoleón y un medio de consultar el oráculo que suministra al yo inferior con una selección limitada de posibles respuestas a ciertas preguntas prescritas. Las respuestas están ordenadas en figuras, de tal forma que el yo intermedio no puede seguirlas con lógica. La dificultad es que algunas de las posibles preguntas parecen arcaicas o irrelevantes en el siglo XXI, así que es necesario crear una traducción de algunas preguntas a otras de mayor significado hoy en día, con las que el yo intermedio y el yo inferior estén de acuerdo. Por ejemplo, la pregunta "Infórmeme acerca de las características de la mujer con la que me casaré" podría ser traducida en lenguaje moderno como "Aconséjeme de la factibilidad y condiciones de la relación que voy a emprender."

Este sistema parece ser una versión más corta y más sencilla del I Ching, posiblemente desarrollado siglos después de este último. Provee respuestas rápidas y concisas a preguntas prescritas; algunas respuestas son enunciadas en lenguaje metafórico o alegórico que despierta sentimientos e ideas. Una vez más, las respuestas son reflexiones del punto de vista de su yo inferior sobre circunstancias presentes. Rara vez proveen una visión precisa del futuro, especialmente acerca de problemas complejos con variables intrincadas. En mi caso, con el Libro del Destino de Napoleón Luis me ha hecho desistir de muchos planes. Creo que él ha estado en lo correcto, pero no tengo forma de saber lo que hubiese ocurrido si hubiese ignorado sus consejos.

El I Ching

Otro sistema efectivo para desarrollar la intuición es el misterioso I Ching o el Libro de los Cambios chino. Es un libro muy antiguo de origen desconocido con abundantes símbolos y consejos muy sabios que lo pueden mantener ocupado por años. Existen varias traducciones a lenguas occidentales que enfrentan la dificultad de interpretar símbolos arcaicos representados por caracteres chinos muy antiguos. Mi versión favorita es una traducción reciente del maestro taoísta Alfred Huang (1998), un sabio de respetada tradición. El I Ching es tan interesante y atractivo como las cartas del Tarot, excepto que el primero nos empapa de la omnisciencia inmutable de los sabios de la antigüedad. Cada usuario necesita desarrollar su propio medio de consultar el oráculo; incluso algunos autores proveen las monedas y los cristales como alternativa a los palitos que son tan tediosos. El proceso de barajar el medio seleccionado ubica la mente en estado meditativo y culmina en la lectura del correspondiente Gua, que abunda en alegorías y símbolos de gran profundidad. La interpretación puede ser difícil, pero releyendo y meditando sobre las respuestas se puede llegar a esclarecer la solución a un problema. En mi opinión, el I Ching permite un acceso indirecto al Yo Superior.

El I Ching me llegó en una etapa en mi carrera en la que la complejidad de la política institucional y las dificultades en las relaciones laborales absorbían todas mis energías. Mi experiencia con el oráculo ha sido una revelación; no es sencillamente un sistema de adivinación. Las respuestas suministran consejos muy precisos acerca de qué acciones tomar, cuáles evitar y del sentido y propósito mismo de la vida. La relevancia de las respuestas es realmente sorprendente. Durante los años que lo utilicé, consulté sobre problemas complejos, como por ejemplo si debería demandar legalmente a alguna institución para recuperar daños o si debería denunciar públicamente lo que parecía ser corrupción administrativa. Estos asuntos eran intrincados y no permitían una respuesta sencilla. Invariablemente, las respuestas no sólo reflejaron lo enmarañado de las situaciones, sino también suministraron gran entendimiento y posibles alternativas. Como ejemplo, quisiera compartir una de las preguntas, y fragmentos de su respuesta, extraída de mis notas:

Abril 28. Pregunta: ¿Qué consejo me puede dar para superar la situación actual en el trabajo? Respuesta: Gua 47 –Kun– Agotando. "Kun significa pasar trabajo y dificultad. Sugiere una posición o situación difícil. En la antigüedad significaba estar rodeado de enemigos, pasando pobreza, sufriendo de cansancio extremo o agotado... el agua es drenada, las energías vitales se han agotado... lleno de restricciones, obstáculos, oprimido y agotado. La situación parece ser muy triste y sin esperanza, pero este es el mejor momento de ocultar las habilidades y matar el tiempo. Cuando se está agotando, uno todavía debe buscar la prosperidad, la tranquilidad, y permanecer constante y

EL YO INFERIOR

persistente. Sólo el sabio posee estas cualidades, que le traerán buena fortuna. En el espíritu del I Ching, una situación agotadora lleva consigo las semillas de una gran regeneración. El sabio acepta toda situación con fe y tranquilidad. Pocos son los que comprenden y creen en esta verdad... Silla, agotado, sentado en el tronco de un árbol. Entrando en un valle de lágrimas. Tres años, uno no sobresale... El virtuoso y el sabio pueden caer en una situación de destierro, pero esto sólo es una condición temporal, pues ellos saben practicar el examen de consciencia y arrepentirse; aprenden de sus errores del pasado. Puede que los bribones triunfen por un tiempo, pero de seguro terminarán desterrados; no pueden comprender la ley de causa y efecto –el que le haga daño al prójimo, tarde o temprano se hará daño a sí mismo ..."

El texto anterior describe con precisión una situación muy difícil en mi carrera. Durante tres años fui nombrado jefe de departamento –en inglés "chair," literalmente "silla" para sentarse– de una universidad estatal importante. Nótese en la lectura las referencias a silla, sentado en el tronco de un árbol por tres años. En este trabajo me encontraba rodeado de enemigos por todas partes y tuve que enfrentar corrupción institucional y falta de ética por parte de administradores a todos los niveles. Denunciar esta situación no resolvió el problema, sino que trajo represión contra mí. Es interesante recalcar que el texto no sólo describe la situación, sino que también sugiere que hacer. Lo que reproduzco anteriormente es un fragmento del Gua, que en realidad contiene mucho más para discernir y analizar, y muchos símbolos enigmáticos que todavía no comprendo. En el futuro dedicaré más tiempo al estudio de la sabiduría del I Ching.

La interpretación de los sueños

El tema de la interpretación de los sueños es verdaderamente fascinante. A través de la historia de la humanidad, los sueños han sido usados para predecir el futuro, interpretar los deseos de los dioses, sicoanalizar pacientes e interpretar el significado oculto del inconsciente colectivo. Existen cientos de libros dedicados a los sueños y a la interpretación de los sueños. Dentro del contexto de Huna, hacemos hincapié en la importancia del tópico para comunicarse con el yo inferior, y algunas veces con el Yo Superior, para recibir sus puntos de vista, sus consejos y sus sentimientos con respecto a ciertos asuntos. La mayoría de la gente ignora o desprecia sus sueños. En un mundo en el que los sucesos externos reciben casi toda nuestra atención, los acontecimientos sutiles del interior son menospreciados. Muchos declaran que nunca sueñan o que no saben interpretar el contenido de los sueños. Aun así, pasamos cerca de un tercio del tiempo durmiendo y la información que nos llega durante este estado se olvida rápidamente al despertar. Cuando dormimos, el cuerpo se relaja, pero sus funciones vitales siguen operando bajo el control del yo inferior, que nunca descansa. En cambio, el yo intermedio pierde consciencia y control de los músculos voluntarios cuando duerme. El juicio y el raciocinio son suprimidos durante ciertos estados del sueño, permitiéndole así al yo inferior a que asuma control de la consciencia y se exprese de la única forma que sabe hacerlo, a través de símbolos. El sueño es básicamente una creación del yo inferior, que toma su contenido onírico de recuerdos visuales, táctiles y auditivos sacados de su gran banco de memoria, y los transforma ingeniosamente en una nueva historia. La mayoría de los sueños son comunicaciones espontaneas de su yo inferior a su yo intermedio. Por esta razón enfatizo la gran importancia que constituye el aprender a interpretarlos.

El primer paso para aprender a interpretar los sueños es declararle a su yo inferior que de ahora en adelante usted quiere recordarlos y estudiarlos como se merecen. Cada noche, al disponerse a dormir dígale a Luis que usted reconoce la importancia de los sueños y que quiere recordarlos al despertar. Se dará cuenta que Luis obedecerá y lo recompensará con un aumento en la actividad onírica. En su mesa de noche tenga listo su diario o una grabadora y tan pronto se despierte documente su sueño lo más que pueda; de otra forma, en el transcurso de un par de minutos el recuerdo de gran parte del sueño se desvanecerá. Previamente, coméntele a su compañero o compañera sus intenciones y si no quiere molestar diríjase a una habitación contigua a hacer sus anotaciones.

Ahora necesita un buen libro acerca de la interpretación de los sueños. Una buena idea es hojear los libros en la sección de ocultismo de su librería local y seleccionar uno que le llame la atención. Evite como la plaga aquellos diccionarios de sueños que reclaman predecir el futuro. Pocos sueños son premonitorios; la mayoría son sólo un mensaje del yo inferior con opiniones, sentimientos y deseos concernientes a algún aspecto de su vida presente o pasada. Nadie en absoluto puede interpretar sus sueños; usted es el único calificado para interpretar sus propios sueños. Igualmente, evite libros con llamados sensacionalistas acerca del poder de los sueños. Lo que necesita es un libro serio que clasifique temas generales de sueños, y símbolos de sueños, con su interpretación amplia y posibles significados de acuerdo a las diversas culturas y condiciones. Por ejemplo, algunos libros mencionan el soñar con una casa como una representación de su propio cuerpo, y las habitaciones y muebles en esa casa como símbolos de partes de su cuerpo. Sin embargo, sólo usted está en capacidad de juzgar la relevancia o exactitud de esa afirmación. Si para usted una casa significa algo más, tal como seguridad o protección, entonces este sentimiento constituye el significado correcto. Una vez documentado su sueño, revíselo al día siguiente y lea en su libro la interpretación que usualmente se le da a los diversos símbolos que aparecen en el sueño. Simultáneamente, tenga en cuenta los sentimientos que le llegan con respecto a la interpretación. ¿Siente que es en verdad la interpretación correcta? ¿Le parece que la descripción del libro es irrelevante? Obedezca a su intuición y escriba en el diario su propia interpretación.

En particular, hay dos libros (Pipitone, 1996; Parker y Parker, 1998) que en el pasado me han ayudado a aprender el "vocabulario" simbólico de mi yo inferior. Para comprender el significado general de símbolos tradicionales, un diccionario excelente aparece en Cooper (1978). Para una descripción extensa de símbolos véase Nozedar (2008). A medida que aprenda y se familiarice con el lenguaje de los símbolos, mejorará su comunicación con el yo inferior. Irá creando un medio de diálogo que le permitirá interpretar sueños, al igual que otros mensajes del yo inferior. Por otra parte, le será posible iniciar un diálogo en forma de símbolos que le ayudarán a modificar su comportamiento o hacer cambios profundos en su personalidad. Por ejemplo, es posible implantar en su inconsciente un símbolo particularmente positivo e intenso. Si lo hace dentro del contexto de un ritual, o de cualquier otro acto físico que le llame la atención e impresione al yo inferior, obtendrá resultados más profundos y duraderos. Cualquier libro acerca de símbolos, mitos o mandalas incrementará sus conocimientos en esta área. Por ejemplo, un libro muy interesante acerca del análisis y aplicación de símbolos detrás de los cuentos de hadas infantiles fue escrito por Catford y Ray (1991). Acerca de los símbolos planetarios y su relación con la cábala y la cartomancia véase Sóror A. L. (1996).

Adquiera el hábito de documentar e interpretar sus sueños; es una experiencia muy productiva y muy satisfactoria. Los sueños proveen información oculta que usualmente no está disponible a nuestra consciencia. Los fines de semana por la mañana, suelo quedarme leyendo en la cama y disfrutando de momentos agradables con Luis, mientras saboreo una taza de café e interpreto el sueño de la noche anterior. Leo posibles interpretaciones en los libros, intento descifrar posibles combinaciones entre los diferentes símbolos, consulto con Luis para ver cómo se siente y finalmente culmino con una interpretación que percibo como correcta. Usualmente, mis sueños expresan los sentimientos de Luis con respecto a alguna situación de trabajo, algún antojo en particular, deseos de satisfacer alguna parte descuidada de mi vida, un punto de vista con respecto a un jefe o un colega o una opinión acerca de un proyecto futuro. Los sueños también sugieren que hacer, o no hacer, en una situación dada. En suma, este ejercicio constituye una forma adicional de disfrutar de mi propia compañía y aprender de mi mismo.

Otras formas de desarrollar la intuición
Existen cientos de métodos de "adivinación," que no son más que medios de comunicarse con el yo inferior y desarrollar la intuición. Ciertas técnicas se han popularizado en cada cultura y grupo étnico. Una costumbre tradicional entre señoras de Bogotá, Colombia, es el disfrute de las "onces" o el refrigerio de media tarde durante los días de semana. El plato principal de las onces es una taza del típico chocolate santafereño, es decir chocolate caliente con leche, azúcar y canela, batido a la perfección en olla especial con molinillo de madera que le

imparte una espuma, aroma y espesura características. El chocolate se sirve en tazas de porcelana primorosamente pintadas a mano, rodeadas de platillos con galletas, pan recién horneado, varias clases de quesos, y otros dulces. La organización de las servilletas, los platos, y las cucharitas es muy precisa y recuerda los rituales del té en Inglaterra y en la China. El disfrute sosegado de las onces es una disculpa para la conversación lenta y el goce de la amistad. Esta es una deliciosa costumbre ancestral, que la modernidad no ha logrado eliminar. Desde los años de mi infancia, mi mamá me llevaba a tomar las onces con sus amigas, en ese entonces obligado. Hoy en día, descubro con alegría que cada vez que voy a Bogotá puedo disfrutar de muchas invitaciones a tomar las onces en casa de amigas mayores que me dejó mi mamá, que me vieron crecer y que fueron ejemplos de formación y moralidad. Pero la historia de las onces incluye un aspecto muy significativo aquí. Entre las participantes, a veces se encuentra una señora con habilidades clarividentes para la lectura de la taza de chocolate. La persona que desea una lectura, debe voltear la taza boca abajo una vez que terminó de tomársela. Hay que esperar un tiempo hasta que los depósitos remanentes de chocolate se sequen en la taza. Cuando esto ocurre, la lectora voltea nuevamente la taza boca arriba y empieza a interpretar las misteriosas figuras abstractas creadas por los depósitos de chocolate. Desde pequeño, recuerdo que la lectura era increíblemente precisa. La lectora es capaz de contactar e interpretar al yo inferior del sujeto, utilizando los sentimientos que su propio yo inferior percibe en las figuras del chocolate. El sujeto escucha atónito cómo la lectora describe con precisión su pasado, presente y a veces su futuro. Muchas veces he intentado interpretar mi propia taza de chocolate con poco éxito, pero se con certeza que es una buena forma de desarrollar la intuición.

Hay gente que tiene la habilidad de leer el tabaco o el cigarrillo. Otros pueden ver la vida en perspectiva de una persona interpretando las líneas en la palma de la mano de un sujeto. La taza de chocolate, las cartas del Tarot, la quiromancia, la cartomancia, el péndulo, la observación de los cristales, son todas herramientas para amplificar los impulsos del yo inferior y facilitar la comunicación estableciendo un lenguaje simbólico en común. Explore estas alternativas y escoja un método que su yo intermedio y su yo inferior disfrutan y con el que se sientan cómodos. Lo ideal es poder comunicarse con el yo inferior directamente a través de sentimientos y sueños, pero si encuentra algún método que facilite el diálogo y le ayude a desarrollar la intuición, que así sea. Recuerde las reglas que describimos anteriormente. Use estas herramientas para comunicarse con su yo inferior e interpretar sus impulsos (i. e., para hacer lecturas propias). Las lecturas que haga se refieren a su pasado y a su presente, y rara vez a su futuro. Si decide hacer lecturas a los demás –y esto ocurrirá tan pronto como sus allegados se enteren de sus habilidades–, dígales que la lectura no es más que el inconsciente de ellos expresándose acerca de las condiciones pasadas y presentes. Si una lectura muestra algo que parece ser el futuro del sujeto, afírmele que se trata de un futuro probable dadas las condiciones actuales, y que los hechos futuros siempre se pueden promover o cambiar sencillamente actuando de una u otra forma. Aconseje a sus amigos con las lecturas, pero nunca presagie un acontecimiento fatal, tal como la muerte de un familiar, aun si es obvio. Recuerde que las palabras y los pensamientos propagan energía, pueden impresionar el yo inferior de seres no encarnados y precipitar eventos indeseables. Por último, nunca invite a espíritus de muertos a que lo ayuden en ninguna lectura o en ningún acto. Manipular a otros espíritus –o de hecho a otras personas– es una actividad por demás peligrosa. El propósito de la vida es conocer y utilizar *sus propios espíritus*, especialmente y en última instancia a su Yo Superior o Maestro Interior.

Ayudar a otros con el yo intermedio y el yo inferior

Hasta ahora, hemos hablado acerca del uso de las habilidades latentes del yo inferior, en conjunto con las habilidades analíticas del yo intermedio, con el propósito de tomar mejores decisiones. Por ende, la destreza del yo inferior puede ser usada para ayudar a otros. Escuchando atentamente con la cooperación de su yo inferior, puede analizar la información verbal y visual de su compañero(a), su colega o su amigo(a). También puede percibir el lenguaje no verbal, las claves ocultas que su interlocutor no comunica o cuya existencia desconoce porque son inconscientes. Un buen consejero es capaz de percibir los sentimientos ocultos del paciente, las emociones y actitudes de las que no está consciente. Escuchando con sinceridad, sin juzgar ni comentar, usted puede convertirse en un amigo ideal. A veces, eso es lo único que tiene que hacer. Cuando su yo inferior percibe angustia en el yo inferior de su interlocutor, usted puede hacer las preguntas apropiadas e indicarle a su amigo la dirección correcta. Nunca se jacte de su habilidad para comprender los problemas de los demás ni se sienta de más por ello. Nunca sugiera una solución, a menos que la otra persona específicamente le pida una opinión. El objetivo es que su colega o amigo encuentre por sí mismo la mejor solución y no convencerlo de que haga lo que usted piensa que es lo mejor para él o ella; hay una diferencia fundamental aquí. El que da un consejo sin ser pedido, asegura su superioridad sobre el aconsejado; es por esto que hay pacientes que detestan más al terapeuta que a la enfermedad misma.

Hace algunos años, participé en una clase de alquimia en San José. En una de las sesiones, el instructor se refirió a cierto tipo de fenómenos paranormales y pidió a los participantes que compartieran alguna experiencia al respecto. Una venerable dama de avanzada edad se levantó y describió con detalles una larga vida de experiencias insólitas en las que aparentemente ella había sido objeto de experimentos de seres extraterrestres. Entre sus historias, se encontraban relatos de mucha angustia que incluían secuestros temporales a otros lugares y el colapso de la percepción objetiva del tiempo y el espacio. Evidentemente, el recordar estas experiencias le trajo consigo mucho estrés. La clase terminó interrumpiendo su relato. Todos los participantes se levantaron de su escritorio medio atónitos de haber escuchado una historia tan fantástica, mientras que lentamente abandonaban el salón, pero sin poner mucha atención a la señora. Luis me comunicó una sensación muy profunda de pesar y soledad proveniente de ella. Me le acerqué preguntándole "¿me permite abrazarla?" A lo que ella exclamó "¡ay sí, por favor!" mientras que sollozando arrojaba sus brazos sobre mí. Mientras la abrazaba fuertemente, le repetí con firmeza "ya pasó, aquí está segura, todo va a salir muy bien de ahora en adelante." Al día siguiente, se me acercó en la clase y me expresó su gratitud diciendo que se sentía mucho mejor. Un poco de tacto, un poco de atención, un simple acto de presencia y apoyo es lo que muchos necesitamos. Cuando empiece a poner atención a su yo inferior, usted podrá ofrecer a los demás un apoyo maravilloso.

La anécdota anterior ilustra la aplicación de dos de los pasos del método Kahuna de cura, *lomilomi*: estimulación física (i. e., en este caso el abrazo caluroso), y el uso de sugestión positiva (i. e., palabras insistiendo firmemente a la persona que ahora se encuentra segura). El tratamiento ideal incluye adicionalmente el tercer paso, que consiste en la proyección de maná de las manos del terapeuta al paciente. Este maná es energía vital adherida a un cuadro mental de completa salud y bienestar del paciente. En el siguiente ejercicio, tendrá la oportunidad de practicar los tres pasos de lomilomi. En el contexto de este capítulo, enfatizamos el uso del yo inferior para curar. Quiero recalcar que este método no debe reemplazar la atención médica que requiere una enfermedad crónica. Lomilomi realza cualquier otro tratamiento que el paciente esté recibiendo y en general puede ser empleado para tratar molestias menores, dolores, estrés, insomnio, espasmos, neuralgias, fatiga, etc. No obstante, no veo porqué no pueda aplicarse a otras condiciones más severas para complementar otras terapias. A la edad de noventa años, mi mamá sufre de una deformación incurable de la columna que la mantiene con dolor permanente. Esto no me impide aplicarle un tratamiento cada vez que la visito, el que resulta en un alivio temporal de su dolor. Por mi parte, tiendo a acumular estrés en el cuello y los hombros, especialmente después de horas mirando a un monitor de computador. A veces, mi esposa me aplica un masaje al tiempo que proyecta maná y me sugiere tranquilidad. El resultado siempre es un estado de calma profunda.

Este libro no pretende convertir al lector en un terapeuta. Sin embargo, todos disponemos de habilidades curativas que podemos emplear para ayudar a otros, especialmente a nuestros seres queridos. Un buen padre –madre, compañero o amigo–, siempre está dispuesto a ayudar en momentos difíciles. Esta responsabilidad no se limita a asuntos financieros, sino que incluye problemas físicos y emocionales. Una vez más, recalco las reglas de ayudar o curar a otros. Solamente ayude a familiares o amigos cercanos y nunca a extraños; recuerde el riesgo de una demanda legal. Aplique tratamientos sólo cuando usted se sienta bien y en buen estado de ánimo. Nunca ayude a alguien que no desea recibir ayuda o a alguien que usted resiente; el tratamiento será inefectivo y al final usted se sentirá drenado. Lomilomi debe ser un acto de amor para ayudar a individuos que estén preparados para recibir ayuda. Nunca trabaje con personas que van a ridiculizar sus esfuerzos o que no quieren recibir ayuda. La enfermedad constituye una forma de resolución o reacción ante ciertas circunstancias negativas. Cuando la enfermedad se cura, el paciente pierde la habilidad de enfrentar, aunque sea imperfectamente, su condición de vida. Por último, nunca comparta con otros la condición o el tratamiento que le aplicó a una persona. Siéntase honrado y con gratitud si tiene éxito; nunca se jacte de sus habilidades.

Ejercicio 3.4: Curar con el yo inferior

Objetivo
Practicar el método Huna para curar utilizando el yo inferior. Asistir a otros en el alivio de enfermedades menores.

Procedimiento
Cuando desee ayudar a alguien a aliviar algún problema de salud, improvise en la aplicación del método Huna para curar. Por ejemplo, si su esposa, su hijo o pariente sufre de estrés o dolor, pregúntele si quiere que le aplique una "terapia energética" –o cualquier otro nombre que no choque con las creencias del sujeto. Si está de acuerdo, siga los pasos a continuación.

Estimulación física. Invite a la persona a que tome un baño en la tina. Disuelva en el agua aceites o hierbas acromáticas, tal como el jabón de Castilla, que es hecho de aceites de oliva, lavanda y menta. Frote el cuerpo del paciente con una esponja suave. Si el baño no es posible, siente a su paciente en una silla cómoda o tiéndalo en la cama y aplíquele un masaje del cuerpo. Hay muchas otras formas de estimulación física; sea creativo. Cualquier actividad que la persona no practica regularmente ayudará a impresionar su yo inferior. Por ejemplo, invítelo a un baño turco, un baño sauna o una caminata por el bosque.

Sugestión positiva. Mientras aplica el masaje, dígale al sujeto que el agua está lavando y disolviendo la enfermedad, el dolor, todas las dificultades. Repita esto una y otra vez en voz suave pero firme. Le está ordenando al yo inferior de la persona a que se cure, y recuerde que el yo inferior no puede comprender que el agua no puede lavar el dolor.[1]

Acumulación de maná. Deje al sujeto descansando por unos minutos, mientras usted se retira a otra habitación. Siéntese, cierre los ojos, pídale a su yo inferior que acumule una gran provisión de maná y respire profundamente por lo menos veintiún veces. Mientras respira, imagine que el maná se concentra en sus brazos y manos con el propósito de curar. Una sensación de calor fuerte invadirá sus manos. Cuando sienta que ha almacenado una provisión suficiente de maná, pídale a su yo inferior que la mantenga en sus manos hasta que pueda proyectarla sobre el paciente.

Construcción de un cuadro mental de cura completa. Ahora imagine la parte afectada del paciente completamente curada y restablecida. En su mente, vea al paciente totalmente sano y vigoroso. La parte afectada del sujeto puede ser la cabeza (e. g., dolor de cabeza), los hombros (estrés), el estómago (indigestión, ansiedad crónica), las coyunturas (artritis), el pecho (resfriado, asma, alergia respiratoria). Puede ser todo el cuerpo, como en el caso de problemas circulatorios. Su cuadro mental no debe incluir la enfermedad; en su lugar, imagínese al paciente después de una recuperación completa, como si fuera un milagro. Por ejemplo, si el paciente sufre de una quemadura en el brazo, imagínese la piel completamente sana y normal –no incluya ninguna quemadura en el cuadro. Agregue un sentimiento de alegría y bienestar a su imagen. El cuadro mental de salud perfecta se adhiere al maná acumulado. Manténgalo en su mente por un minuto aproximadamente.

---

[1] Esto no es enteramente correcto. Desde la antigüedad se sabe que el agua es capaz de absorber energía, buena o mala, y bañarse o lavarse es parte integral de muchos rituales de purificación. Para una discusión estimulante acerca de las propiedades curativas y psíquicas del agua véase Batmanghelidj (2003), Ryrie (1999), Schauberger (1998), y Ramacharaka (1937b).

Proyección del maná. Ahora acérquese al sujeto e indíquele que permanezca relajado. Pose sus manos sobre la parte del cuerpo afectada, una a cada lado de la herida si la herida es visible. Si no es posible tocar al paciente, mantenga sus manos a unos pocos centímetros encima de la parte afectada. El maná puede proyectarse a través de hilos de cuerpo psíquico desde sus manos hacia el paciente. Cierre los ojos, concéntrese en sus manos e imagine que el mana y el cuadro mental se transmiten de sus manos a la parte afectada del paciente y que este se halla completamente sano. Si es posible, agregue sugestión verbal en una forma solemne, expresando que todo está completamente sano y en perfectas condiciones. Así se logra que el yo inferior del paciente se impresione y coopere con la cura. Este tratamiento puede durar un minuto más o menos, al cabo del cual infórmele al paciente que el tratamiento terminó. Inmediatamente después, lávese las manos mientras que mentalmente se repite que todos los problemas del paciente se marchan. De esta forma, elimina la posibilidad de que absorba alguna componente psíquica de los problemas del paciente. Documente su experiencia. Si es posible, después de media hora puede repetir la última parte del experimento para reforzar el tratamiento.

Posibles resultados

Si una cura extraordinaria ocurre es porque el Yo Superior intervino, como veremos en el Capítulo 4. La mayoría de las veces, nuestros esfuerzos redundarán en que el sujeto se sienta más cómodo y se acelere el proceso de recuperación de muchas enfermedades. Con el tiempo y la práctica, usted descubrirá habilidades curativas que ignoraba. Max Freedom Long documentó muchos casos de curas de enfermedades, desde dolores de cabeza hasta artritis, con su grupo de investigación internacional de Huna.

Resumen

Los pasos resumidos de este experimento son los siguientes:

1. ***Pida el consentimiento de paciente.*** Cuando quiera ayudar a un familiar o amigo a aliviar una enfermedad, pregúntele si desea ser ayudado.

2. ***Aplique estimulación física.*** Si el paciente está de acuerdo, comience por aplicar cualquier tipo de estimulación física, tal como un baño, masaje, etc.

3. ***Emita afirmaciones positivas.*** Mientras aplica estimulación física, repita una y otra vez palabras sugiriendo que el sujeto se está mejorando rápidamente.

4. ***Acumule una gran cantidad de maná.*** Deje al paciente descansando, mientras usted recarga su cuerpo con una buena provisión de maná, respirando profundamente varias veces. Imagine que el maná se concentra en sus brazos y manos. Cuando sienta que tiene una buena carga de energía, ordénele a su yo inferior que la retenga en sus manos hasta que pueda proyectarla al sujeto.

5. ***Adhiera al maná un cuadro mental de salud perfecta.*** Imagine el cuerpo, o la parte afectada del cuerpo, del paciente en perfecta salud. Ordene a su yo inferior que genere un gran sentimiento de amor y deseo de salud por el paciente. Mantenga esta imagen y sentimiento por un minuto aproximadamente.

6. ***Transfiera el maná al paciente.*** Ahora acérquese al sujeto, dígale que se quede tranquilo, pose sus manos sobre la parte afectada del cuerpo, cierre los ojos e imagine que el maná –con el cuadro mental positivo– se transfiere de sus manos al cuerpo del paciente. Si es posible, simultáneamente afirme enfáticamente que todo está completamente resuelto y en perfecta salud. Mantenga el tratamiento por un minuto aproximadamente.

7. ***Termine el tratamiento.*** Informe al paciente que el tratamiento terminó, déjelo reposando por unos minutos y lávese las manos mientras que se imagina que todas las condiciones adversas del paciente se las lleva el agua. Documente los resultados y si es posible repita los pasos 5 y 6 después de media hora.

En este momento, usted se preguntará si el experimento anterior puede ser usado para curarse a sí mismo, y la respuesta es que si. Sin embargo, el ritual, la energía y el cuadro mental preparado para usted por otra persona, especialmente si es alguien que usted respeta, puede ser más efectivo. Claro que esto no es un obstáculo para que deje de intentarlo. Curarse a sí mismo es un derecho natural. En este caso, necesitará aplicar auto estimulación física y simultáneamente autosugestión positiva a su yo inferior. El acumular maná en sus manos y el posarlas sobre la parte afectada de su cuerpo siempre trae consigo una mejora en la salud, aun si no se nota ningún efecto inmediato. Los efectos serán más pronunciados si aplica este tratamiento para complementar otras terapias, que en conjunto le suministran a su yo inferior un mensaje claro de que usted debe sanar. En el Capítulo 4, discutimos el procedimiento para contactar al Yo Superior para curar. En el Capítulo 5, tratamos el problema de la cura de las dolencias emocionales utilizando nuevas terapias energéticas. La eliminación de emociones negativas es un requisito indispensable si queremos tener éxito a la hora de contactar al Yo Superior. Si el lector desea profundizar más en su desarrollo psíquico, sugiero que solicite información a una de las organizaciones iniciáticas tradicionales que imparten enseñanzas privadas en la materia. Tales enseñanzas han sido celosamente protegidas a través de los siglos y transmitidas a estudiantes en forma privada, incluso hasta nuestros días. Mucha de esta información no se consigue en libros. Por ejemplo, hay muchos libros que describen diversos métodos de proyección psíquica (i. e., el desdoblamiento o viaje astral). No obstante, las técnicas de algunos libros son inefectivas e incluso peligrosas. El aspirante debe buscar instrucción detallada y segura en las organizaciones tradicionales auténticas. Por otra parte, recalcamos de nuevo, el desarrollo psíquico no es un requisito para el desarrollo espiritual. El desarrollo espiritual usualmente, aunque no siempre, trae consigo un correspondiente desarrollo en las habilidades psíquicas.

"El descubrimiento más grande en la vida de un hombre o una mujer, es que existe un Yo Superior. El segundo gran descubrimiento, es cuando se aprende y se pone en práctica el método para cooperar con él."

Max Freedom Long (Long, 1953)

4.
EL YO SUPERIOR
Su consciencia suprema

En los capítulos anteriores estudiamos los dos espíritus inferiores humanos. Aprendimos que el yo intermedio dispone de raciocinio inductivo y deductivo, de la habilidad del lenguaje y de la fuerza voluntad. Su misión es cuidar del cuerpo, ganarse la vida, tomar decisiones, aprender de las escogencias y, lo más importante, guiar y aconsejar al yo inferior en su camino evolutivo. También aprendimos que el yo intermedio tiene una memoria limitada y tiene que delegar al yo inferior la función de almacenar, manejar y recuperar los recuerdos. Por su lado, el yo inferior es el menos evolucionado entre los espíritus humanos, tiene una memoria excelente, alberga sentimientos, pero su capacidad de razonamiento es limitada, por lo que debe delegar esta función al yo intermedio. El yo inferior está a cargo del manejo de todas las funciones autonómicas del organismo, de procesar información proveniente de los sentidos y de ofrecerla al yo intermedio para su debido análisis.

El yo inferior tiene la capacidad de fabricar maná, o fuerza vital, a partir de los alimentos que ingerimos y del aire que respiramos. Maná es la energía requerida para ejecutar las funciones vitales del organismo, pero también el yo intermedio lo necesita para expresar su fuerza de voluntad y para el ejercicio del raciocinio y el pensamiento. El yo inferior es igualmente susceptible de sugestión y fácilmente impresionable. El yo inferior también tiene habilidades latentes loables, tales como la posibilidad de percibir intuitivamente por medios diferentes a los sentidos. Para ello, el yo inferior puede proyectar hilos delgados de su cuerpo psíquico y adherirlos a objetos externos o a cualquier individuo con quien tengamos contacto visual. Estos hilos pueden transmitir maná que el yo inferior utiliza para enviar información al objeto o extraerla de él. La información así obtenida, el yo inferior se la ofrece al yo intermedio en forma de sentimientos intuitivos. Por lo tanto, el yo intermedio y el yo inferior poseen sus propios cuerpos psíquicos envolventes. El cuerpo psíquico, o cuerpo astral, es invisible a los ojos pero se puede percibir con nuestra "visión psíquica" si estamos lo suficientemente sincronizados (e. g., en estado de calma contemplativa). El cuerpo psíquico del yo inferior es como una reproducción o copia invisible de cada órgano y cada célula de nuestro organismo.

El Yo Superior o *aumakua*

Nos concentramos ahora en el estudio del Yo Superior, que es el tercer espíritu humano y el más evolucionado. A través de la historia de las religiones y de las diferentes culturas, esta entidad ha tenido muchos nombres, tales como el ángel de la guarda, el súper consciente, el maestro interior. Los Kahunas le llamaron el *aumakua*, que quiere decir "el espíritu paternal de confianza absoluta." Algunas religiones de la antigüedad identificaron al Yo Superior como Dios. Sin embargo, esta asociación es sólo parcialmente correcta. En verdad, el Yo Superior hace parte de Dios, pero también es una parte integral de nosotros; nos suministra una conexión con Dios, pero no es Dios Absoluto. Como dijimos, el Yo Superior es el más evolucionado entre los espíritus humanos. Los Kahunas creían que se trataba de un *uhane* más viejo, es decir un yo intermedio que progresó hasta convertirse en un *aumakua* y recibió una nueva misión consistente en guiar y aconsejar a dos espíritus inferiores –un yo intermedio y un yo inferior– de un individuo asignado a su cargo. Según los Kahunas, el conocer al Yo Superior le da a un ser humano el entendimiento más cercano que puede tener de Dios, pero no es posible para la consciencia imperfecta del yo intermedio –o la del yo inferior– llegar a comprender la esencia misma de Dios, tal y como es imposible para un pez o un insecto conocer y comprender a los humanos.

Además de una íntima asociación con sus espíritus inferiores, su Yo Superior trabaja en directa colaboración con el Yo Superior de otros individuos. Esto es lo que la tradición Huna llamaba "la compañía de *aumakuas*." Cualquier cosa que el yo intermedio o el yo inferior necesita puede ser manifestado por el *aumakua* individual y a veces con la colaboración de la compañía de *aumakuas*. El Yo superior puede acceder planos de consciencia aun más elevados. Los Kahunas comprendieron que los humanos no tienen porqué descifrar aquellos planos superiores, y que la misión del aumakua es ayudar al yo intermedio y al yo inferior a que adquieran una consciencia más evolucionada.

Sabemos que el yo intermedio manifiesta raciocinio y pensamiento inductivo, y que el yo inferior expresa sentimientos, memoria e intuición. Por otra parte, el Yo Superior exhibe una forma elevada de pensamiento, que incluye raciocinio y sentimiento, pero que abarca un conocimiento universal. Max Freedom Long afirmaba que la palabra más cercana para describir este estilo de conocimiento era "realización," que es una forma de discernimiento que transciende razonamiento y emoción. Aquellas instancias en la vida en que nos sentimos particularmente inspirados a crear algo único, es cuando el Yo Superior nos llega y nos suministra una clase de sensatez que ni la lógica ni la intuición ni la emoción pueden superar.

Figure 4.1: La representación Kahuna del Yo Superior, exterior al cuerpo y unido a éste través de un hilo psíquico.

La localización del Yo Superior es una fuente de discusión entre los autores de Huna. Los Kahunas representaron al Yo Superior como una luz encima de la cabeza unida al yo inferior por un cordón invisible de cuerpo psíquico (véase la Figura 4.1). El cuerpo psíquico del yo inferior tiene la misma forma del físico, pues aquel es una réplica de cada miembro y cada célula del organismo. La representación de un Yo Superior externo al cuerpo coincide con la concepción del ángel de la guarda que nos sigue a todas partes y nos protege del peligro, particularmente cuando niños. No obstante, esta es una imagen parcialmente correcta, pues el Yo Superior hace parte integral de nosotros. Otras tradiciones conciben al Yo Superior residiendo dentro de nuestro cuerpo (véase la Figura 4.2). Algunas formas de oración religiosas incitan a sus seguidores a buscar a Dios en el corazón. Que el Yo Superior se encuentre dentro o fuera de nosotros es en realidad poco importante a la hora de conocerle y seguirle. Más adelante en este capítulo presentamos la plegaria Huna como método de contactar al Yo Superior para pedirle ayuda o consejo. En esencia, este método consiste en crear un cuadro mental, cargarlo con maná y enviarlo "a lo alto," lo que implica llegar al Yo Superior sobre nuestro cuerpo o simbólicamente a una escala de evolución más alta.

Tres espíritus, tres cuerpos psíquicos, tres tipos de maná
La concepción de tres formas de expresión de Dios es generalmente aceptada por muchos seguidores de las religiones más importantes del mundo. Sin embargo, la triplicidad del ser humano no es fácilmente reconocida por muchos. Esta trilogía puede estar encubierta en varios fragmentos de las escrituras antiguas que establecen que el ser humano fue "... creado a imagen y semejanza de Dios." Igualmente, la Tabla Esmeralda, atribuida a Hermes Trismegisto, dice "... lo que está arriba es como lo que está abajo y lo que está abajo es como lo que está arriba." Si somos un reflejo de la creación divina, y esa imagen la encontramos en todas las formas de la naturaleza, debemos concluir forzadamente que nuestros elementos de consciencia deben reflejar las tres formas de expresión que se encuentran en el cósmico.

Cada uno de los tres espíritus humanos exhibe una forma particular de pensamiento y evolución. Cada uno está envuelto en su propio cuerpo psíquico radiando su propia aura. Cada uno usa su propio tipo de maná para expresarse y trabajar en su ámbito. Entre más evolucionada es las consciencia, más sutil es su energía de operación. Esto es fácil de reconocer si observamos que todas las manifestaciones del universo tienen un carácter ondulatorio o vibratorio y por ende entre más elevada la mente, mayor la frecuencia de vibración.

Figura 4.2: Representación figurativa del los tres espíritus, cada uno con su cuerpo psíquico dentro del físico.

Por lo anterior, cada uno de los tres espíritus humanos emplea su propio tipo de maná para hacer su trabajo. El yo inferior es el único capaz de fabricar maná a partir de los alimentos y del oxígeno del aire. Este maná es el más burdo y es utilizado por el yo inferior en sus funciones metabólicas y fisiológicas. A su turno, el yo intermedio necesita maná para razonar y para el ejercicio de la fuerza de voluntad. El yo inferior suministra de este maná al yo intermedio, quien le incrementa su capacidad vibratoria para adaptarlo a sus necesidades. Por último, el Yo Superior también necesita maná, el cual es suministrado por el yo inferior en su forma más burda a través del cordón psíquico. El Yo Superior incrementa la capacidad vibratoria de este maná para ajustarlo a las necesidades operativas de su consciencia superior. En resumen, el yo intermedio y el Yo Superior necesitan del maná que sólo el yo inferior puede producir. Cada espíritu transforma este maná en formas energéticas más sutiles de acuerdo a sus necesidades.

Muy conocido en el mundo de la investigación psíquica es el hecho de que los espíritus de personas muertas necesitan maná de un cuerpo viviente para poder manifestarse y operar en el mundo físico. Abundan las crónicas que evidencian cómo espíritus bajos se las ingenian para adherirse al cuerpo psíquico de una persona débil, drenar su fuerza vital y obsesionar su mente con un sinnúmero de sentimientos destructivos. Mientras que nos es fácil entender que el yo intermedio necesita energía del cuerpo para poder hacer su trabajo, para muchos no es igualmente obvio que el Yo Superior también necesite el mismo tipo de energía para transformarla en una más elevada ajustada a sus labores. De la física sabemos que cualquier tipo de trabajo en el universo requiere de energía para su ejecución. Igualmente, la física nos enseña que formas de energía mecánica, tales como energía hidráulica o rotativa, pueden ser transformadas en otras mucho "más sutiles" como energía térmica o eléctrica. Entonces, deducimos que el Yo Superior, siendo una entidad del universo, debe seguir las mismas leyes para la ejecución de su trabajo que las entidades más bajas. Desde el punto de vista filosófico, algunas escuelas de pensamiento profesan que el propósito de la existencia es evolucionar en la escala de consciencia y que la única forma de lograrlo es encarnando en el plano físico y aprendiendo de las experiencias de la vida. Por lo tanto, el Yo Superior o maestro interior también necesita de un cuerpo físico y de energías fabricadas físicamente para poder efectuar su trabajo y evolucionar.

Es interesante observar los tótems o esculturas antropomórficas de algunas culturas aborígenes, que parecen como rostros o cuerpos de dos o tres animales superpuestos unos encima de otros. Algunos tótems de culturas norteamericanas muestran lo que parece ser una columna de madera compuesta de dos o más entidades, una sobre la otra. Muchas esculturas de piedra del Parque de San Agustín al sur de Colombia parecen ser figuras humanas compuestas de dos rostros, uno encima del otro, unidos por un cuerpo combinado. El Parque de San Agustín fue descubierto recientemente; fue habitado por una cultura que desapareció antes de la llegada de los españoles en el siglo XV y parece tener muchas similaridades con otras culturas precolombinas del continente. Una coincidencia muy interesante para nosotros es que las esculturas que muestran a un humanoide de cabeza doble han sido llamadas "el doble yo" por los arqueólogos (véanse las Figuras 3.1 y 3.2). No se tiene claro si el grupo de nomenclatura adoptó este nombre reflejando un conocimiento de la sicología humana (i. e., Freudiana) o sencillamente por coincidencia. La investigación arqueológica reciente sugiere que en la antigüedad existió una civilización global que exhibió muchas similaridades en su expresión artística (e. g., Ottolenghi, 1978). Es probable que las civilizaciones antiguas del mundo compartieran un conocimiento profundo de la dualidad sicológica del ser humano, es decir el yo intermedio versus el yo inferior, y que representaron esta idea en formas artísticas como la escultura y la cerámica (Morales Guerrero, 1997).

SIENTA LA PRESENCIA DEL YO SUPERIOR

La mayoría de las personas pasan la vida sin saber que tienen un Yo Superior que les cuida, que les protege de peligro, que está dispuesto a aconsejarlos y ayudarlos, y que siempre busca la forma de proveer todo cuanto necesiten. Muchos aceptan el concepto abstracto de un Dios *exterior* con características descritas por la religión que profesan. No obstante, la idea de que Dios –o parte de Dios– pueda encontrarse dentro de nosotros mismos fue considerada hereje en la antigüedad e incluso en la actualidad sigue siendo rechazada por las instituciones religiosas. He aquí lo que muchas tradiciones esotéricas, incluyendo Huna, postulan: que no se necesita de una iglesia ni de ninguna institución para contactar al Dios del corazón. Desde luego que las instituciones religiosas ayudan a comprender ciertos principios, proveen un ambiente que conduce a la oración y facilitan el encuentro de gente con ideas similares. No obstante, la responsabilidad de contactar, conocer y dialogar con su Yo Superior es sólo suya. Huna no está en desacuerdo con que practique una religión. Al contrario, la práctica de Huna le puede ayudar a comprender mejor su religión. No importa que tan versado sea en la liturgia de una religión, la responsabilidad de alcanzar un estado de iluminación con su Yo Superior descansa totalmente sobre sus hombros.

Otra diferencia fundamental entre Huna y cualquier religión formal es el concepto de "salvación." Si definimos salvación el alcanzar la Gracia de Dios y lograr la vida eterna, entonces los medios por los que se logra este objetivo son completamente diferentes en ambas prácticas. En la mayoría de las religiones, un profeta externo o un intermediario le otorga la salvación al creyente, mientras que en Huna esta es una responsabilidad individual. Es el seguidor mismo quien logra la llamada "salvación," gracias a sus pensamientos, palabras y acciones. Nadie puede hacer esa labor sino uno mismo. Por la aplicación persistente de los pensamientos, palabras y obras más elevadas; por el uso ejemplar de las mejores virtudes, es que el ser humano eventualmente llega a ese estado de realización. Ni Jesucristo ni Mahoma ni Buda pueden salvar al creyente. Lo único que estos profetas ejemplares pueden hacer es guiar, aconsejar, manifestar ciertas condiciones apropiadas e inspirar al ser humano a que siga el camino correcto. Depende de nosotros seguir ese camino, y hasta que no lo hagamos permaneceremos atados a este plano físico inferior, aprendiendo con el sufrimiento, cometiendo errores y modificando nuestro comportamiento de acuerdo a ello.

Este no es un libro de religión. Huna es un sistema sicológico sencillo, basado en conocimientos antiguos, que le pueden ayudar a eliminar sus fijaciones y complejos, a mejorar su salud y profesión, a lograr una vida tranquila y feliz con sí mismo y con los demás. Para obtener ayuda, un consejo o la manifestación de situaciones físicas of financieras deseadas, es necesario contactar regularmente a su Yo Superior. Más adelante describimos la "plegaria" Huna tradicional que es el método para alcanzar estos objetivos. Antes de eso, un requisito fundamental es reconocer y aceptar que existe un Yo Superior, que está dispuesto ayudarlo durante toda la vida y dispuesto a otorgarle cualquier cosa que le pida, mientras no se salga de ciertas normas descritas más adelante.

Reconozca a su Yo Superior por experiencias pasadas

La posibilidad de recibir ayuda del Yo Superior depende en gran parte de su habilidad para desarrollar y ejecutar una plegaria efectiva. Esto requiere tener una fe muy profunda en la existencia del Yo Superior y en su disponibilidad para ayudarle. Es imposible mandar una solicitud de una casa o un auto nuevo a una entidad que no creemos que existe. Si usted nota que duda de la sóla existencia de su Yo Superior, necesita empezar a reconocer su presencia si desea desarrollar una relación beneficiosa con él.

Muchos de nosotros somos demasiado lógicos o demasiado analíticos para aceptar algo que no podemos percibir con los sentidos. Los sistemas educativos de hoy son bastante materialistas en contenido y pueden inducir al público a que rechace el asunto como supersticioso. Esto es lo que me ocurrió a mí. Veinticinco años de educación formal con gran énfasis en la teoría y experimentación científicas me ayudaron a avanzar profesionalmente, pero acabaron por convertirme en alguien que sólo creía en el poder de la mente racional. Durante muchos años después de la universidad, viví creyendo en mis propias habilidades y en mi responsabilidad personal para resolver los problemas de la existencia. Tal vez, esa es una actitud saludable, especialmente en lo que se refiere a la responsabilidad propia y al uso eficiente de las aptitudes racionales. Por otro lado, esta disposición me privó de la posibilidad de sentir la presencia de un Yo Superior y de reconocer sus atributos. Esta excesiva confianza en el yo intermedio, y en el banco de datos del yo inferior, fue la causa del fracaso en la solución de algunos problemas complejos. Fue entonces cuando empecé a aceptar las limitaciones de mi yo intermedio racional, a gradualmente a descubrir las habilidades latentes del yo inferior, y finalmente a sospechar de la existencia de alguien infinitamente superior que me cuidaba. En retrospectiva, me sirvió bastante el recordar las circunstancias del pasado cuando recibí una ayuda inesperada, casi que milagrosa. Esto es precisamente lo que recomiendo al lector para que refuerce la creencia en su propio Yo Superior, antes de embarcarse en el aprendizaje y aplicación de la plegaria Huna. Antes de proseguir, sugiero que lea las recomendaciones sobre la aplicación de los ejercicios descritas en el Capítulo 2.

Ejercicio 4.1: Rememorando ayuda del Yo Superior

Objetivo

Reconocer al Yo Superior por experiencias pasadas.

Descripción

Repita el Ejercicio 3.2, Capítulo 3, esta vez pidiéndole a su yo inferior que recuerde circunstancias en que usted recibió ayuda extraordinaria, inusual o "milagrosa" como si fuera de origen divino. En otras palabras, siéntese en un sitio tranquilo, cierre los ojos, respire profundamente un par de veces, relaje el cuerpo y la mente, diríjase a su yo inferior en voz baja, pregúntele si está dispuesto a dialogar y si está de acuerdo pídale que recuerde eventos pasados en los que usted recibió ayuda extraordinaria. Permanezca en silencio y atento a cualquier evento que le llegue a la mente. Es muy importante que documente sus experiencias.

Posibles resultados

Tal vez se sorprenda de lo que le llegue a la mente. Recuerde que debe mantener una actitud positiva con respecto a la información que le suministre el yo inferior. No critique ni rechace cualquier información que su yo inferior reporte que recibió ayuda del Yo Superior. Cuídese de comentarios como "pura coincidencia," "tuve buena suerte" o "estaba en el sitio indicado a la hora apropiada." No hay coincidencias en un plano físico donde todo es el resultado de causas puestas en movimiento por una forma de consciencia.

Resumen

1. Siéntese en un lugar tranquilo, preferiblemente en posición de meditación.

2. Cuando se sienta relajado, respire normalmente y llame al yo inferior por su nombre (e. g., Luis). Pídale permiso para dialogar y si no está de acuerdo inténtelo en otra ocasión.

3. Si Luis está de acuerdo, pídale que recuerde circunstancias en que usted recibió ayuda extraordinaria, inusual o "milagrosa" como si fuera de origen divino.

4. Preste gran atención a lo que le llegue a la mente y escríbalo en su diario sin criticarlo ni rechazarlo como coincidencia o sencillamente buena suerte.

Por el ejercicio anterior, podrá darse cuenta que en muchas ocasiones usted escasamente escapó a un accidente, un amigo inesperado le ayudó a resolver un problema o unos fondos milagrosamente se materializaron poco antes de perder su casa. Ayuda inexplicable, como por arte de magia, proviene con certeza del Yo Superior. Reconocer la presencia y ayuda recibida de su Yo Superior le ayudará a establecer una relación con él o ella. Algunas escuelas esotéricas profesan que el agradecer conscientemente cualquier ayuda recibida incrementa la posibilidad de recibirla de nuevo en el futuro.

La aplicación del Ejercicio 4.1 me reveló varios eventos en que sin lugar a dudas recibí asistencia. Desde mi juventud, cultivé el sueño de terminar un doctorado en ciencia o ingeniería en una universidad de prestigio. La oportunidad de intentarlo surgió en Abril de 1982 cuando terminaba la maestría en la Universidad de Guelph en El Canadá. No había asistencia financiera para iniciar un doctorado en Guelph. Había sido admitido en el programa de Ph.D. de varias universidades Canadienses, pero ninguna ofrecía financiación. El país atravesaba por una recesión económica que había cortado sustancialmente los fondos para la educación superior. Todo parecía indicar que debía abandonar las esperanzas de seguir estudiando y empezar a buscar un empleo. Hacia finales de Abril, las inscripciones para el otoño se cerraron y compartí mi frustración con un profesor de Guelph que era como un mentor para mí. El se mostró sorprendido que "un estudiante tan bueno" como yo no continuara con un doctorado. "Solicite admisión a Waterloo, la universidad Canadiense número uno" me sugirió. Yo le confesé que en realidad no había intentado admisión a Waterloo, la institución más competitiva de la nación, y más aun pidiendo financiación. La posibilidad de éxito era remota. "¡Absurdo!" exclamó levantando el teléfono. Mi mentor llamó y habló con varios profesores de Waterloo, comentándoles que tenía un "gran estudiante" a disposición. En cuestión de minutos, me puso en contacto con un profesor que acababa de recibir fondos de investigación y se encontraba buscando un estudiante nuevo.

En los días siguientes, conocí a un respetable profesor en Waterloo, quien convenció a la administración de la universidad para que reabrieran las inscripciones del otoño. Para mi gran sorpresa, recibí admisión con soporte financiero suficiente para cubrir la matricula y los costos de mantenimiento. Como Waterloo está cerca de Guelph, un beneficio adicional de esta serie de eventos fue que pude seguir viviendo con mi novia, quien después se convirtió en mi esposa y el amor de mi vida. Todo fue como si una inteligencia superior planeó no sólo mi carrera sino mi futura familia. ¿Cómo se coordinaron todos estos eventos? Mi mentor en Guelph que se interesó en mi problema y me puso en contacto con el profesorado de Waterloo; el profesor de Waterloo que acababa de recibir fondos de investigación y buscaba a un estudiante; la reapertura de admisiones después de que se habían cerrado; el recibir admisión además de financiación en competencia con otros candidatos tardíos; permanecer junto a la mujer que después se convirtió en mi compañera del alma. Todos estos eventos fueron coordinados con precisión matemática por una consciencia superior.

Quisiera compartir otra experiencia extraordinaria en la que recibí ayuda de mi Yo Superior. En 1998, trabajaba como profesor asociado de una universidad estatal grande del sur de los Estados Unidos. Durante el transcurso de los siete años anteriores había trabajado intensamente para cumplir mi objetivo de ser promovido a profesor titular. Dentro de mis logros se incluía una larga lista de publicaciones en prestigiosas revistas de investigación científica, la publicación de un libro de texto, la supervisión de varias tesis de doctorado y la consecución de fondos muy competitivos de investigación de agencias como la National Science Foundation. Al parecer, tenía suficientes logros para solicitar la promoción, excepto por un par de obstáculos grandes. El primero era que los fondos de proyectos de investigación habían expirado; mis solicitudes para renovar financiación habían sido rechazadas. Aunque no se encuentra escrito en ninguna parte, las universidades americanas no promueven a un candidato que no tenga dinero, sin importar sus logros académicos o científicos. Recibir un nuevo proyecto de la prestigiosa National Science Foundation parecía imposible. El lector comprenderá que estas ayudas son supremamente competitivas. El candidato debe enviar sus credenciales con una propuesta de investigación a la oficina de Washington y esperar por cerca de seis meses, durante los cuales el solicitante compite por fondos muy reducidos con investigadores del resto de país. No es extraño que para una competencia se presenten más de trescientos candidatos para competir por no más de diez proyectos disponibles.

El segundo obstáculo, era que le jefe del departamento en ese entonces era un enemigo que buscaba la forma de descarrilar la promoción, y que mejor excusa que "Serrano ya no cuenta con fondos de investigación." La fecha límite para presentar solicitud de promoción era el primero de Septiembre. Hacia finales de Agosto, me sentí muy descorazonado; pensé que había trabajado demasiado duro durante los últimos años y que tal vez me vería forzado a posponer la solicitud para el siguiente año. Sobreponiéndome a la negatividad, le pedí ayuda al Yo Superior. Construí una plegaria en la que imaginaba lo que en ese momento parecía imposible, es decir recibir una carta de aprobación de un nuevo proyecto de investigación. Para mi gran sorpresa, a los pocos días recibí una carta del jefe de la División de Ingeniería Ambiental de la National Science Foundation. En la carta, el oficial se disculpaba por haber tardado mucho más de lo normal en evaluar mi propuesta de investigación, que al parecer había sido demorada por razones administrativas, y me informaba que mi proyecto había sido aprobado con financiación suficiente para tres años. Faltando horas para la fecha límite, me apresuré a presentar la solicitud que ahora incluía la carta de un nuevo proyecto con financiación extensa. Sin tener ninguna disculpa, el jefe de departamento no tuvo más remedio que procesar el papeleo en silencio. La solicitud de promoción pasó sin novedad por todos los niveles de evaluación académica, un proceso que tarda casi nueve meses y en la primavera de 1999 el rector de la universidad me informó que había sido promovido a profesor titular.

Las dos anécdotas anteriores ilustran el común denominador de cómo el Yo Superior confiere "peticiones especiales." En las dos ocasiones, yo hice todo lo que estaba a mi alcance antes de pedir ayuda. En la primera historia, esto incluyó terminar exitosamente la maestría, solicitar admisión a otras universidades, enviar toda la documentación requerida. En la segunda historia, trabajé por años haciendo investigación, escribiendo, publicando artículos y libros, compitiendo por proyectos de investigación, etc. Está claro que hay que hacer todo lo que esté en nuestro poder, utilizando los dos espíritus inferiores, para lograr el objetivo deseado antes de esperar recibir ayuda cósmica. En el primer caso, no pedí ayuda; en el segundo, contacté al Yo Superior sólo después de haber hecho todo lo que pude. Más adelante discutiremos en detalle este principio tan crucial.

Conozca a su Yo Superior

Los escritos de Huna sugieren que la mejor forma de pedir ayuda al Yo Superior es ofrecerle una meditación especial o plegaria, después de la cual el solicitante debe cortar toda comunicación con el Yo Superior. Por otra parte, otras tradiciones recomiendan que a la fase activa de la meditación debe seguir una de silencio o de contemplación receptiva. Creemos que la inclusión de la etapa del silencio es importante, particularmente porque nos prepara para recibir consejo o inspiración del Yo Superior.

Siguiendo con este principio, el siguiente ejercicio invita al lector a la práctica regular de la meditación, que luego modificamos al introducir la plegaria Huna. Existen muchas formas de meditación, pero todas coinciden en su propósito de silenciar la mente consciente e inconsciente para tener acceso a las facultades latentes del yo inferior y eventualmente recibir impresiones del Yo Superior. Sugiero que se familiarice con la meditación secular que describo a continuación, especialmente si nunca ha practicado ninguna otra forma. Para beneficiarse completamente, debería practicarla diariamente aunque solo sea por unos minutos. Pasar unos minutos al día con lo Absoluto le traerá muchas ventajas y lo preparará para la plegaria Huna. Davis (1991) resume en un lenguaje hermoso las ventajas físicas, sicológicas y saludables asociadas con unos minutos de meditación al día. Además de las obvias ganancias espirituales, se ha encontrado que la meditación controla –o ayuda a controlar– muchas dolencias desde la hipertensión hasta la depresión y el estrés. Al igual que toda actividad nueva, al principio hay que entrenar al yo inferior a que desarrolle el hábito, lo que puede tardar unas seis semanas, aunque los beneficios se sienten después de unas pocas sesiones.

Ejercicio 4.2: Perciba a su Yo Superior a través de la meditación

Objetivo
Aprender un método de meditación básico. Recibir los beneficios de una meditación regular. Prepararse para recibir impresiones, inspiración, ayuda e influjo espiritual de su Yo Superior. Integrar sus tres espíritus para que trabajen armoniosamente por su salud y progreso.

Procedimiento
Diríjase a una habitación tranquila, preferiblemente en su casa, en donde no será interrumpido por lo menos durante quince minutos. Cierre la puerta e informe a la familia que no desea ser interrumpido. Apague y deshágase del celular y de todos los aparatos electrónicos portátiles. Siéntese en una silla con un buen soporte en la espalda, con la columna recta, los pies en el suelo ligeramente separados y las manos con la palma hacia abajo sobre las piernas.

Cierre los ojos, diríjase con voz suave al yo inferior por su propio nombre (e. g., Luis) y pídale que acumule una gran carga de maná, como se describe en el Capítulo 3. Para esto, respire profundamente inhalando por la nariz, contenga el aire por unos segundos, exhale vaciando completamente los pulmones y contenga la respiración por unos segundos. Esto completa un ciclo. Repítalo para un total de veintiún ciclos. Si es necesario, pause entre ciclos por unos momentos. A medida que respira, imagínese al maná gradualmente llenando su cuerpo, como si fuera un recipiente que se va colmando de agua, empezando por los pies, subiendo por el tronco, el pecho, los brazos, y finalmente la cabeza hasta que se derrama por la corona. También imagine que el maná relaja a su paso todos los músculos y alivia todas las tensiones del cuerpo y la mente. Sienta que el maná es la energía vital que recarga todo su organismo. Cuando sienta que ha acumulado una gran cantidad de maná, relaje su cuerpo y mente y pídale verbalmente a Luis que retenga la energía hasta cuando pueda enviarla al Yo Superior.

Ahora, pídale al yo inferior que se comunique con el Yo Superior. Utilice una invocación solemne apropiada, preferiblemente en voz baja, pero si no es posible hágalo mentalmente. La siguiente oración es sólo un ejemplo; modifíquela a gusto:

"Espíritu paterno, que vives en el reino de la luz, por favor acepta esta ofrenda de maná, guíame, protégeme y permíteme sentir tu presencia."

Ordénele mentalmente al yo inferior que manifieste un profundo amor por su Yo Superior y que empiece a mandar el maná previamente acumulado. Imagine un flujo de energía saliendo de su cuerpo hacia arriba para llegar al Yo Superior. No se apresure; tómese su tiempo.

Ahora, permanezca relajado en un estado de receptividad silenciosa. Si le es útil, imagine que su mente es una "pantalla" blanca o negra. Es muy importante que se olvide del cuerpo y que evite cualquier pensamiento. Al igual que antes, si un pensamiento irrelevante le interrumpe (e. g., "Tengo que volver a trabajar esta tarde."), inspire profundamente e imagine que el pensamiento se expulsa cuando exhala y dice mentalmente la palabra "pensando." Regrese inmediatamente al estado de silencio. Repita este procedimiento cada vez que le asalte una idea. Recuerde que el objetivo aquí es callar al yo intermedio y al yo inferior para poder recibir impresiones del Yo Superior. Igualmente, si siente la necesidad de mover su cuerpo o rascarse la nariz, hágalo brevemente y regrese al silencio. Con el tiempo y la práctica, durante períodos de meditación sus

EL YO SUPERIOR

espíritus inferiores cooperarán y evitarán enviarle sentimientos, ideas o pensamientos, y su cuerpo aprenderá a quedarse inmóvil. Después de unos minutos, o cuando sienta la necesidad, termine su meditación y documente sus impresiones.

Posibles resultados

Este es un ejercicio que requiere aplicación diaria. Su yo intermedio y su yo inferior necesitan aprender a cooperar y a permanecer callados durante la fase del silencio, lo que toma tiempo y dedicación. Las primeras veces, es posible que no reciba ninguna impresión, excepto una sensación de paz y tranquilidad. Si este es el caso, es importante tener presente que siempre hay progreso espiritual, aun si no es claramente evidente. Este ejercicio le procurará un influjo espiritual que su Yo Superior le enviará con el maná extra transformado en una frecuencia de vibración superior. El efecto siempre es muy saludable físicamente y emocionalmente. Con el tiempo, es posible que durante la fase del silencio perciba formas luminosas y "sonidos" internos. La forma en que el Yo Superior se manifiesta constituye una experiencia muy personal y única en cada individuo. Algunos reportan "ver" una luz muy intensa acompañada de una profunda sensación de paz y alegría. Otros dicen recibir una lluvia de luz y bendiciones en el cuerpo (e. g., el maná realzado). Por otra parte, otros afirman recibir una idea o una comunicación, que no necesariamente llega durante el silencio sino poco después en forma de intuición o de un sueño en la noche. Esta experiencia es privada; no se la cuente a nadie.

Resumen

1. **Consiga la colaboración del yo intermedio y el yo inferior.** Diríjase a una habitación tranquila donde no sea interrumpido. Siéntese en una silla con buen soporte en la espalda, con los pies en el piso ligeramente separados y las manos sobre las piernas. Cierre los ojos.

2. **Produzca una gran cantidad de maná.** Pídale a Luis que produzca una cantidad extra de maná. Respire profundamente veintiún veces aproximadamente, imaginando que el maná va relajando y colmando

gradualmente el cuerpo, empezando por los pies y terminando en la corona en la cabeza. Cuando siente que ha acumulado suficiente maná, pídale a Luis que lo retenga hasta que pueda mandarlo al Yo Superior.

3. **Comuníquese con el Yo Superior.** En voz baja o mentalmente diríjase al Yo Superior con una breve invocación pidiéndole que acepte la ofrenda de maná y que lo ayude y lo guíe.

4. **Ofrezca el maná al Yo Superior.** Pídale a Luis que envíe el maná al Yo Superior. Imagine que esta energía sube hacia su Yo Superior como si fuese una fuente de agua.

5. **Permanezca en un estado de contemplación silenciosa.** Entre en la fase del silencio, permaneciendo relajado, callado, en estado de receptividad y rechazando cualquier pensamiento irrelevante que le llegue. Después de unos minutos, termine el ejercicio y escriba sus impresiones en su diario.

En las instrucciones anteriores, frases como " Pídale a Luis que envíe el maná al Yo Superior" son literales. En otras palabras, diríjase a Luis diciéndole, por ejemplo, "Luis empieza a enviarle a nuestro Yo Superior el maná acumulado." Algunos autores incluyen invocaciones con oraciones específicas que hay que memorizar para este propósito. Pienso que es más fácil hablarle al yo inferior en la forma usual que aprendió en los ejercicios anteriores (e. g., en el Capítulo 3). Con la práctica, la comunicación verbal no será necesaria. Por ejemplo, una orden mental de mandar el maná es todo lo que necesita un yo inferior bien entrenado para ejecutarla de inmediato. Con el tiempo, usted cubrirá los pasos del ejercicio anterior rápidamente y podrá comunicarse con su Yo Superior casi automáticamente y recibir su ayuda o consejo sencillamente deseándolo y callando su mente. Este es el objetivo final.

El Ejercicio 4.2 es una meditación general que utiliza las técnicas de Huna y constituye la manera ideal para contactar al Yo Superior. Su práctica cotidiana facilita el desarrollo de una buena relación con su espíritu paterno. Nótese que no se le pide nada especial al Yo Superior, sino que la ofrenda de maná se hace para que este lo aproveche en la forma que crea más conveniente. El Yo Superior se dedica a ayudar en la evolución de la humanidad. Por ello, ayudar desinteresadamente a los demás debería ser parte de nuestros objetivos. Sin embargo, la mayoría nos encontramos tan envueltos en las luchas diarias de la vida, que es preciso ayudarnos a nosotros mismos antes de tener el sosiego suficiente para ayudar a los demás. Se ha dicho que el místico no puede avanzar en la escala espiritual si su vida está llena de privaciones económicas que no le permiten pagar sus cuentas o si sus relaciones con los demás son un desastre emocional. Antes de poder atender a otros, es imprescindible que enfrentemos nuestros complejos y miedos, que resolvamos nuestros problemas personales. Por supuesto que, de acuerdo a la ley de la compensación, al ayudar a otros nos ayudamos a nosotros mismos, pero el primer objetivo y responsabilidad es superar nuestras propias dificultades.

Más adelante (en el Ejercicio 4.3), modificaremos el Ejercicio 4.2 para pedir ayuda especial. Lo que le da fuerza a la plegaria Huna, comparada con otras formas de meditación o visualización, es la incorporación de maná en el cuadro mental de la oración. Maná suministra la materia prima energética para la manifestación de la petición. Los Kahunas comprendieron que se requiere energía para cualquier manifestación, que el maná tiene la capacidad de adherirse y transportar pensamientos e imágenes, y que esta combinación de maná con pensamientos puede ser guiada y dirigida a voluntad. La única forma de comunicarse con el Yo Superior es telepáticamente. Si en las instrucciones anteriores sugerimos que se recite verbalmente la plegaria, es porque esto logra la atención y colaboración del yo inferior. Es imprescindible la cooperación del yo inferior, que a diferencia del yo intermedio es el único capaz de comunicarse y hacerle llegar una oración al espíritu paterno.

Es interesante la alusión al "sacrificio" u "ofrenda" cuando se presenta al Yo Superior con maná. Muchas civilizaciones antiguas ofrecían sacrificios a los dioses –que incluían frutas, animales e incluso humanos–, para suministrar a las deidades con los requerimientos energéticos para manifestar condiciones especiales. Vestigios de esas prácticas, e incluso la palabra "sacrificio," todavía se encuentran en rituales religiosos modernos. En el contexto del Ejercicio 4.2, el maná se ofrece como energía básica y se envía a través del cordón psíquico para que el Yo Superior se revele y se integre a nosotros. Como veremos más adelante, cuando la plegaria se ofrece con el deseo de obtener algo específico, el Yo Superior modifica el maná ofrecido en conjunto con otras fuerzas cósmicas para construir el molde o el cuerpo psíquico del objeto deseado.

EL SISTEMA HUNA PARA LOGRAR OBJETIVOS

Preparación para una oración al Yo Superior: Las reglas cósmicas del juego

El sistema Huna podría ser uno de los medios más efectivos para lograr cambios dramáticos en su vida y la de los que le rodean. Igualmente, es un método sencillo; ya no es un secreto y el usuario no necesita ingresar o ser iniciado en una organización esotérica ni participar en rituales complicados. La práctica de Huna puede ser fácilmente integrada a la vida cotidiana de cualquier persona. No obstante, para tener éxito hay que observar ciertos principios.

Planifique su futuro

Este es uno de los pasos más importantes que usualmente se omite. Muy pocas personas son capaces de lograr todo lo que desean en la vida sin mucho esfuerzo. Otros, alcanzan los mismos resultados a través de penosísimos esfuerzos, mientras que otros, quizá los menos afortunados, nunca parecen alcanzar nada. Estos últimos van a la deriva, como si viajaran en el compartimiento de segunda clase del barco de la vida, cuyo capitán nunca conocen. Keyes (1975) comentaba: "La mayoría de las personas pasan la vida sin saber lo que quieren, pero con la absoluta seguridad de que lo que tienen no es lo que quieren." Muchas personas terminan la educación básica porque es obligatoria. Escogen carreras universitarias en campos que están de moda o porque sus padres insistieron. Postulan para un empleo que les permite pagar las cuentas y les provee de cierta seguridad económica. Permanecen años en un trabajo o un campo que detestan porque nunca se les ocurre que sea posible controlar sus vidas. Continúan en relaciones angustiosas y sin amor, porque les proveen de cierto apoyo financiero y de una estructura para los hijos. Resienten tener que ir a trabajar cada día, al tiempo que sueñan con el fin de semana y anhelan algún día poder jubilarse.

Tres formas de alcanzar objetivos

¿Cuál es la diferencia entre el individuo que alcanza sus metas y el que nunca las logra? Davis (1991) describe tres formas de conseguir lo se desea: la forma más difícil, la difícil y la fácil. Las personas en la categoría más difícil utilizan sus fuerzas físicas y largas horas de trabajo para alcanzar cualquier objetivo; no planifican nada y se les paga por hora o un salario fijo mensual. Las personas en la categoría difícil emplean al máximo sus habilidades físicas, intelectuales e incluso algunas técnicas esotéricas, tales como la visualización. Las personas en la categoría fácil se encuentran en "estado de gracia," es decir en perfecta cooperación con sus consciencias superiores, al tiempo que emplean al máximo sus habilidades físicas, intelectuales e intuitivas. La clave indispensable para trasladarse a la categoría fácil consiste primero en creer firmemente que se tiene un Yo Superior siempre dispuesto a ayudar, y segundo en saber exactamente lo que se desea.

Desarrolle un plan por escrito

Si nunca antes lo ha hecho, reserve una sesión de media hora con su yo inferior y escriba detalladamente en su diario aquellas cosas que usted desea adquirir o alcanzar el año entrante y en los próximos cinco años. Clasifique sus metas en diversas categorías, tales como objetivos profesionales, de salud, familiares, etc. Sea específico en sus anhelos; absténgase de escribir deseos vagos como "Desearía tener más dinero" –¡lo que se puede satisfacer ganando diez dólares! En su lugar escriba una afirmación como "Hacia finales del 2020 mi capital será de dos millones de dólares." Toda meta debe ser clara, concreta y anexa a una fecha específica. Por ejemplo, "Voy a obtener mi certificación como agente de inmobiliaria en el estado de La Florida a más tardar en Mayo del 2018."

Cada objetivo debe ser autorizado por el yo inferior

Todos los objetivos y deseos deben provenir de su corazón. Consulte con su yo inferior cualquier sentimiento asociado a un objetivo, utilizando los ejercicios del Capítulo 3. Si su yo inferior no está de acuerdo con una de sus metas, no sólo se opondrá a sus esfuerzos conscientes de alcanzarla, sino que ignorará –o incluso saboteará– cualquier intento de pedirle ayuda a su Yo Superior. Sus plegarias no llegarán al Yo Superior. A modo de ejemplo, supongamos que usted está considerando cambiar de carrera para convertirse en un abogado. ¿Son las leyes, la controversia y la litigación cosas que ama o sencillamente algo que haría porque pagan más? Necesita de la cooperación del yo inferior si desea alcanzar una meta satisfactoria e importante. En el Capítulo 5 veremos cómo cambiar los sentimientos del yo inferior con respecto a algún objetivo, particularmente si alberga objeciones por fijaciones arcaicas. No hay palabras para enfatizar la importancia de consultar regularmente al yo inferior, con quien eventualmente desarrollará una relación íntima hasta el punto de que este le comunicará cualquier sentimiento tan pronto como usted se lo pregunte, sin necesidad de meditación especial.

Un día recibí una llamada de un colega que me informaba me había nominado para una posición administrativa importante en una universidad estatal grande en Colorado. El elogio y la apreciación de mi trabajo por parte de mi colega me enorgullecieron. La nueva posición significaba un progreso substancial en mi carrera. Igualmente, imaginé las bellas montañas de Colorado y la posibilidad de tener una casa de campo. Le agradecí a mi amigo su invitación y le dije que lo consideraría seriamente. Era un hermoso sábado de primavera; mi esposa y yo decidimos salir a dar una caminata. Recuerdo que empecé a sentirme mal, pero no podía adivinar cuál era el problema. Mientras caminábamos, le compartí a mi esposa la buena nueva. De repente, sentí una picada en la base del estómago, acompañada de náuseas y profunda angustia. Apoyándome del hombro de mi esposa, me senté en la acera de la calle. Fue entonces cuando me di cuenta que mi Luis protestaba vehementemente el que yo estuviera considerando otra agonizante posición administrativa. Luis me recordó el martirio de mi trabajo administrativo anterior, en el que tuve que enfrentar un ambiente laboral tóxico y una corrupción administrativa muy arraigada. Entonces, exclamé con convicción "¡Está bien, no te preocupes, no voy a postular para ese trabajo!" Como por arte de magia, todos los síntomas desaparecieron en un minuto. Mientras que para la lógica del yo intermedio el nuevo trabajo en perspectiva parecía una buena idea, un paso muy positivo en mi carrera, para los sentimientos del yo inferior la sóla idea de trabajo administrativo era repulsiva, tan detestable que decidió hacérmelo saber muy somáticamente. Hubiese podido convencer a mi yo inferior que cambiara de opinión, siguiendo uno de los procedimientos de clarificación descritos en el Capítulo 5. Sin embargo, después de años de malas experiencias al respecto decidí respetar sus sentimientos y olvidarme del asunto. Luis me ha enseñado que disfruto de la ciencia, la filosofía y las artes mucho más que de la gerencia.

Reconozca las consecuencias de lograr una meta

Otro punto importante que hay que tener presente cuando se hacen planes para el futuro es que cada acción o cada cambio en la vida trae consigo por lo menos una reacción. Esta es la segunda ley de la física de Newton aplicada a la vida real. Si usted sueña con tener una mansión grande y elegante, debe recordar lo que trae consigo, es decir impuestos altos, amortización de una deuda mayor, póliza de seguro y gastos de mantenimiento correspondientemente elevados. Asegúrese de incluir en sus deseos provisiones para estos gastos. Si usted sueña con llegar a ser el gerente general de una multinacional, recuerde las responsabilidades que vienen con ese trabajo. Imagine las largas horas de trabajo por las noches y en los fines de semana, las interminables juntas, el estrés proveniente de múltiples conflictos laborales y financieros, la política, la competencia desleal, y varios meses al año viajando lejos de su familia.

No ponga límites en sus metas: Todo es posible

Recuerde que sus objetivos no tienen que ser alcanzados en una forma específica, de acuerdo a su forma de pensar lógica. En otras palabras, evite pensar que una meta es imposible de alcanzar basándose en un análisis preliminar del yo intermedio lógico. Tampoco permita que su negatividad y desconfianza, frutos de proyectos fallidos anteriores, interpongan obstáculos a sus objetivos. Si usted escribe que desea vender su negocio actual y luego piensa que es imposible vender un negocio que nadie quiere, se está programando para el fracaso. Crea fervientemente que nada es imposible para su Yo Superior, y especialmente para la compañía de los aumakuas si es que es necesario.

Actualice regularmente sus objetivos

Cuando usted ha definido claramente por escrito todos sus objetivos, con fechas límites concretas, un cambio importante se ha logrado. De repente, esa nube de sueños intangibles que tuvo por años se convierte en un plan de acción con miras a materializarse. Es aconsejable que repita este ejercicio regularmente y ajuste o cambie sus objetivos de acuerdo a sus nuevas exigencias. Desde hace muchos años, tengo la costumbre de sentarme a escribir mis objetivos para el año nuevo durante la última semana de Diciembre. Empiezo por revisar los objetivos del año que termina y comprobar el progreso alcanzado en objetivos a largo plazo. Verifico que las metas que me propuse lograr han sido en verdad satisfechas y escribo comentarios al lado de cada objetivo. Con los años, he aprendido a reconocer cuando un objetivo es demasiado ambicioso para ser logrado en el tiempo establecido. He visto metas que claman por algo que en realidad no deseo hacer, pues las pospongo año tras año. En esos casos, reconozco la voz de la consciencia lógica del yo intermedio que impuso el objetivo por un sentido de responsabilidad o de orgullo propio, cuando en realidad el yo inferior creía que era una mala idea. Por ejemplo, en mi lista de objetivos aparecía, año tras año, la intención de adquirir una casa de campo. Por mucho tiempo, la falla en lograr tal objetivo fue justificada por la falta de dinero para adquirir una segunda hipoteca. No obstante, en dos ocasiones tuve la oportunidad de comprar una hermosa cabaña rodeada de preciosos bosques en las montañas de Carolina del Norte cerca de Asheville. El precio era muy razonable y mi presupuesto entonces hubiera podido asumir el gasto. Sin embargo, no lo hice. Una meditación detallada me reveló que mi yo inferior recordaba con recelo las quejas de muchos parientes que tenían fincas de campo, en particular las responsabilidades de mantener una casa a distancia, la imposición de tener que visitarla regularmente, y la molestia de tener que gastar parte de las vacaciones en reparar el inmueble, en lugar de disfrutarlo. A veces, he descubierto con gran alegría que ciertos objetivos fallaron irreparablemente. Es como si el Yo Superior supiera que no me convenían de ninguna manera.

Por último, he comprobado con satisfacción que cerca del setenta y cinco porciento de mis metas han sido alcanzadas. De hecho, muchas de ellas han sido logradas con creces, mucho más allá de los parámetros originales, mientras que otras se han realizado misteriosamente de una forma completamente inesperada. Este ejercicio de planear y modificar objetivos es una forma saludable de descubrir ciertos aspectos de su personalidad.

Desarrolle su confianza aplicando Huna a pequeños logros
Algunos de los objetivos en su lista pueden ser grandes, como la adquisición de una casa nueva, y otros pequeños. Los objetivos grandes pueden tomar mucho tiempo y esfuerzo. Para aprender los principios de Huna en el logro de cambios en su vida, sugiero que empiece por enfocarlo a objetivos pequeños, lo que desarrollará la confianza en sí mismo y en el método, al igual que la relación con su Yo Superior, antes de emprender un objetivo importante.

¿Qué clase de peticiones se pueden hacer?
A menudo la gente se pregunta qué se le puede pedir al Yo Superior. ¿Se le puede pedir riqueza y fama? ¿Podemos solicitar cosas que parecen ser superficiales o frívolas? Seamos francos, la respuesta más sencilla es que podemos pedir cualquier cosa que no ofenda ni lesione a los demás ni a nosotros mismos. El Yo Superior nunca participará en lastimar a nadie físicamente, emocionalmente o financieramente. En la magia ceremonial, que conjura espíritus con la intención de atacar a otros, se invocan entidades bajas. Esta es una actividad peligrosa que trae consigo serias consecuencias kármicas que regresan al operador amplificadas. ¿Alguna vez se ha preguntado por qué muchos clarividentes y magos talentosos a menudo fallan en utilizar sus habilidades para atraer la fortuna y la felicidad para sí mismos? Muchos de ellos pasan una vida llena de privaciones, pobreza y enfermedad compensando por daños

causados a otros. Jamás emplee sus habilidades intelectuales o psíquicas para vengarse de un enemigo. No depende de usted hacer justicia. Si alguien lo ataca en alguna forma, limítese a defenderse. Aquel que le hace daño y hace sufrir a los demás, tarde o temprano tendrá lecciones que le obligarán a compensar por sus acciones. Antes de pedir algo al Yo Superior, pregúntese si su solicitud traerá consecuencias negativas para usted o para los demás. Igualmente, si usted desea un objeto en particular, nunca pida al Yo Superior que se lo quite a otra persona para que se lo entregue a usted. El Yo Superior nunca otorga esos pedidos. A través de la historia de la humanidad, e incluso en tiempos modernos, la gente de un país en guerra suele rezarle a su dios que derrote al enemigo. Es absurdo suponer que Dios, a quien se le ha dado múltiples nombres en las diferentes culturas, va a parcializarse y acceder lesionar a la gente de una nación para beneficiar a otra.

Si no se le hace daño a nadie, el Yo Superior no tiene ningún inconveniente en otorgarle cualquier cosa que satisfaga su estricto código de ética. Su espíritu paterno tiene la función de apoyarle y aconsejarle, si es que usted escucha, y tiene el deseo de suplir cualquier cosa que sus entidades inferiores requieran para su evolución espiritual. El Yo Superior respeta el libre albedrío del yo intermedio, a quien permite que aprenda por su cuenta y tal vez sufra por sus desaciertos. El Yo Superior nunca impone ninguna solución y sólo se limita a aconsejar. En última instancia, cualquier decisión es del yo intermedio, quien aprende cometiendo errores, sufre las consecuencias de malas decisiones, compensa por daños a sus semejantes y gradualmente evoluciona para convertirse en un ser más sabio. El Yo Superior le ayudará a conseguir cualquier cosa. No le importa que usted adquiera el último BMW, en lugar de un Chevrolet más económico. El Yo Superior sabe que usted eventualmente reconocerá que es un capricho superfluo. Lo apoyará en sus deseos de adquirir una casa más grande para la familia, un negocio más próspero, un auto más confiable, unas merecidas vacaciones en Europa, el velero que siempre soñó o una rápida recuperación de un infarto. Lo ayudará a dar una presentación convincente en la Cámara de Comercio o a adquirir una cuenta grande con un cliente nuevo. El Yo

Superior lo protegerá de todo daño físico, emocional o financiero, si usted se lo pide.

Una vez más, recalcamos que toda petición debe ser aprobada por el yo inferior, que es el único con la capacidad de contactar al Yo Superior. La oración efectiva transmite a través del yo inferior el cuadro mental concebido por el yo intermedio. También se sabe a ciencia cierta que el Yo Superior rara vez concede dinero sin ningún propósito fijo. El Yo Superior utiliza el dinero como si fuese energía, es decir para realizar un trabajo, como un medio para lograr un objetivo definido. En otras palabras, es muy probable que su plegaria tenga más éxito si lo que pide es la cuota inicial para una nueva casa, que sencillamente el dinero en sí mismo. Si lo que pide es dinero, asegúrese que es para alcanzar una meta clara que beneficiará a otros al igual que a usted mismo. Por supuesto, no pida que el dinero se lo quiten a otro para que se lo den a usted. Las plegarias con más éxito son las destinadas a ayudar a los demás. Si usted ora por la salud, el bienestar físico, la armonía emocional, la solución de problemas financieros o familiares de otros, puede tener la certeza de que tendrá respuesta y cooperación cósmica. Por ende, de acuerdo a la ley de las compensaciones, ayudando a los demás nos ayudamos a nosotros mismos. Las crónicas de sitios de peregrinaje como Lourdes en Francia reportan que aquellos que sanan de inmediato sus enfermedades son precisamente los que han pedido la curación y la salud de otros. Esta oración, si se construye correctamente, tiene la mayor probabilidad de éxito. A veces las plegarias para la salud de otros fallan, debido a la resistencia del yo inferior del recipiente, que inconscientemente rechaza la oportunidad de sanar una enfermedad que le ofrece una solución imperfecta a sus problemas. Lo anterior también es cierto con respecto a plegarias por salud propia. En cualquier caso, pueden existir razones kármicas por las cuales una plegaria de salud no tiene respuesta.

Primero que todo haga su parte

Una vez ha decidido lograr un objetivo específico, el siguiente paso es investigar cómo lograrlo por su propia cuenta. Como notamos anteriormente, el Yo Superior se adhiere a un estricto código de ética y no interfiere con su libre albedrío. Sabe que a usted se le concedió un yo intermedio dotado de voluntad propia, raciocinio, imaginación, y autodeterminación. También se le otorgó la asistencia de un compañero leal, su yo inferior, con facultades latentes extraordinarias, la habilidad de la emoción y una gran memoria. Así, el Yo Superior ve el cuadro general de las dos entidades inferiores, cuya misión es evolucionar y aprender con la experiencia obtenida al intentar solucionar problemas. No va a sabotear este plan cósmico al concederle algo que usted debería lograr con sus propias habilidades. No obstante, le *ayudará* en todo el proceso. Por lo tanto, antes de pedirle algo al Yo Superior, haga su parte, averigüe cómo obtenerlo y trate de lograrlo por su cuenta.

Es sorprendente ver personas con facultades psíquicas bien desarrolladas que directamente piden a sus entidades superiores la concesión de cosas que ni siquiera han pensado cuidadosamente. Lo que usualmente obtienen no es lo que *quieren* sino lo que *necesitan*, y esto a menudo es una lección. Nuestro cuerpo se mantiene en forma gracias al movimiento y la acción. Al mantenerse activo y "estresando" los músculos regularmente, el organismo mantiene su vitalidad y salud hasta el último día de la vida. La inactividad trae consigo un degeneramiento físico, aún en la juventud. En su libro *Un arte de vivir*, André Maurois (2007) describe en detalle las consecuencias de la inactividad. Las facultades mentales mantienen su vigor por el uso de ellas. De hecho, la capacidad analítica mejora con su uso cotidiano. La falta de actividad intelectual trae consigo un gradual pero seguro deterioro mental. La investigación médica demuestra que la longevidad está correlacionada con la actividad física, mental y espiritual durante toda la vida. El compromiso y la responsabilidad con el mundo externo aseguran la salud y la longevidad. Cuando vea los problemas en su vida como oportunidades para progresar en todo aspecto, habrá aprendido el arte de vivir.

Supongamos que usted desea lograr una nueva promoción en su carrera. Primeramente consultó a su yo inferior, concluyó que esta meta beneficia a sus dos entidades inferiores, y decidió emprenderla. El siguiente paso es figurarse qué puede hacer para merecer ese logro. Investigue lo que han hecho otras personas para alcanzar su meta en circunstancias similares.

EL YO SUPERIOR   181

Escriba un plan detallado acerca las calificaciones, credenciales y logros necesarios, y empiece a ejecutarlo.

Si usted desea comprar un chalet de recreo en el sur de España, investigue lo que necesita hacer para adquirirlo y empiece a ejecutar el plan. Compre libros acerca de la vida en España, póngase en contacto con agentes de inmobiliaria especializados en ventas y financiación de propiedades en la Costa del Sol, etc. Si desea cambiar de profesión para convertirse en sicoterapeuta, lea libros de carreras y oportunidades en el campo, defina qué credenciales necesita, contacte universidades que ofrecen programas de sicología o trabajo social, solicite asistencia financiera o becas, diríjase a la oficina estatal que regula esa profesión y averigüe qué clase de licencia necesita para ejercer esa profesión en su región y los requisitos necesarios para adquirirla, etc.

Si desea ganar un campeonato de tenis, tome clases avanzadas para el mejoramiento de técnicas y efectos específicos, entrene tan a menudo como posible, prepare su cuerpo para mantener agilidad y aguantar movimientos de improviso, aprenda ejercicios para mejorar sus reflejos, prepárese sicológicamente para el torneo, estudie los videos de sus adversarios importantes y finalmente practique, practique y practique. Una vez hecho todo esto a consciencia, tenga la seguridad absoluta que tendrá el apoyo de su Yo Superior.

Pasos para lograr cualquier cosa
He aquí un resumen de los pasos a seguir para lograr cualquier cosa en la vida:

1. **Defina la meta a alcanzar.** Escriba el objetivo y su alcance en la forma más específica posible con fechas de ejecución concretas.

2. **Determine qué se necesita para lograr la meta.** Investigue qué pasos se requieren seguir para lograr lo que usted quiere. Hay más de una forma de lograr los mismos resultados. Escoja el camino más razonable con el que se sienta mejor.

3. ¡*Cúmplalo!* Comience a ejecutar su plan. Aun si no dispone de todos los recursos para realizar su meta, es imperativo que informe a su yo intermedio y su yo inferior que con sus acciones usted tiene el propósito firme de lograr su objetivo.

El primer paso arriba implica consultar con su yo inferior, escribir una lista detallada de objetivos, y concluir que su logro es compatible con sus dos entidades inferiores. El segundo paso implica buscar en la Internet, investigar en la biblioteca pública o entrevistar a personas que lograron su meta. También requiere de consultas silenciosas con su yo intermedio para estudiar las mejores alternativas que se presentan en el camino y la mejor forma de abordarlas. Estas sesiones de meditación, descritas en el Capítulo 3, le ayudan a identificar cualquier resistencia u objeción que su yo intermedio tenga con respecto a una acción. Por el momento no se consulta al Yo Superior, excepto para pedirle que le ilumine el mejor camino a seguir (Ejercicio 4.2). Recuerde que necesita del apoyo incondicional de su yo inferior. De otra forma, saboteará sus acciones o tal vez se rehusará a enviar la plegaria al Yo Superior. En el Capítulo 5 discutimos la forma para convencer al yo inferior que cambie de opinión y colabore. También presentamos técnicas para eliminar fijaciones simples que pueden impedir el éxito en sus planes.

La mayoría de la gente desiste en el tercer paso. Conozco varios amigos que concluyeron con éxito los dos primeros pasos, pero nunca empezaron a ejecutar el tercero. Claramente identifican sus metas (primer paso), se recrean en la mente lo feliz que *serían* si las lograran. Acumulan información de cómo lograr lo que quieren (segundo paso). ¡Sin embargo nunca lo intentan! ¿Por qué? Detrás de este comportamiento hay muchas razones. Una es que en el fondo no quieren realizarlo, es decir que no han eliminado toda resistencia que pueda tener el yo inferior, incluyendo el miedo a abandonar la situación actual que, aunque indeseable, les provee de cierta seguridad. También existe la creencia de que lo que se está intentando es "imposible." Esto puede ser motivado por fracasos pasados, pero más que todo es el sentimiento erróneo de que no se puede lograr algo tan ambicioso por cuenta propia. Desde luego esto a veces es cierto si no se pide ayuda a una inteligencia superior.

Si usted aplica los dos primeros pasos anteriores, es decir identifica un objetivo claro en la vida, traza un plan de acción, y luego ignora su ideal y ni siquiera *intenta* implementarlo, habrá perdido mucho más que la posibilidad de lograr su meta. Lo más triste es que ha creado un nuevo hábito para el yo inferior, el hábito de perder y procrastinar; el hábito de ignorar los planes y las decisiones tomadas. Paradójicamente, nosotros siempre triunfamos, es decir que triunfamos en nuestro empeño de prosperar o triunfamos en nuestro propósito de perder. Al no ejecutar un plan se convierte usted en un soñador, no en un vencedor. Al tratar de ejecutar un plan de acción, en la medida de sus posibilidades, no solamente incrementa las posibilidades de alcanzar sus objetivos, sino que también le manifiesta al yo inferior la seriedad de sus propósitos y que es digno de lograrlos. Haga todo lo que esté a su alcance y así el yo inferior, sintiéndose digno de vencer, cooperará con la solicitud de ayuda eventual al Yo Superior. Insisto en este punto porque muchos crecimos en una familia o un sistema educativo que recompensaba el esfuerzo personal. ¿Cuántas veces su maestro de escuela le concedió puntos extra sencillamente por tratar? Estos discursos están cuidadosamente guardados en el inconsciente y constituyen hábitos que el yo inferior sigue fielmente. Una causa común de la falla en lograr algo, o del rechazo del yo inferior a transmitir una plegaria, es que se siente indigno de alcanzar la meta o de recibir cualquier ayuda.

Tratando lo mejor que pueda de lograr sus metas, y perseverando a pesar de los obstáculos, usted le demuestra al Yo Superior que ha satisfecho las reglas cósmicas, que ha empleado al máximo las facultadas que se le han concedido para su evolución espiritual, y que se justifica pedir ayuda adicional. El Yo Superior es como un padre (o una madre) ideal que en verdad recompensa el esfuerzo porque satisface los requisitos del crecimiento personal. Recordemos que en el Capítulo 3 presentamos los pasos para consultar un problema complejo al yo inferior. Es necesario seguir ese procedimiento antes de contactar al Yo Superior. Los pasos incluían utilizar al máximo su voluntad, su raciocinio, sus habilidades analíticas lógicas, para luego pedirle ayuda al yo inferior. Las razones que aludimos entonces son igualmente válidas aquí. También insistíamos que es necesario consultar al yo inferior constantemente a través del proceso. Esta comunicación regular pone a disposición del yo inferior toda la información que usted ha conseguido por su cuenta. A veces el resultado de este intercambio es una ayuda inesperada, pero decisiva, proveniente del Yo Superior.

Otro factor crítico es la persistencia. Todo lo que valga la pena lograrse se alcanza después de diversos intentos fallidos. Cada fracaso debe tomarse como una lección valiosa para modificar la estrategia e intentarlo de nuevo con mejores herramientas. Nunca se descorazone. Cada vez que intentamos nuevamente, lo hacemos con mayor destreza y en el proceso descubrimos otras alternativas o un mejor camino para llegar a la meta. ¿Alguna vez logró algo en el primer intento? Si es así, recuerde si apreció su triunfo. La mayoría aprecia lo que se logra con esfuerzo porque hay lecciones valiosas y crecimiento en el proceso. Es por esto que muchos niños que se les concede de todo, incluyendo una lluvia de posesiones materiales, sin ningún requisito ni responsabilidad adjunta, terminan fracasando en la edad adulta. Hoy en día este fenómeno es común en América. Padres que tienen una vida profesional muy agitada que no deja tiempo para los niños, tratan de compensar su sentimiento de culpa colmando a los chicos con todo lo que pidan. Lo único que se logra con ello es una generación de adultos irresponsables. Cuando pequeños, estas personas no aprendieron el valor intrínseco de intentar algo, fallar, aprender de los errores y finalmente tener éxito. Muchos nunca emprenden nada nuevo, y los que lo hacen abandonan el proyecto al primer obstáculo, porque ven todo fracaso como una derrota definitiva, en lugar de como una oportunidad para aprender y crecer. Aprenda a ver cualquier obstáculo o falla temporal como lo que es, es decir una oportunidad para mejorar antes de intentarlo de nuevo. Recuerde que en el primer paso descrito anteriormente usted escribió su ideal como algo que realmente desea alcanzar no importa lo que sea. No permita que ningún obstáculo se interponga en su camino.

Por otro lado, nunca se compare con los demás, especialmente con personas de mucho éxito o con sus colegas talentosos de infancia. Se nos enseñó que sólo los niños de gran inteligencia son los que eventualmente llegan lejos en la vida. El hecho comprobado es que el talento y la inteligencia son solamente un par de ingredientes en la fórmula del éxito. Si, desde luego, talento e inteligencia pueden ayudar enormemente, pero estos atributos por sí mismos no obtienen resultados. El ingrediente más importante del éxito no es el talento; el mundo está lleno de talentos fracasados. Tampoco es inteligencia; el mundo está lleno de genios subempleados y sin logros. La clave del éxito es la *persistencia*. Si no lo cree, revise las trayectorias y carreras actuales de sus antiguos colegas de primaria y secundaria. Se sorprenderá al descubrir que los estudiantes que eran muy brillantes no son necesariamente los que alcanzaron mucho en la vida. Esto es así porque el éxito requiere no sólo memoria y capacidad para analizar *problemas viejos*, que son habilidades que poseen los buenos estudiantes. El éxito también requiere creatividad, innovación y persistencia para resolver *problemas nuevos*, que son habilidades que poseen las personas de éxito. La mayoría de los altos ejecutivos de las grandes compañías, los inventores y los líderes que movilizan multitudes, no fueron los mejores estudiantes de sus escuelas. De hecho, a muchos de ellos no les fue muy bien en sus estudios porque no pudieron ejercer su creatividad hasta que llegaron al posgrado. Las instituciones modernas de educación primaria, secundaria e incluso universitaria, examinan a sus estudiantes en sus habilidades para repetir respuestas existentes a problemas bien conocidos, no en sus capacidades para desarrollar soluciones a problemas nuevos que no se encuentran en los libros de texto y que enfrentarán en el futuro.

Recuerdo al mejor estudiante de matemáticas de mi escuela secundaria. Tenía una capacidad admirable para hacer cálculos numéricos rápidamente en la cabeza. Era el favorito del maestro. Sorprendentemente, no tuvo éxito en emprender una carrera en matemáticas puras. La memoria y el cálculo numérico en la mente son componentes mínimas en matemáticas, más aun hoy en día con la disponibilidad de calculadoras y computadoras. La matemática superior requiere razonamiento abstracto y simbólico, creatividad y persistencia. Por otra parte, también recuerdo a un estudiante del mismo colegio que en realidad era una honrada medianía en matemáticas. Tenía que revisar cada ejercicio una y otra vez antes de comprenderlo. Hoy en día, ese mismo estudiante es un respetable profesor universitario y experto internacional autor de varios libros sobre estadística matemática. Su habilidad para ponderar y analizar problemas complejos y, lo más importante, su paciencia y determinación para resolver problemas nuevos lo llevaron eventualmente al éxito.

Recientemente tuve la oportunidad de encontrarme con algunos antiguos colegas de la universidad. Curiosamente, los que eran muy brillantes –que se jactaban de ser genios y del futuro tan espléndido que les esperaba– no llegaron a alcanzar altas posiciones profesionales. Algunos de ellos optaron por empleos en el servicio civil con el gobierno, tuvieron una vida estable y tranquila, y después de veinte años se jubilaron. Otros se convirtieron en ingenieros profesionales en diversos campos y en jefes de proyecto en compañías privadas. También me encontré con un amigo que a duras penas pudo mantener el mínimo promedio requerido en notas y se graduó después de más de cinco años. Actualmente es dueño de una compañía que emplea más de trescientos ingenieros y es accionista mayoritario de una multinacional. El principio está claro: la inteligencia es sólo una componente del éxito. Todos nacimos con una inteligencia normal o superior a lo normal. Depende de nosotros aplicar sabiamente esa inteligencia y desarrollar otras habilidades igualmente importantes o dejarlas atrofiar; la escogencia es nuestra.

"¿Qué ocurre con la gente que alcanza el éxito aprovechándose del trabajo de otros y no por sus propios esfuerzos?" le oigo decir. Recordemos que todo lo que recibimos es el producto del trabajo de otros, y todo lo que producimos debe beneficiar a los demás. Si lo que recibimos es libremente entregado por otros a través de una transacción laboral o comercial que beneficia a todos, entonces estamos siguiendo las normas de evolución cósmica. Si lo que recibimos se le ha quitado a otro o ha sido obtenido a través del sufrimiento y la opresión de otros, estamos violando esta regla universal. En verdad, hay gente que "progresa" manipulando, explotando y oprimiendo a los demás. El beneficio y poder que estos individuos obtienen martirizando a otros es transitorio y tarde o temprano tendrán lecciones que les obligarán a compensar por sus acciones. La ley de las compensaciones es inmutable e imparcial. Observe en su círculo a las personas que se las ingenian para maltratar a sus empleados físicamente o financieramente. Si observamos cuidadosamente sus vidas privadas, a estas personas les toca sobrellevar mucho estrés, infelicidad y soledad. Una versión liviana del tirano laboral es la persona que, en lugar de trabajar, usa relaciones públicas, manipulación social y subterfugios cuestionables para lograr lo que se proponen, sin tener en cuenta el sufrimiento de quien se interponga en su camino. Tarde o temprano, a esta persona le llegarán lecciones importantes. De cualquier forma, lo que nos llega gratis o sin esfuerzo tiende a ser menos apreciado que lo que ganamos por nuestros propios méritos. Las encuestas de personas que se han ganado la lotería claramente confirman esta regla. Durante el primer año, los nuevos ricos despliegan gran regocijo, adquisición de bienes materiales y placeres exagerados. Después, algunos reportan sentirse igual que antes de ganarse el premio mayor. Muchos confiesan que el dinero no los ha hecho felices. Los que no disfrutaban de una vida feliz antes de ser ricos cuentan no sentirse felices después de ganar la lotería. Incluso, algunos cuentan que el ganarse la lotería les destruyó la familia, el negocio y la vida armoniosa de que antes disfrutaban. El dinero puede ayudar a realizar proyectos que satisfacen pero, por sí mismo, no es el único ingrediente de la felicidad. Tanto la falta como el exceso de dinero pueden ser una fuente de infelicidad.

No estoy promoviendo una vida de lucha, privaciones y trabajo excesivo. Al contrario, los Kahunas de antaño creían que el propósito de la vida era ser feliz. Sencillamente propongo que si queremos progresar en la escala espiritual, y si aceptamos que aprender y crecer es parte del propósito de la vida, entonces hay que esforzarse lo necesario para aprender. Esto no implica que tengamos que sufrir para aprender. El aprendizaje debería ser un camino de disfrute. Recuerde que está ejecutando un plan para lograr algo que usted desea intensamente. Por ejemplo, el camino para lograr su sueño dorado de convertirse en médico debería ser intenso, estimulante, lleno de descubrimiento y satisfacción. Ahorrar para comprar el Corvette de sus sueños debería ser una experiencia exquisita para el yo intermedio y el yo inferior.

Pídale ayuda al Yo Superior
Una vez que ha decidido una meta a lograr, ha consultado y solicitado aprobación de su yo inferior, ha trazado un plan de acción para alcanzarla, y ha intentado intensamente de entrenarse y de lograrla por su propia cuenta, entonces es hora de solicitar ayuda cósmica, si es que todavía la necesita. Muchos logros y muchos problemas se resuelven con el método descrito anteriormente. Se dice que Dios ayuda a aquellos que se ayudan a sí mismos, y entonces es probable que su Yo Superior le haya enviado ayuda sin que usted se la pida. No obstante, si a estas alturas usted siente que ha hecho todo lo que está a su alcance y todavía no ha logrado su objetivo, es hora de pedir ayuda a su entidad superior. El Yo Superior tiene a su disposición medios más efectivos que sus entidades inferiores. Si su meta requiere de la colaboración de otros, el Yo Superior puede solicitar la participación de las entidades superiores de aquellos. Si su logro necesita recursos considerables, es posible que tome un tiempo pero su Yo Superior puede manifestarlos si considera que la meta lo beneficia tanto a usted como a los demás.

El procedimiento a seguir consiste en preparar una meditación especial –o una oración– al Yo Superior. La plegaria Huna es sencilla, pero requiere planearla y ejecutarla cuidadosamente. En esencia, se construye un cuadro mental de la condición que se desea manifestar, seguidamente se carga con una gran cantidad de maná, y se le presenta formalmente al Yo Superior para su materialización.

Construya un cuadro mental
Muchos lectores estarán familiarizados con la práctica de la visualización en otras tradiciones, que consiste en imaginar un deseo o una situación futura como si estuviera ocurriendo en el presente. Si usted ha practicado este arte como se describe en muchos libros, habrá encontrado que a veces funciona y a veces no. Con el sistema Huna, el usuario sabe cómo alcanzar el éxito al aplicar las reglas cósmicas de la manifestación mental. La diferencia más importante con otros métodos es que el cuadro

mental se carga con maná, que tiene la capacidad de adherirse a imágenes telepáticas, y que luego se envía al Yo Superior. Sin la adición de la fuerza motriz del maná, y sin la ejecución de la imagen por una entidad superior, muchas visualizaciones son sólo sueños diurnos de poca aplicación práctica. De pequeños aprendimos a memorizar oraciones o incluso se nos obligó a asistir a la misa y a emitir plegarias de memoria sin ninguna fuerza, sin significado, sin sentimiento. Con el sistema Huna, la plegaria constituye una acción dinámica que intenta establecer contacto con el Yo Superior para efectuar resultados reales en nuestra vida.

Si usted nunca ha visualizado condiciones hipotéticas o si tiene dificultad de "ver" situaciones en la imaginación, hay muchos libros sobre el tema con ejercicios para desarrollar, o mejor re-desarrollar, esta habilidad innata. Por ejemplo, un tratado común sobre el tópico es el de Gawain (1982). Consejos importantes los presenta Behrend (1927).

Vea la situación futura como si ocurriera en el presente
Primero debe construir un cuadro mental de la condición que se desea manifestar. Para ello se aprovecha la facultad del yo intermedio de imaginar eventos. Este cuadro debe ser cuidadosamente creado, de acuerdo a sus metas escritas, como si ya hubiese ocurrido. Por ejemplo, si desea tomar un crucero por las islas del Caribe, imagínese en el barco disfrutando del ambiente marino, probando comida de mar exótica, tomando el sol en playas de arena muy blanca, bailando y divirtiéndose en un cabaret nocturno. Su cuadro debe incluir tanta información sensorial como sea posible. Perciba el aroma de las especies, escuche el sonido de las olas, sienta la brisa cálida en su piel. Si desea adquirir el último modelo de la Volvo, imagínese el color y la forma interior y exterior del vehículo; siéntase acariciando el tapizado de las sillas de cuero; véase detrás del timón conduciéndolo y estacionándolo en su garaje; escuche con intensidad el estéreo; viva su alegría de haber logrado algo que deseó por mucho tiempo. Si su aspiración es un grado académico, imagínese participando en la marcha triunfal de graduación; viva con intensidad la música y el sentimiento de triunfo; véase saludando al rector y recibiendo el diploma; imagine con claridad el diploma colgado en su casa y lea su

nombre grabado en letras de molde. Si desea ser promovido en su trabajo, imagínese recibiendo una carta felicitándolo. Vea su nombre y la firma del gerente en la carta. Experimente la sensación de alegría y victoria. Luego imagínese trasladándose a una oficina más grande y con mayores responsabilidades. Si su aspiración es adquirir una casa más grande en un mejor vecindario, imagine sus detalles exteriores con las características de fachada y forma que desea, el espacio entre casas, los árboles, la arquitectura más sofisticada. Entonces visualice que está entrando a la casa y la familia disfruta de una sala más grande. Sienta la emoción de poseer este inmueble.

Incluya sentimientos en el cuadro mental

Al tiempo que su cuadro mental dispone de la mayor información sensorial posible, es igualmente importante que incluya sentimientos intensos. Los detalles sensoriales, y especialmente las emociones positivas intensas, suministran una especial fuerza creadora a su cuadro mental. En el ejemplo anterior del viaje por el Caribe, sienta la tranquilidad que acompaña al paisaje. En el ejemplo del Volvo, viva el entusiasmo de conducirlo; disfrute de la velocidad. En el ejemplo del grado académico, sienta la profunda satisfacción de haber alcanzado su objetivo después de años de trabajo intenso. En el ejemplo de la casa nueva, imagínese saltando de alegría con su esposa como un par de chiquillos después de recibir las llaves. La razón por la cual se debe incluir emociones intensas en el cuadro de visualización fue explicada en el Capítulo 3. Las emociones tienen la propiedad de atraer grandes cantidades de maná y así el cuadro creado en la mente tiene la fuerza de materialización.

No incluya las condiciones defectuosas de la actualidad

Es muy importante que su cuadro mental excluya las situaciones indeseables presentes. Si desea que desaparezca la inflamación de su rodilla, debería crear un cuadro que la muestra en perfecto estado de salud. En otras palabras, no produzca una visión en la cual la rodilla gradualmente va sanando hasta ser normal, que es lo que algunos recomiendan incorrectamente. Desde luego que es difícil imaginarse a una coyuntura normal, especialmente si se ha aguantado el dolor y la inflamación por largo tiempo. Lo que se desea manifestar es la rodilla completamente sana, *no el proceso* por el que se llega a esta condición. Hay cierta evidencia de que si se piensa demasiado acerca de la situación imperfecta actual, usted continuará manifestándola en el futuro como si la atrajera y deseara que continuara siendo parte de su vida. El Yo Superior recibe pensamientos y cuadros mentales que usa como moldes o planos del futuro a manifestar. Es por esto que muchas personas que continuamente piensan y hablan del lado negativo de todo y de todos, siguen atrayendo a sus vidas precisamente esas situaciones y personas indeseables. Aprender a controlar los pensamientos y las palabras constituye no solamente una preparación para la plegaria Huna, sino también una buena filosofía y objetivo en la vida.

De cualquier forma, cuando construya su cuadro mental para una plegaria Huna imagínese *el resultado final*. Si no es posible concebir cómo lucirá el producto final, entonces imagínese disfrutando las consecuencias de su materialización. Por ejemplo, véase corriendo, saltando, bailando de alegría. Igualmente, las palabras que use en su cuadro mental para describir la condición futura deben anunciarla como si ya hubiera ocurrido. Por ejemplo, no diga "estoy mejorando cada día más y más" como recomiendan algunas escuelas de pensamiento positivo. En su lugar, afirme categóricamente "estoy en perfecto estado de salud todos los días."

No imagine la manera en que la meta será alcanzada
Si la visualización incluye el proceso para llegar al objetivo, está limitando los medios que el Yo Superior pueda usar para alcanzarlo. El Yo Superior dispone de mejores formas de lograr una meta que las que usted se imagine. Concéntrese en el resultado final y deje que el Yo Superior use sus propios medios para manifestarlo. Muchas veces encontrará una forma inesperada y más fácil de lograr lo mismo.

Describa su cuadro mental en breves palabras
De lo anterior se concluye que el cuadro mental de la condición u objetivo deseado debería ser cuidadosamente concebido y revisado una y otra vez antes de finalizarlo. Su descripción no tiene que ser larga o muy detallada. Puede ser

como un corto de video de diez o veinte segundos en total. Una vez que ha decidido su contenido, es importante no cambiarlo después. Este cuadro tiene que enviarlo al Yo Superior en una serie de plegarias diarias. El cuadro mental debe ser idéntico en cada plegaria. Se recomienda que describa la visualización con una frase de breves palabras, que debería anotar en su diario y memorizar a cabalidad. Cada vez que se efectúa la plegaria la frase debe ser idéntica.

Algunos autores recomiendan no incluir una frase; otros sugieren que la frase debe ser enunciada mentalmente. Hay varias razones a favor de la inclusión de palabras enunciadas en una voz baja pero firme. La primera es que las palabras ayudan a guiar la descripción y secuencia del video mental cuando se le presenta al Yo Superior. La segunda es que el yo inferior –que está encargado de comunicarse con el Yo Superior– se impresiona fácilmente con la sugestión verbal y coopera activamente. El discurso verbal, especialmente si se enuncia en un tono solemne, le hace creer al yo inferior que se trata de un evento muy especial, y de hecho lo es. Este a su vez produce una cantidad extra de maná y envía la oración con mayor vehemencia. La tercera razón que soporta la inclusión de una frase proviene de las prácticas místicas y mágicas antiguas. Muchas tradiciones enseñan que las palabras son formas de energía psíquica, no sencillamente ondas sonoras propagándose en el aire, y que las palabras por sí mismas tienen el poder de manifestación. Incluso en la Biblia se le da gran importancia al poder de La Palabra en el origen del universo y en la manifestación del mundo material.

Genere una gran cantidad de maná

En el Capítulo 3 describimos la importancia de la fuerza vital o maná para la salud y la vida. Dijimos que el yo inferior tiene la facultad de fabricar maná a partir de los alimentos que consumimos y del aire que respiramos. Esta energía es necesaria para satisfacer todas las necesidades fisiológicas del organismo. Igualmente, maná puede ser producido en exceso y proyectado a voluntad. Además, el maná tiene la propiedad de adherirse a cuadros mentales que se pueden dirigir a voluntad por un cordón psíquico. La función del maná en la oración Huna es no sólo remitir la visualización del objeto deseado al Yo

Superior, sino también suministrar la materia prima que éste utilizará en la elaboración del cuerpo psíquico del objeto a materializar, de acuerdo a las especificaciones del cuadro mental. Entonces, el maná burdo que elabora el yo inferior, el Yo superior a su vez lo transforma en uno más sutil con frecuencia vibratoria superior y con propiedades nuevas.

Puede parecer extraño al lector esta idea Kahuna de que el Yo Superior necesita maná del yo inferior, que se encuentra en el plano físico, para poder realizar su trabajo en las esferas más elevadas. El Yo Superior requiere de energía del mundo físico para realizar cualquier trabajo en el mismo y sólo puede recibir esta energía de un cuerpo viviente. Aquellos familiarizados con los principios de la materialización de espíritus, recordarán que las entidades bajas que suelen aparecer y frecuentar el plano físico deben recibir, o robar, energía de un ser viviente. Dicha energía usualmente la suministra una médium psíquica, que termina drenada y exhausta al final de la sesión. Algunos espíritus logran adherirse al aura de personas débiles, que así pierden toda su vitalidad. El resultado de una tal asociación con entidades bajas es la enfermedad, la melancolía, los pensamientos obsesivos y el comportamiento insólito de la víctima. Aquí no estamos discutiendo el tema de la protección psíquica, al cual se le dedican muchos tratados, sino el principio de que las entidades espirituales necesitan maná de un ser viviente para manifestar fenómenos en el mundo físico. Los ruidos, visiones, apariciones y materializaciones de fantasmas reportados en la literatura, no son más que espíritus que se las ingenian para obtener maná del mundo físico y usarlo en la materialización de un cuerpo físico de acuerdo a las especificaciones del cuerpo psíquico de la entidad. Aquellos fenómenos aparentemente fantásticos o paranormales, los "milagros" descritos en la Biblia acerca de manifestaciones extraordinarias, se pueden explicar fácilmente gracias a la habilidad de ciertos individuos para dirigir su consciencia y la energía de acuerdo a leyes naturales bien conocidas.

El Yo Superior necesita un influjo grande de maná elaborado por el yo inferior para construir el cuerpo psíquico de la condición deseada en el futuro, de acuerdo a las especificaciones del cuadro mental suministrado con el maná.

En el Capítulo 3 presentamos un procedimiento de respiración sencillo para generar una gran carga de maná y almacenarla en el cuerpo hasta cuando se pueda usar. Este método es una parte integral del la plegaria Huna. En preparación para la oración, el practicante de Huna respira profundamente muchas veces, mientras que imagina al maná lentamente acumulándose en el organismo, comenzando por los pies y terminando en la coronilla en la cabeza. ¿Cuántas veces es necesario respirar? La recomendación de los Kahunas es cuarenta. Este número sacro nos recuerda la cuaresma en el cristianismo, es decir los cuarenta días de ayuno y sacrificio. En la tradición Huna, el maná se ofrece como sacrificio al Yo Superior. Algunas personas energéticas pueden generar una gran carga de maná con solo doce respiraciones, mientras que otros requieren de más de cuarenta para producir la suficiente. Algunos maestros excepcionales le ordenan al yo inferior que produzca una gran carga sencillamente con una orden mental. En general, la cantidad de maná producida en una sesión no es suficiente para manifestar una condición deseada, especialmente si ésta es muy importante. Por lo tanto, se recomienda ejecutar la plegaria diariamente durante un tiempo, recordando que cada vez que se repita, el cuadro mental y la frase deberán ser idénticos, y cada vez remitidos con la mayor carga de maná posible. Es muy importante no cambiar el cuadro mental. De otra forma, el Yo Superior recibirá mensajes contradictorios que pueden interpretarse como proyectos diferentes.

PRESENTAR UNA SOLICITUD AL YO SUPERIOR

A estas alturas, usted está listo para remitir una plegaria al Yo Superior. Como se insistió anteriormente, la plegaria debe ser cuidadosamente "diseñada" para satisfacer un propósito específico, para producir un evento conciso o para adquirir un objeto concreto.

Preparación para la oración. Resumen
A continuación resumimos los conceptos descritos en los dos últimos capítulos referentes a la preparación de una plegaria al Yo Superior.

(1) **Meditación**. Ha entrenado al yo inferior en los principios básicos de la meditación, como se describen en los Capítulos 3 y 4. Le ha enseñado a cooperar, a relajarse, a permanecer callado y a sustraerse de distracciones por unos minutos.

(2) **Acumulación de maná**. Ha entrenado al yo inferior a acumular una gran carga de maná en el cuerpo y a soltarla a su orden.

(3) **La meta**. Ha identificado un objetivo claro que desea alcanzar o un artículo específico que desea adquirir. Éste lo sacó de su lista de objetivos a largo plazo anotados en su diario. Ha reconocido y aceptado las consecuencias y responsabilidades de lograrlo. Ha consultado y obtenido la aprobación de su yo inferior. Se ha asegurado que es por el bien de todos, incluyéndose a usted mismo. Ha concluido que es digno de recibir ayuda cósmica, después de haber tratado y persistido intensamente en alcanzar su objetivo por sus propios medios físicos, racionales e intuitivos.

(4) **El cuadro mental**. Ha diseñado cuidadosamente un cuadro mental de la meta a lograr, o del objeto a adquirir, como si ya hubiese ocurrido. Le ha adicionado una frase que resume brevemente el cuadro y se la sabe de memoria.

Al concluir estos pasos, usted está listo para presentarle al Yo Superior su oración. El siguiente paso consiste en ejecutar su oración diariamente –cada vez en condiciones idénticas– por un periodo de tiempo hasta que la meta se realice. El contenido de su plegaria, el cuadro mental con las palabras y el maná que la acompañan, constituyen lo que los Kahunas llamaban "la semilla" mental. Al igual que plantar una semilla en el suelo, la plegaria se presenta simbólicamente al Yo Superior. A la semilla se le debe adicionar agua diariamente, y así la oración debe repetirse diariamente con una adición fresca de maná. Para los Kahunas el agua era el símbolo del maná; representaban la acumulación de maná en el cuerpo como el agua que asciende en una fuente. Lentamente, la semilla germina, se convierte en una planta y eventualmente da sus frutos, es decir cuando el objetivo se alcanza.

A continuación, el Ejercicio 4.3 resume el método básico de la plegaria Huna. Como puede apreciarse, consiste en una modificación de la meditación general, Ejercicio 4.2, que usamos para contactar al Yo Superior.

Ejercicio 4.3: La meditación Huna para pedir ayuda al Yo Superior

Objetivo
Pedirle al Yo Superior que manifieste en el futuro una situación deseable o conceda un bien material.

Procedimiento
Siga el método descrito en el Ejercicio 4.2 de este capítulo, es decir diríjase a una habitación tranquila, preferiblemente en su casa, donde no será interrumpido al menos por quince minutos. Cierre la puerta, siéntese en una silla apropiada con la espalda recta, los pies en el suelo ligeramente separados y las palmas de las manos sobre las piernas.

Cierre los ojos, en voz baja llame al yo inferior por su propio nombre (e. g., Luis) y pídale que empiece a acumular una gran carga de maná, como se describe en el Capítulo 3, es decir respire profundamente al menos cuarenta veces, mientras imagina que el maná gradualmente llena su cuerpo, comenzando por los pies hasta que se desborda por la coronilla en la cabeza. Cuando sienta que ha acumulado una gran carga, relaje su cuerpo y mente, y pídale al yo inferior que retenga el maná hasta el momento de enviarlo al Yo Superior.

Pídale al yo inferior que se comunique con el Yo Superior mediante una invocación apropiada, preferiblemente en voz baja. La siguiente frase es sólo un ejemplo; modifíquela al gusto.

"Espíritu paterno, que vives en el reino de la luz, por favor acepta esta ofrenda de maná, guíame, ayúdame, y concédeme esta plegaria."

Ahora impregne el cuadro mental de su deseo u objetivo con el maná acumulado. En otras palabras, imagine su deseo lo más vívidamente posible como si ya lo hubiese recibido, al tiempo que lo describe como un corto de video con la frase anteriormente preparada. Hable en voz baja pero firme y solemne. Viva y sienta su visualización con la mayor emoción posible. Repita su plegaria hasta un total de tres veces, lentamente, sin afán.

Ahora ordene mentalmente al yo inferior que mande el maná con el cuadro mental al Yo Superior. Imagine la transferencia de energía hacia arriba, desde su cuerpo hasta llegar al Yo Superior. Tómese su tiempo; no se apure.

Después de más o menos un minuto, o cuando lo crea conveniente, concluya su plegaria con una frase breve. Por ejemplo:

"Espíritu paterno, por favor acepta esta ofrenda de maná. Te agradezco me concedas esta plegaria, por el bien de todos. Que empiece la lluvia de bendiciones. Así sea."

Ahora permanezca callado en estado de receptividad total. Es imperativo que se olvide del contenido de su plegaria. Evite cualquier pensamiento o distracción durante el silencio final. Después de unos minutos, o cuando lo crea necesario, termine su meditación y reanude sus actividades normales. Escriba sus impresiones en el diario. Trate de no pensar en su plegaria por el resto del día y recuerde que ya hizo todo lo que estaba a su alcance. Pensar en la plegaria o preocuparse por su meta interfiere en la labor del Yo Superior, es decir retarda el crecimiento de "la semilla." Asimismo, no le comente a nadie su plegaria; usted no necesita del escepticismo o comentarios de nadie.

Cada sesión deberá incluir una plegaria solamente. Si desea presentar una segunda oración sobre un tema no relacionado con la primera, espere al menos una media hora.

Posibles resultados
Dependiendo del deseo, su plegaria puede ser respondida inmediatamente. Para solicitudes complejas que requieran reunir recursos considerables y la cooperación de otras

personas, su Yo Superior necesita tiempo y más maná que el suministrado en una sola sesión. Repita su plegaria diariamente en forma idéntica. Mientras tanto, evite pensar en su oración o en su deseo y sencillamente refuerce su fe de que será cumplida a su debido tiempo. La fe promueve el desarrollo de la semilla, mientras que la duda y el miedo interfieren con su desarrollo. Tenga la absoluta certeza de que siempre hay una respuesta.

Resumen

A continuación se resumen los pasos a seguir en este experimento.

1. **Consiga la cooperación del yo intermedio y el yo inferior.** Prepárese para meditar. Diríjase a una habitación tranquila donde no será interrumpido. Siéntese en una silla apropiada con buen soporte en la espalda, pies en el suelo ligeramente separados, manos sobre las piernas. Cierre los ojos.

2. **Genere una gran carga de maná.** Pídale al yo inferior que elabore una gran cantidad de maná. Respire profundamente aproximadamente cuarenta veces, al tiempo que se imagina al maná llenando cada miembro de su cuerpo, comenzando por los pies y terminando en la cabeza. Cuando termine, pida al yo inferior que lo retenga hasta cuando pueda enviarse al Yo Superior.

3. **Comuníquese con el Yo Superior.** Diríjase al Yo Superior por intermedio del yo inferior con una invocación breve pero solemne, en la cual le pide que escuche y conceda su deseo.

4. **Impregne con maná el cuadro mental.** Ahora visualice su meta o deseo como si ya la hubiese alcanzado o recibido con la mayor emoción posible, mientras que la describe verbalmente con una frase sucinta. Repita este paso hasta un total de tres veces.

5. **Envíe al Yo Superior el cuadro mental cargado con maná.** Ordene al yo inferior que remita al Yo Superior el cuadro mental cargado con maná. Imagine la descarga y

sienta el flujo de energía ascendiendo desde su cuerpo hasta llegar al Yo Superior.

6. *Cierre la sesión.* Concluya su meditación con una frase breve en la cual le pide al Yo Superior que acepte la ofrenda de maná y le agradece la respuesta a su plegaria. Seguidamente, entre en la fase del silencio, mientras que permanece relajado, callado, en estado de receptividad y evitando cualquier pensamiento o distracción, especialmente los relacionados con la oración. Después de unos minutos o cuando lo decida conveniente, termine su sesión y escriba sus impresiones en el diario.

Nunca apresure sus plegarias, que pueden ser breves, pero ejecutadas en forma lenta y solemne. Si usted construyó su plegaria de acuerdo a las reglas básicas, y siguió cuidadosamente los pasos anteriormente descritos, puede tener la certeza de que recibirá una respuesta. En general, solicitudes que no requieran la asistencia y participación de otros se manifiestan rápidamente. Plegarias que benefician a otros también reciben respuesta rápida, pues es fácil lograr la cooperación del Yo Superior del beneficiario. Como dijimos anteriormente, es necesario repetir la plegaria diariamente en forma idéntica. Mientras tanto, evite pensar en ella. En lugar de eso, siga tratando de lograr su meta por sus propios medios. De esa forma, recibirá orientación del Yo Superior a través de sentimientos e intuiciones que gradualmente le conducirán hacia la manifestación de su deseo. Recuerde que el Yo Superior no materializará su deseo como por arte de magia. La mayoría de las veces, le guiará para que aproveche ciertas condiciones o ciertos eventos que le conducirán al éxito.

Uno de los logros más significativos que mi familia recibió de nuestras entidades superiores fue la casa que adquirimos en Pensilvania. En el 2002 vivíamos en Kentucky, poco antes de aceptar un nuevo empleo en Pensilvania. Era muy estimulante la idea de mudarnos cerca de una gran ciudad histórica –el sitio de Benjamín Franklin, sede del primer congreso, la capital original y lugar donde se redactó la primera constitución de los Estados Unidos. Sin embargo, vender nuestra casa favorita en

Kentucky, que construimos a nuestras especificaciones, demoró por un tiempo nuestros planes. Durante años construí plegarias pidiendo un nuevo hogar en un área del país con mayor diversidad étnica y con mejores posibilidades culturales para la familia. El gran impedimento a realizar nuestros sueños era que adorábamos nuestra casa en Kentucky. Era una casa muy espaciosa con techos altos, mucha luz y grandes ventanales que daban a los bosques traseros. El sótano gozaba de luz natural y tenía su propia puerta al jardín trasero, ideal para mi afición de la elaboración artesanal del vino. En preparación para la mudanza, buscamos por la Internet casas similares en Pensilvania. Pronto descubrimos que el costo de vida en Pensilvania era sustancialmente más alto que el de Kentucky y que una casa de las especificaciones que queríamos no la podríamos pagar, pues llegaría a costar casi cuatro veces más que una similar en Kentucky. El impuesto predial en Pensilvania llegaba a ser casi ocho veces más que el de una casa similar en Kentucky. Como si fuera poco, el mercado inmobiliario gozaba de un boom extraordinario; era la época de una economía robusta con gran demanda de casas nuevas que subían de precio a diario y muy poca disponibilidad para el comprador. El nuevo empleo era la respuesta a mis plegarias profesionales, pero todo parecía indicar que ese logro implicaba no poder reemplazar la casa que teníamos. Tendríamos que contentarnos con una de calidad muy inferior.

A pesar de estas dificultades aparentemente insalvables, decidimos tener profunda fe y creer que si el cósmico nos había otorgado la oportunidad de mudarnos, también entraban en sus planes concedernos misteriosamente la casa de nuestros sueños. Decidimos proceder como si todo fuera a salir bien y con la convicción de aceptar sin reservas lo que fuera. Un día después de cenar escribimos las características de la casa que queríamos, dando rienda suelta a nuestros sueños, como si una casa así existiera y, lo que es mejor, como si pudiéramos comprarla. El resultado final fue una casa hipotética que preservaba la distribución y muchas de las características de la casa de Kentucky, pero mejoraba y ampliaba muchas otras. El tamaño era mucho mayor, en un lote más grande, la parte trasera daba a los bosques, pero los bosques un poco más lejos para evitar la caída de árboles en las tormentas. Queríamos vecinos, pero un poco más lejos. La casa imaginaria era de color blanco por dentro y por fuera, y tenía un gran sótano con luz natural y con salida independiente. Los techos muy altos, la cocina gigante con su propia mesa y gran ventanal mirando a los bosques. Nuestro cuadro mental también localizaba esta casa cerca a un colegio excelente para nuestra hija y quedaba a menos de cuarenta y cinco minutos en tren –un sólo tren– del centro de la ciudad.

Cuando terminamos de escribir, teníamos la sensación de que estábamos sencillamente soñando. ¿Será que una casa así existe en la realidad? ¿Aun si existe, estará a la venta? ¿Y si es así, cómo vamos a comprarla? Los hechos desafiaban la lógica. Aun si vendiéramos la casa de Kentucky al mejor precio posible y le sumáramos todos nuestros ahorros, de todas formas no reuniríamos la cantidad suficiente para la cuota inicial de una tal propiedad en el mercado de Pensilvania de entonces. Desafiando el sentido común y la lógica, planeamos un viaje a Pensilvania de una semana para buscar casa con la ayuda de un agente de inmobiliaria local. En la primavera del 2003 volamos a Pensilvania en búsqueda de nuestros sueños. Con la ayuda del agente inmobiliario, nos concentramos en mirar zonas con buenos colegios. Visitamos muchas casas que no se parecían ni remotamente a la que habíamos visualizado. Vimos casas que tenían más de cincuenta años, en pésimas condiciones de mantenimiento, a precios exorbitantes. La mayoría de las propiedades se vendían el mismo día que salían al mercado. Al finalizar el tercer día nos dimos cuenta que si íbamos a adquirir algo que nos gustara, tendríamos que construirlo. El problema era que las urbanizaciones nuevas estaban a más de cuarenta y cinco minutos de la ciudad. Aun así, era difícil conseguir un lote debido a la gran demanda. Cuando visitamos a una compañía constructora, fue cómico ver que los clientes tenían que hacer cola para que se les atendiera. Si, suena increíble, pero había que hacer cola para comprar un lote de una casa de precio inalcanzable.

El día antes de regresar a Kentucky estábamos exhaustos, tristes, desilusionados. Volvimos a la constructora y esta vez conversamos con una vendedora muy amable. Le confesamos que nos fascinaban sus modelos de casas, pero que parecía imposible conseguir un lote a menos de cuarenta y cinco minutos de la ciudad. De repente, sus ojos se iluminaron diciendo "me acaban de informar que hay un lote nuevo en el Ridings Estates," que es una urbanización cerca de la ciudad. El lote en cuestión había sido utilizado para almacenar los materiales de construcción y el movimiento de tierras de la urbanización. Una vez se construyeron todas las casas, lo limpiaron y lo pusieron a la venta, "coincidencialmente" ese mismo día. Acto seguido, fuimos a mirarlo. Recuerdo que le di a la vendedora veinte dólares para "reservarlo," temiendo que durante nuestra ausencia alguien lo comprara. Cuando entramos al Ridings Estates, reconocimos inmediatamente el trabajo del Yo Superior. El lote era ligeramente inclinado que permitía construir un sótano con salida independiente; tenía media hectárea de superficie y colindaba con una quebrada rodeada de bosques bellísimos. La distancia entre casas era muy amplia. Estaba a cinco minutos de la estación de tren, a cuarenta minutos del centro de la ciudad, y a cinco minutos del colegio de secundaria, uno de los mejores de Pensilvania. ¿Cómo es posible, pensábamos, que el cósmico consiguió un lote de características superiores a nuestros sueños? ¿Cómo hizo para "guardarlo" por tanto tiempo y ofrecérnoslo precisamente una pocas horas antes de regresar a Kentucky? Sorprendidos por la precisión del Yo Superior, firmamos inmediatamente la promesa de compra. Días después de nuestro regreso a Kentucky, llegó el contrato de compra y construcción, la cual tardaría un año en concluir. Una cláusula del contrato daba un estimado la cuota inicial a pagar contra entrega de la propiedad. La cifra sobrepasaba con creces todos nuestros ahorros. ¿Dónde conseguiríamos esa suma? Firmamos el contrato con la absoluta certeza de que todo saldría muy bien.

Aquel verano vendimos nuestra casa y nos mudamos a Pensilvania. Alquilamos un apartamento durante el año que tardó la construcción de la nueva casa. Recuerdo que en ocasiones calculé, una y otra vez, el monto de la cuota inicial más sus impuestos y concluí que no había forma de pagarlo con nuestros ahorros, al tiempo que afirmaba mi certeza de que este proyecto había sido decretado cósmicamente y que, de alguna forma, recibiríamos ayuda. En efecto, durante el mismo año, dinero nos llegó de varias fuentes como por arte de magia. Por ejemplo, en nuestros ahorros teníamos acciones de compañías, algunas de las cuales se multiplicaron en valor. Otras fueron adquiridas o consolidadas por grandes corporaciones y sus acciones crecieron vertiginosamente en valor. En el proceso de disolución de una empresa, hubo un "error" de contaduría a nuestro favor de varios ceros a la derecha. Es interesante que varias veces traté de corregir este error, pero en la confusión del cierre y la despedida de tanto personal nadie me escuchó. Todo esto ocurrió en una época en la que la bolsa de valores bajaba vertiginosamente y la mayoría de la gente perdía dinero. La solicitud de préstamo se aprobó sin problemas y en la primavera del 2004 cerramos la compra de la casa. La gran sorpresa fue que la cantidad exacta de la cuota inicial, después de incluir todas las extras e imprevistos de la construcción, fue de un veinticinco porciento más alto que el estimado en el contrato inicial de compraventa. Cuando nos mudamos a nuestra casa, no podíamos creer la cantidad de recursos que se pusieron a nuestra disposición. Fue como un acto de magia que nunca olvidaremos. Comparando los detalles de la visualización, escritos por la familia el año anterior, con el resultado final, fue sorprendente descubrir que *todas las especificaciones finales* eran iguales o superiores a las del cuadro mental original. El área de construcción era cerca de veinticinco porciento superior al planeado; los techos en promedio un pie más altos; mucho más luz gracias a treinta y siete ventanas; el sótano de un tamaño tal que también me permitía ejercitar, correr y la elaboración del vino cómodamente; tenía una sala formal, un comedor formal y un estudio que no estaban en el plan; el lote tenía cerca de un acre en tamaño; los bosques traseros un poco más lejos de la casa; las casas vecinas mucho más lejos; incluso la dirección asignada por el municipio fue "coincidencialmente" la fecha de mi cumpleaños en números. Todo lo que pedimos fue concedido igual o superior a nuestros deseos.

La anécdota anterior ilustra ciertos principios a seguir cuando pedimos algo al Yo Superior. Una vez más, hay que hacer todo lo que esté a nuestro alcance. En mi caso, trabajé por años para construir una hoja de vida competitiva que me permitió obtener una posición en el sitio deseado. Esto fue parte de un plan profesional detallado que demandó mucho esfuerzo y persistencia, y en el que el Yo Superior colaboró inmensamente. Cuando la oportunidad se presentó, la recibimos con los brazos abiertos y con profunda fe en el proceso, a pesar de que el sentido común y el raciocinio lógico indicaban que era imposible adquirir la casa que queríamos. Hicimos todo lo que materialmente se pudo. Buscamos información, empleamos un especialista, planeamos cuidadosamente un viaje para encontrar el objeto de nuestros sueños. Incluso firmamos el contrato de compraventa a sabiendas de que probablemente lo incumpliríamos y perderíamos gran parte de nuestros ahorros. A través del proceso, constantemente renovamos nuestras plegarias y afirmamos nuestra fe en el Yo Superior. El proyecto tomó años en llevarse a cabo. Tomó la participación del Yo Superior de cada miembro de la familia, pues todos nos beneficiamos. Requirió recursos financieros e inmobiliarios y constituyó una gran empresa para las entidades superiores. Al final, muchas personas se beneficiaron, incluyendo el constructor, la hipotecaria, la economía local, los trabajadores, la aseguradora y los contribuyentes del estado.

Nótese también que se pedía *un objeto específico con un propósito claro y concreto*. Si hubiese pedido la misma cantidad de dinero en efectivo sin ningún propósito claro, hubiera recibido menos atención del Yo Superior. Igualmente, es interesante observar que los eventos decididos por el cósmico ocurren con gran precisión. En mi experiencia, cuando el Yo Superior decide una acción, la ejecuta en una forma que desafía la razón. Cada elemento de un evento ocurre exactamente a última hora; cada actor hace su parte perfectamente a último momento. Los pasos que usted tiene que seguir para llegar a su meta son dictados por el Yo Superior en forma enigmática. A veces se requiere de ensayo y error hasta encontrar cual es el siguiente paso en la dirección correcta. Aquí es crucial la meditación diaria. Algunos de los pasos intermedios parecen no relacionarse con la meta o incluso apuntan en una dirección absurda. Por ejemplo, en el ejemplo anterior de la casa, descubrimos con pena de que hubo un propósito al contratar un agente de inmobiliaria que resultó ser deshonesto; gracias a él supimos de una compañía hipotecaria que nos aprobó un préstamo con buenas garantías. De otra forma no hubiera sido posible. Este ejemplo nos lleva a otro concepto que discutiremos en detalle más adelante, y es que siempre hay algo bueno como resultado de los eventos más dolorosos en la vida. Si andamos por el mundo aceptando sin reservas y esperando algo positivo de todo lo que nos ocurre, habremos aprendido el arte de vivir felizmente.

Curar con la ayuda del Yo Superior

En el Capítulo 3 describimos en detalle el método de cura Huna llamado por los Kahunas *lomilomi*. Explicamos que este procedimiento aprovecha las habilidades latentes del yo inferior. Se puede hacer una pequeña modificación que incluye una invocación pidiendo ayuda al Yo Superior. De esta forma, la plegaria de cura puede ser mucho más efectiva. Algunas de las curas aparentemente "milagrosas" en las crónicas de Long incluían la participación del Yo Superior. En el siguiente experimento resumimos el procedimiento a seguir. Como se puede ver, es una modificación del Ejercicio 3.4, Capítulo 3.

Ejercicio 4.4: Curando con el Yo Superior

Objetivo
Poner en práctica el método Huna para curar, utilizando el yo intermedio, el inferior y el Superior.

Procedimiento
Cuando desee ayudar a un familiar o amigo a aliviar alguna enfermedad, estrés, o cualquier problema de salud, obtenga primero su consentimiento. Indíquele que va a recibir una forma de "terapia energética" o cualquier otra descripción que no va a encontrar objeción. Usted necesita la colaboración del yo inferior del paciente y su deseo de curarse, a no ser que se encuentre inconsciente. Nunca intente curar a un extraño. Seguidamente proceda con los siguientes pasos:

Estimulación física. Aplique cualquier forma de estimulación física. Cualquier tipo de actividad que el paciente no haga habitualmente impresionará su yo inferior: Un baño aromático, un masaje, frotarle con las manos, etc.

Sugestión positiva. Mientras que estimula al sujeto, afírmele que este acto está disolviendo la enfermedad, eliminando el dolor o que todas sus dificultades se desvanecen. Repita esta frase continuamente con una voz suave pero firme. Recuerde, usted le esta ordenando al yo inferior del paciente que se cure.

Acumulación de maná.

Deje al paciente descansando por unos minutos mientras que usted se retira a otra habitación, donde se sienta, cierra sus ojos, le pide a su yo inferior que produzca una gran carga de maná y respira profundamente veintiún veces. Al tiempo que respira, imagine que el maná se concentra en sus brazos y manos con el fin de curar. Cuando sienta que ha producido una carga suficiente, pídale al yo inferior que la retenga hasta cuando la pueda proyectar al paciente.

Comuníquese con su Yo Superior.

Pida al yo inferior que contacte al Yo Superior y solicite ayuda para curar al paciente. Hágalo por intermedio de una breve invocación. Por ejemplo, afirme en voz baja o mentalmente lo siguiente:

"Espíritu paterno, que vives en el mundo de la luz, ayúdame a ser un vehículo de energía universal para curar y aliviar el dolor de esta persona."

Construya un cuadro mental de una cura completa

Ahora imagine al paciente como si estuviera completamente curado. Véalo saludable y vigoroso. El cuadro no debe incluir la enfermedad. En su lugar visualice al paciente en condiciones de salud perfecta, como si hubiese ocurrido un milagro. Pida al yo inferior un profundo sentimiento de amor y deseo de curar. En este paso se impregna el cuadro mental con maná.

Proyección del maná.

Ahora acérquese al paciente y dígale que permanezca relajado y tranquilo. Pose sus manos en el área afectada, una a cada lado de la herida. Si no es posible tocar al paciente o si el problema es interno, mantenga la palma de sus manos cerca y encima del área afectada. Cierre los ojos e imagine que el maná se proyecta de sus manos al paciente y que el paciente está completamente sano. Al mismo tiempo, imagine que maná desciende desde lo alto, penetra su cuerpo, pasa por sus brazos y manos, y se proyecta al paciente. Si es posible, agregue unas palabras sugiriendo solemnemente al paciente que todo se solucionó y está en perfecto estado de salud. Este paso puede durar un minuto aproximadamente.

Concluya el tratamiento. Cuando lo crea conveniente, concluya el tratamiento con una breve invocación dando gracias al Yo Superior. Por ejemplo afirme lo siguiente:

"Doy gracias a mi espíritu paterno por curar a [el nombre del paciente]. *¡Si es por el beneficio de todos, que así sea!"*

Informe al paciente que el tratamiento concluyó. Déjelo reposar por un tiempo si es necesario. Seguidamente, lávese las manos al tiempo que se repite a sí mismo que todos los problemas físicos o emocionales se van. Como de costumbre, documente el experimento y sus resultados en su diario. Si lo desea, repita el tratamiento después de media hora para reforzar sus efectos.

<u>Posibles resultados</u>

Correctamente ejecutado, el tratamiento Huna es muy efectivo. Esto depende de su habilidad de contactar al Yo Superior y del deseo del sujeto de recibir ayuda. Como discutimos en el Capítulo 5, muchas condiciones crónicas no desaparecen fácilmente, especialmente si el paciente recibe algún beneficio consciente o inconsciente de la enfermedad.

<u>Resumen</u>

A continuación resumimos los pasos a seguir en este experimento:

1. **Obtenga el consentimiento del paciente.** Cuando desee ayudar a un familiar o amigo a aliviar algún problema o enfermedad, pregúntele si desea recibir ayuda.

2. **Aplique estimulación física.** Si está de acuerdo, sométalo a cualquier forma de estímulo físico, tal como un masaje, un baño aromático, etc.

3. **Proporcione sugestión positiva.** Al tiempo que aplica estímulo físico, afirme en voz solemne que se está curando, que todo se resuelve correctamente, etc.

4. ***Acumule una gran carga de maná.*** Deje al paciente reposando, mientras que usted carga su cuerpo con maná respirando profundamente varias veces. Imagine al maná concentrándose en sus brazos y manos. Cuando tenga una cantidad suficiente, ordene a su yo inferior que lo retenga hasta cuando esté listo para proyectarlo al paciente.

5. ***Contacte a su Yo Superior.*** Comuníquese con el Yo Superior mediante una breve invocación; ofrézcase como vehículo de energía cósmica para curar.

6. ***Impregne el cuadro mental de cura con maná.*** Durante un minuto, imagine el área afectada completamente sana. Pida al yo inferior un profundo sentimiento de amor y deseo de curar.

7. ***Proyecte el maná.*** Ahora acérquese al sujeto, dígale que se relaje, pose sus manos sobre el área afectada, cierre los ojos, imagine al maná proyectándose desde sus manos al paciente. Al mismo tiempo, imagine maná proveniente desde lo alto, de su Yo Superior, penetrando su cuerpo, pasando por sus brazos y manos para finalmente llegar al paciente. Si es posible, agregue unas palabras afirmando que todo se está solucionado y perfectamente sano. Haga esto por cerca de un minuto.

8. ***Concluya el tratamiento.*** Finalice el tratamiento con una breve invocación dando gracias al Yo Superior. Deje reposar al paciente. Lávese las manos mientras que afirma que toda condición adversa desaparece. Documente en su diario el experimento y sus resultados. Si es necesario repita el tratamiento en media hora.

La plegaria más efectiva: Pedir un consejo

En el Capítulo 5 discutiremos diversas razones por las cuales algunas plegarias no reciben respuesta y presentamos algunas técnicas nuevas para solucionar esta dificultad. Por el momento, quisiera recalcar la importancia de la plegaria en la que únicamente pedimos un consejo acerca de qué hacer con respecto a un problema. Esta oración nunca tiene objeción por parte del yo inferior, es decir no se encuentra bloqueada por complejos o fijaciones pasados, a menos que usted haya tenido alguna experiencia traumática de infancia por recibir consejo. Pedir consejo no requiere de la participación de otros ni de una cantidad de energía superior a la suministrada en una sola sesión. Por estas razones, es la plegaria que casi siempre recibe respuesta; quisiera enfatizar su importancia. Al Yo Superior le encanta aconsejarnos; sabe lo que nos conviene; tiene como misión guiarnos y protegernos; es un ser muy sabio y puede dar soluciones a problemas en una forma superior a la razón y la intuición. El Yo Superior sabe que no puede interferir con nuestro libre albedrío y por lo tanto nunca nos impone su mejor punto de vista, pero con gusto nos ofrece su consejo tan a menudo como lo deseemos, si es que estamos dispuestos a escuchar sus mensajes sutiles. Así como una caminata de quince minutos al día mejorará su salud, de la misma forma quince minutos de meditación diaria renovarán radicalmente su condición física, emocional y espiritual. Con este propósito, a continuación describimos un experimento que no es más que una modificación del Ejercicio 4.2.

Ejercicio 4.5: Pedir consejo al Yo Superior

Objetivo
Recibir consejo y guía del Yo Superior para resolver problemas.

Procedimiento
Prepárese a meditar, es decir diríjase a una habitación donde no será interrumpido al menos por quince minutos, preferiblemente en su casa. Cierre la puerta, siéntese en una silla con buen espaldar con la columna recta, pies en el suelo ligeramente separados y las manos separadas sobre las piernas con las palmas hacia abajo.

Cierre los ojos. En voz baja llame por su propio nombre al yo inferior (e. g., Luis) y pídale que acumule una gran carga de maná, mientras que respira profundamente aproximadamente veintiún veces. A medida que respira, imagínese al maná gradualmente llenando su cuerpo, empezando por los pies, subiendo por el tronco, el pecho, los brazos, y finalmente la cabeza hasta que se derrama por la corona. También imagine que el maná relaja a su paso todos los músculos y alivia todas las tensiones del cuerpo y la mente. Cuando sienta que ha acumulado una gran cantidad de maná, relaje su cuerpo y mente y pídale verbalmente a Luis que retenga la energía hasta cuando pueda enviarla al Yo Superior.

Ahora, pídale al yo inferior que genere un profundo sentimiento de amor y que se comunique con el Yo Superior. Utilice una invocación solemne apropiada, preferiblemente en voz baja, pero si no es posible hágalo mentalmente. La siguiente oración es sólo un ejemplo; modifíquela a gusto:

"Espíritu paterno, que vives en el reino de la luz, por favor acepta esta ofrenda de maná, aconséjame, guíame, ilumina mis sentimientos para encontrar una solución a mi problema."

Ahora piense detalladamente en su problema. Mentalmente revise todos los aspectos y puntos de vista. Considere las posibles ventajas y desventajas de tomar diversas decisiones. Provea toda la información posible. Después de un minuto pensando intensamente acerca de este problema –y solamente en este problema–, pregunte en voz suave pero firme:

"¿Espíritu paterno, qué debo hacer?"

Repita esta frase hasta un total de tres veces, cada vez visualizando las palabras en su mente, como si estuvieran escritas en una pantalla grande.

Ahora que ha impregnado el maná con la información del problema y una pregunta concreta, ordene al yo inferior que empiece a enviarlo. Imagine y sienta la transferencia de energía desde su cuerpo hacia arriba hasta llegar al Yo Superior.

Seguidamente, permanezca tranquilo, relajado, en estado de receptividad. Evite a toda costa todo tipo de pensamiento. No piense más en su problema, que ha sido delegado al Yo Superior. Después de unos minutos o cuando lo desee termine la meditación. Escriba en su diario cualquier sentimiento o impresión que le lleguen.

Posibles resultados

Es posible que el Yo Superior le responda inmediatamente y es posible que no. Si responde, *no* será una "voz" diciéndole qué hacer, sino un sentimiento a través del yo inferior. Casi siempre, la respuesta llega durante las próximas horas o próximos días, como una intuición, un sueño, un evento que le produce un sentimiento instantáneo de tener la absoluta certeza de qué hacer con respecto al problema. Tal evento ordenado por el Yo Superior puede ser una llamada telefónica, un mensaje electrónico o un encuentro con alguien. Lo único seguro es que siempre *habrá una respuesta*. Manténgase alerta a esa repuesta, pues puede perderla si está ocupado. Cuando le llegue, usted no tendrá la menor duda. Entonces lo que tiene que hacer es ejecutarla con fe, sin analizarla, ni criticarla, ni descartarla. La solución del Yo Superior puede parecer obvia, trivial y a veces absurda a la luz de la razón. Es la mejor solución en las circunstancias actuales. A veces la respuesta no es lo que usted esperaba. El Yo Superior le dará *lo que usted necesita*, no lo que usted quiere. Acepte y ejecute la solución con fe, de lo contrario en el futuro el Yo Superior puede negarse a comunicarse con usted hasta que usted demuestre estar listo a escuchar y recibir ayuda. Por otra parte, no se preocupe por el problema hasta tanto no reciba respuesta. Pensar en el problema interfiere con el trabajo del Yo Superior. Tenga el convencimiento de que el problema está en buenas manos.

Resumen

A continuación se resumen los pasos a seguir.

1. **Consiga la cooperación de sus entidades inferiores.** Diríjase a una habitación donde no será interrumpido. Siéntese en una silla con buen espaldar, pies en el suelo ligeramente separados, manos sobre las piernas. Cierre los ojos.

2. **Produzca una gran carga de maná.** Pida a su Luis que genere una gran carga de maná. Respire profundamente veintiún veces más o menos, mientras se imagina al maná

gradualmente colmando y relajando cada parte de su cuerpo, comenzando por los pies y terminando en la cabeza. Cuando termine, pida a Luis que lo retenga hasta cuando esté listo para enviarlo al Yo Superior.

3. **Contacte al Yo Superior.** Contacte al Yo Superior mediante una breve invocación pidiéndole consejo y guía.

4. **Piense en el problema.** Por cerca de un minuto, piense intensamente acerca del problema, tan detalladamente como posible, mirando todos sus ángulos y las posibles consecuencias de varias alternativas a seguir. Seguidamente, pregúntele al Yo Superior: "¿Qué debo hacer?" Solemnemente, haga esta pregunta tres veces, mientras visualiza la palabras, como si estuvieran proyectadas en una gran pantalla.

5. **Ofrezca el maná al Yo Superior.** Pida a Luis que empiece a mandar el maná al Yo Superior. Sienta la transferencia de maná hacia arriba como una fuente de agua.

6. **Permanezca en silencio contemplativo.** Prosiga con la fase del silencio. Permanezca relajado, tranquilo, en estado de receptividad, evitando cualquier pensamiento. No piense en el problema. Después de unos minutos, termine el ejercicio y escriba sus impresiones en el diario. Si la respuesta no llega inmediatamente, espérela fervientemente en unas horas o pocos días.

"Cuando se encuentre afligido, cuando actúe impulsivamente, sin reflexionar sobre lo que dice o hace, o cuando se encuentre en estado de ansiedad, la razón de ello es una interferencia en un campo específico de pensamiento; esa interferencia contiene la información que controla el sentimiento de malestar que experimenta y todas las otras emociones negativas."

Roger Callahan (Callahan, 2001)

5.
ELIMINACIÓN DE PROBLEMAS MENTALES Y SENTIMIENTOS NEGATIVOS

Técnicas de cura emocional
y desbloqueo
de la línea de comunicación

En este capítulo presentamos técnicas tradicionales Huna, además de nuevos métodos de sicología energética, para eliminar bloqueos que a veces impiden la comunicación con el Yo Superior y previenen la respuesta a nuestras plegarias. Hasta ahora, hemos estudiado las características de los tres espíritus vivientes en nosotros. Aprendimos las técnicas básicas para conocerles, explorar sus personalidades y aprovechar sus habilidades latentes. En el Capítulo 4 estudiamos métodos de meditación y oración para comunicarnos con el Yo Superior, recibir consejo o realizar nuestros deseos más profundos. Estos métodos requieren una cooperación armoniosa entre los tres espíritus así: Primero, el yo intermedio inicia la plegaria y construye un cuadro mental en su imaginación; segundo, el yo inferior genera una gran carga de maná que manda al Yo Superior junto con el cuadro mental; tercero, el Yo Superior recibe el cuadro mental, transforma el maná inferior en energía más sutil, que utiliza para manifestar la condición deseada de acuerdo a las especificaciones del cuadro mental. También describimos las reglas fundamentales y ejercicios necesarios para lograr los objetivos deseados. Si el lector sigue cuidadosamente estas reglas básicas de Huna, podrá lograr casi cualquier cosa que se proponga.

¿Por qué una oración no recibe respuesta?

A pesar de seguir estas reglas con esfuerzo y persistencia, a veces encontramos que algunas plegarias parecen no tener respuesta. Durante casi un siglo, el sistema Huna ha sido aplicado por mucha gente en el mundo occidental. Muchas crónicas reportan que, habiendo seguido fielmente los procedimientos Huna, las plegarias fallidas se deben a un bloqueo en la comunicación entre el yo inferior y el Yo Superior. Como dijimos anteriormente, el yo inferior es el único capaz de comunicarse con el Yo Superior a través de un hilo psíquico o cordón plateado. Tal comunicación es dirigida por maná adherido a un mensaje telepático o a un pensamiento simbólico. Existen varias causas bien conocidas de por qué este flujo se interrumpe. Vamos a analizar cada una de ellas y a presentar ejercicios prácticos para restablecerla.

El primer punto a tratar es que hay que aceptar con actitud positiva cualquier plegaria fallida. Como todo en la vida, fallar en nuestro intento de lograr algo no debería significar el fin del proyecto. En lugar de eso, este "fracaso" debería ser visto como una invitación a mejorar ciertas habilidades o a modificar ciertos aspectos del plan para el siguiente intento. Acepte una plegaria sin respuesta como un indicativo de que hay que modificar el objetivo, cambiar la técnica de la oración o, lo que es más importante, hay que afrontar un conflicto interno o fijación. Nunca abandone el proyecto. Hasta el momento, usted identificó un objetivo claro en la vida, delineó un plan de acción, decidió lograrlo por sus propios medios y en última instancia con la ayuda de su Yo Superior. En este proceso afirmó su derecho innato de tomar las riendas de su vida. Al darse por vencido ahora, le está mandando mensajes contradictorios a su yo inferior y a su Yo Superior, y está creando el hábito de fracasar. Su objetivo máximo en la vida debería ser la reintegración armoniosa de sus tres espíritus y abandonar una componente importante le retardará sustancialmente. Por otra parte, aceptar una plegaria fallida como un desafío a mejorarse le ayudará a eliminar barreras importantes que le traerán una mayor felicidad. Más importante aún, su persistencia eventualmente realizará su ideal. Evite a toda costa pensamientos tales como "esto no va a funcionar" y cultive afirmaciones como "he aquí una oportunidad para mejorar mi vida." Antes que todo, examinemos las causas detrás de una plegaria sin respuesta.

Problemas con el objetivo en sí mismo

Existe la posibilidad que la meta que uno se propone sea demasiado ambiciosa. La mayoría de nosotros, nunca seremos elegidos presidentes de nuestros países, ni recibiremos el Premio Nobel, ni caminaremos sobre la superficie de la luna. Por el contrario, estas metas serían razonables si nuestros esfuerzos fueran acordes. Por ejemplo, convertirse en el presidente de la nación es razonable para aquellos que son candidatos al congreso o a una gobernación. Ganar el Premio Nobel es razonable para aquellos que persiguen carreras de innovación en la ciencia, etc. No quiero decir con esto que proyectos aparentemente muy ambiciosos no se puedan lograr. La historia está llena de anécdotas en las que esfuerzos extraordinarios eventualmente fueron fructíferos. Lo que quiero decir es que su meta debería ser plausible y alcanzable, si la analizamos a la luz de las posibilidades. Por ejemplo, es posible que alguien que creció pobremente llegue a ser multimillonario. Probablemente no ocurrirá de la noche a la mañana, sino a través de un esfuerzo prolongado y constante en estrategia financiera, inversión y desarrollo mercantil. Por supuesto esto excluye el evento, de muy baja probabilidad, de ganarse la lotería. Si al principio contemplamos el objetivo final, puede parecer como un sueño vano. Sin embargo, si dividimos una meta a largo plazo en pequeñas etapas a alcanzar en cómodas cuotas, de repente la meta final se vuelve realista y asequible. Grandes logros requieren cantidades enormes de maná y pueden tomar largo tiempo en conseguirse, especialmente si su Yo Superior necesita enlistar la ayuda de otros. Sea persistente.

Por otro lado, es posible que un objetivo sea tal que su logro implique hacerle daño a alguien, en cuyo caso no se trata de un bloqueo en la comunicación sino de la decisión del Yo Superior de no apoyarlo. Recuerde que le Yo Superior tiene un código de ética muy estricto y nunca participará en hacerle daño a nadie. Nunca despojará de algo a alguien para entregárselo a usted. Si su objetivo trae consecuencias adversas a otros que usted no previó –físicas, financieras, emocionales–, sencillamente el Yo Superior no responderá. Recuerde el ideal Huna de vivir *"ayudando a los demás, sin perjudicar a nadie."*

Finalmente, el objetivo o deseo puede ser demasiado abstracto o carecer de una definición concreta tal que se pueda transferir a un cuadro mental claro. Por ejemplo, deseos tales como "desearía tener más dinero," "quisiera tener alguien a quien amar," "quisiera tener un mejor empleo" son objetivos que requieren ser más específicos. En otras palabras, defina claramente cuánto dinero quiere, para cuándo; defina claramente las características físicas, la personalidad y los gustos de la persona que quiere conocer; identifique el tipo de trabajo, localización, responsabilidades, ambiente de trabajo, y posiblemente el nombre de la compañía que desea.

En los dos capítulos anteriores también insistimos que todo objetivo o deseo debe ser consultado y aprobado por el yo inferior. Muchas plegarias fallan cuando el yo inferior se rehúsa enviarlas al Yo Superior, sencillamente porque aquel tiene objeciones serias al respecto. En el Capítulo 3 presentamos ejercicios para conocer y comunicarse efectivamente con el yo inferior. Averigüe si al yo inferior le disgusta, se siente indigno o se opone a su meta. Puede ser también que su Luis tiene miedo de lograr la meta. Como describimos anteriormente, objeciones simples por parte del yo inferior se pueden cambiar argumentando y razonando con su Luis. Por otra parte, para superar fijaciones profundas o complejos, más adelante en este capítulo presentamos métodos nuevos de sicología energética que han demostrado ser muy efectivos.

Problemas con el cuadro-idea mental

Traducir un objetivo a un cuadro mental requiere un plan cuidadoso. A veces el objeto visualizado no representa fielmente el objetivo a lograr. Una meta abstracta requiere una representación visual concreta, que a veces no es fácil. Por ejemplo, consideremos el deseo "quiero bajar mi presión arterial," el cual es difícil de visualizar, pues la hipertensión usualmente no conlleva ningún síntoma externo y sus consecuencias adversas sólo aparecen años después. Un amigo me comentó su dificultad de visualizar la condición "presión arterial más baja." Sus plegarias que incluían la afirmación "ahora mi presión arterial es normal," junto a una imagen viéndose a sí mismo saludable y feliz, aparentemente no tenían respuesta. Le pregunté si había hecho todo lo que estaba a su alcance para bajar la tensión. Me dijo que por meses había reducido sustancialmente el consumo de grasa y sodio, había incrementado el consumo de verduras y alimentos biológicos, hacía ejercicio aeróbico tres veces por semana, y había reducido en gran parte el estrés de su trabajo ejecutivo. No obstante, su tensión arterial no parecía bajar. Mi amigo había seguido fielmente las recomendaciones estándar de su médico, que incluían implementar todo lo anterior por tres meses, al cabo de los cuales le recetaría medicina si la presión continuaba consistentemente alta. La sóla idea de tomar medicamento por el resto de su vida, con su larga lista de efectos colaterales adversos, aterrorizaba a mi amigo. Fue entonces cuando intentó aplicar Huna, pero encontraba difícil la construcción de un cuadro mental apropiado. Me contó que se medía la tensión con el manómetro manual que registra la presión en milímetros de mercurio mientras que se escuchan los latidos del corazón. Le sugerí que se visualizara a sí mismo tomándose la tensión y que observara la aguja del manómetro registrando una presión sistólica de 120 y la diastólica de 80, es decir las cifras consideradas normales. Después de mucho pensarlo, el cuadro incluía la forma exacta en que mi amigo se mide la tensión diariamente (el instrumento, la posición del cuerpo, la habitación, etc.), además de una sensación de bienestar y alegría. El cuadro así construido le tomó quince segundos en recordarlo mentalmente. Al cabo de unas pocas sesiones de Huna la presión finalmente empezó a bajar, registrando un promedio de 130/78, lo que era un gran progreso con respecto a la cifra original de 165/95. Mi amigo todavía necesitaba continuar trabajando en este problema, pero claramente el cuadro mental apropiado había hecho una gran diferencia. Su plegaria estaba encontrando con una respuesta, en este caso sorprendente, tanto así que él creía que finalmente el ejercicio y la dieta estaban finalmente dando resultados. . .

El ejemplo anterior ilustra algunos de los principios relacionados con la construcción de cuadros mentales. El cuadro mental no tiene que ser largo o demasiado detallado. Una imagen sucinta y correcta logra los resultados deseados. Lo que necesitamos es una forma clara y sencilla de comunicar al Yo Superior lo que deseamos. De hecho, un cuadro muy detallado o muy largo tiene la posibilidad de ser enunciado con cierta diferencia cada vez que oramos. Cambiar el contenido de una oración una vez que la enviamos al Yo Superior puede resultar en confusión o en resultados insatisfactorios. Cada vez que oramos hay que mandar el mismo cuadro. Si ha cambiado de opinión y ya no desea su meta, entonces construya una oración en la que la meta no se manifiesta.

Otro punto importante es que, si bien la imagen deber ser un reflejo claro y preciso del resultado deseado, no debe incluir demasiados detalles que limitarían las opciones del Yo Superior para manifestar el deseo. La escogencia de detalles ambientales alrededor del foco central de su meta se debe delegar al Yo Superior. Tenga la seguridad que él escogerá esos detalles de la forma más conveniente para usted.

En el ejemplo de visualizar la presión arterial normal, mi amigo escogió un cuadro mental que implicaba esa condición. En otras palabras, como no podía imaginar el concepto abstracto "presión arterial normal," entonces diseñó un cuadro del instrumento midiendo cifras normales. Así, muchas situaciones abstractas pueden visualizarse de una forma indirecta pero correcta. Por ejemplo, la imagen de riqueza puede visualizarse de una forma que lo implique. Imagínese rodeado de las cosas que implican riqueza y lujo, como autos, propiedades, ambiente suntuoso. Imagínese leyendo el extracto bancario de su cuenta corriente, observando claramente su nombre y admirando con satisfacción el saldo. Escoja una cifra alta pero concreta (e. g., $6.555.555,55). Puede practicar con su último extracto; borre la cifra actual y escriba un número deseado que pueda memorizar fácilmente. Una vez más, no espere que una varita mágica le vaya a conceder esa cantidad sin ningún propósito o sin ningún esfuerzo de su parte para superarse profesionalmente o financieramente de alguna forma. Si al tiempo que aplica Huna usted trata intensamente de alcanzar el éxito, especialmente en un proyecto que beneficia a otros, puede contar con la cooperación cósmica total.

La cantidad necesaria de energía maná

Una de las características claves del sistema Huna es el uso de maná como fuerza motriz de la meditación. Recordemos que se requiere energía para producir trabajo en el mundo físico y psíquico. Huna enfatiza la acumulación de una gran carga de maná, la saturación o unión de esta energía con un cuadro mental, y la proyección de este conjunto al Yo Superior. El maná constituye la energía prima para la materialización del cuadro mental. Algunas plegarias fallan porque requieren una cantidad extraordinaria de energía que el usuario evita enviar durante varias sesiones. Un proyecto grande requiere la correspondiente gran carga de energía. Algunos sencillamente mandan la imagen con un poco de energía y olvidan reanudar la plegaria con mayor cantidad. Mientras que algunas personas son capaces de generar una gran carga a voluntad, la mayoría deben seguir el proceso de respiración repetida combinado con la imagen de acumulación en el organismo —como la fuente de agua que crece y se desborda–, como se describe en el tercero y cuarto capítulos. He visto algunos practicantes que apresuran las plegarias con muy poca respiración previa. Es imperativo que toda plegaria sea impulsada con la mayor cantidad posible de maná.

Los antiguos Kahunas llamaron a los misioneros cristianos que llegaron a Hawaii en 1820 "los rezanderos sin aliento." Vieron cómo la plegaria cristiana era simplemente la enunciación mecánica de una receta memorizada, sin poder y poco efectiva. Por otra parte, la emoción y los sentimientos fuertes generan una gran cantidad de maná. Lo bueno de esto es que durante una plegaria el yo intermedio puede ordenar al yo inferior a que le adicione el mayor sentimiento posible. Al rodear una imagen con profundos sentimientos de amor y entusiasmo, se producen grandes cantidades de maná que se adhieren al mensaje telepático. Lo malo de esta asociación de maná con las emociones es que cuando sufrimos largos períodos de estrés y preocupación el organismo agota sus reservas de energía vital hasta el punto del abatimiento. Controlar las emociones negativas es clave para la salud física y emocional. El estrés y la ansiedad prolongados causan un deterioro en el nivel energético que afecta al sistema inmune y permite el surgimiento de enfermedades. Al mismo tiempo, un nivel energético muy bajo en el organismo hace que le yo intermedio pierda fuerza de voluntad y por ende el control sobre el yo inferior. Por esta razón es que cometemos la mayoría de los errores, y reaccionamos de la forma más irracional, precisamente cuando nos encontramos físicamente o mentalmente cansados. Cuando enfrente momentos de estrés, pause por un momento y respire profundamente varias veces. Esto relaja el cuerpo y la mente, pero también recarga al cuerpo de fuerza vital que le permite retomar el control sobre su yo inferior. Sus decisiones entonces serán más sabias.

Impulse sus plegarias con una gran carga de maná y continúe repitiéndolas con más energía que refuerce el cuadro mental, hasta que el Yo Superior disponga de suficiente energía para satisfacer su deseo.

Rituales útiles en la meditación
Si una meditación no se hace correctamente, la plegaria puede permanecer sin respuesta. A veces tenemos la urgencia de enunciar una plegaria y terminarla pronto. Puede ser que tengamos dificultad de concentración mientras que decenas de distracciones y otros pensamientos ajenos llegan a nuestra consciencia, lo que indica que el yo inferior no desea cooperar porque se opone al objetivo mismo o porque no se ha percatado de la importancia de la meditación.

Los ejercicios que presentamos en el tercer capítulo constituyen una ayuda excelente para entrenar al yo inferior a callar y cooperar con la meditación. Asumiendo que la meta ha sido aprobada por el yo inferior, los ejercicios pueden ser útiles si se practican regularmente, pues se convierten en una especie de ritual.

Ahora que mencionamos los rituales, muchas culturas chamánicas y tradiciones mágicas enfatizan el uso de rituales muy elaborados y muy precisos en sus prácticas esotéricas. Un ritual compuesto de ciertas palabras y acciones antes y durante una meditación logra que el yo inferior se impresione y haga su parte. Recordemos que al yo inferior se le puede impresionar con sugestión verbal y especialmente con estimulación física. A lo largo de la historia, se ha demostrado que cánticos tradicionales, exaltaciones verbales y danzas acompañadas con percusión monótona, producen una gran impresión al yo inferior del practicante y generan la ejecución de actos importantes que requieren el uso de sus habilidades latentes. Desde luego, esto no quiere decir que el ritual en sí mismo tenga algún poder oculto, sino que el yo inferior se emociona y actúa[1]. Aquí no sugiero que imite y practique durante la meditación ningún ritual en particular, especialmente uno que su mente racional encuentre cuestionable. No obstante, importa que usted encuentre cualquier forma de impresionar a su Luis durante una meditación. En el tercero y cuarto capítulos sugerí algunos artificios que logran la atención del yo inferior, tales como meditar siempre en la misma habitación, cerrar la puerta y no permitir interrupción, utilizar una silla especial que obligue a la buena postura, afirmar las palabras en voz baja pero solemne, callar la mente y evitar distracciones, etc. Adicionalmente, usted puede agregar cualquier "ritual" que comunique claramente a su Luis que sus intenciones son serias. Algunas personas ponen la luz tenue, prenden una vela y queman un poco de incienso. Seleccionar cierto tipo de música suave, tocada exclusivamente unos minutos antes de toda meditación, puede ayudar a crear el ambiente apropiado. Sin embargo, después la música puede interferir con la fase pasiva de la meditación. Yo uso una vasija metálica de los monjes budistas de Nepal. Cuando se golpea con una varita de madera, emite un sonido profundo que resuena por más de un minuto. Entonces mi Luis ya sabe que es hora de callar y prepararse a meditar. Una campana puede surtir el mismo efecto; sea creativa.

Una amiga me comentó que cuando reza una oración corta que su padre le enseñó de niña, se siente tranquila, relajada y lista a meditar. Aunque hoy en día ya no sigue ninguna religión cristiana, se ha dado cuenta que su yo inferior todavía se impresiona profundamente cada vez que la reza en voz alta. Invito al lector a que explore sus creencias de infancia; recuerde

---

[1] Esta afirmación no es enteramente correcta. Desde la antigüedad sabemos que la ejecución de ciertos rituales que aprovechan el sistema de las correspondencias geométricas pueden manifestar y canalizar ciertas energías (véase por ejemplo, Papus, 1992). Para nuestros propósitos, el ritual es un vehículo de exaltación del yo inferior.

y saque a la luz aquellas palabras o acciones que le impresionaban de pequeño, le conmovían positivamente, le incitaban a mantenerse tranquilo, callado y receptivo. No importa que su educación o raciocinio actual ya no crean en tales rituales. Lo importante es que en lo profundo de su inconsciente hay pequeños rituales que como joyas psíquicas, como por arte de magia, le ayudan en su proceso de contactar al Yo Superior. En todo caso, cualquier "ritual" que decida adoptar, ejecútelo exclusivamente entes o durante la meditación.

Convencer al yo inferior a renunciar a creencias arcaicas

Una causa frecuente de la falla en las plegarias es que el yo inferior guarde creencias antiguas a las que el yo intermedio ya no se suscribe. Personas que crecieron bajo un código religioso estricto encuentran dificultad en adaptarse a una forma de oración que a primera vista parece herética. En casi todas las religiones tradicionales se le reza a Dios, creador, principio y fin de todas las cosas. Entonces, "rezarle" a un Yo Superior, que es parte de nosotros, puede encontrar con objeciones importantes por parte de un yo inferior que todavía se adhiere a creencias antiguas impuestas durante la infancia, usualmente a través de rituales impresionantes. Los Kahunas reconocieron que Dios es incomprensible y que cualquier oración dirigida a Dios, o a otra entidad superior, necesariamente tiene que pasar por nuestro Yo Superior.

Afortunadamente es posible convencer al yo inferior que abandone creencias antiguas y acepte conceptos nuevos. Un buen argumento a menudo logra buenos resultados, *siempre y cuando no haya ninguna fijación o complejo relacionado con la creencia antigua.* La técnica consiste sencillamente en sentarse a hablar con su yo inferior, de la misma forma que usted lo haría con un amigo o un estudiante que está entrenando. Siga alguno de los ejercicios del tercer capítulo; averigüe qué piensa su Luis acerca de la oración y de la meta que se propone lograr. Explore cuidadosamente sus sentimientos inconscientes detrás del asunto. Seguidamente, intente convencer a Luis de que cambie de ideas. Utilice argumentos convincentes, buenas razones, ejemplos, como si estuviese enseñando a alguien a que modifique un concepto herrado y aprenda uno mejor.

Los autores de Huna recomiendan leer repetidamente. La mayoría aprendimos lo que sabemos leyendo libros de texto. De adultos, nos familiarizamos con hechos y datos nuevos leyendo reportes, libros, periódicos, revistas, tablas estadísticas, gráficos de colores y análisis impresos en papel o proyectados en medios electrónicos. Desde pequeños, hemos sido entrenados a creer y aceptar la palabra escrita como verdadera e importante. Podemos usar esta creencia intrínseca para enseñarle a nuestro yo inferior un concepto nuevo. Aquí las posibilidades son ilimitadas. Releer este libro una vez terminado, leer otros libros de Huna, leer libros o revistas que levanten el ánimo e inspiren, pueden ayudar a su yo inferior a adquirir ideas nuevas. También puede escribir en la pantalla electrónica un documento o unas frases positivas que describan un nuevo hábito que desea que Luis aprenda. Escriba en colores y moldes de letra originales. Use esta pantalla automáticamente cada vez que se prenda el monitor. Esto puede ser una herramienta efectiva si usted tiene la tendencia a aceptar como correcto y real lo que ve en una pantalla electrónica. Igualmente, puede grabar su propia voz y tocarla cada noche unos minutos antes de dormir. Recuerde que el yo inferior es muy susceptible a la sugestión, especialmente cuando el yo intermedio está bajando su guardia y disponiéndose a dormir. Recalcamos una vez más que estas técnicas son efectivas si el yo inferior no tiene ningún complejo o fijación adherido a la creencia arcaica, en cuyo caso no hay sugestión que valga. Para esta situación, a continuación presentamos nuevas técnicas para solucionar ese problema.

LA CAUSA MÁS IMPORTANTE DE PLEGARIAS SIN RESPUESTA: COMPLEJOS, FIJACIONES Y EMOCIONES NEGATIVAS

Hasta ahora hemos descrito las causas comunes de plegarias fallidas que se pueden solucionar con técnicas obvias y simples. Si usted ajustó cuidadosamente su meta, aumentó la carga de maná, mejoró la técnica de meditación, eliminó prejuicios y creencias irrelevantes, y a pesar de todo su plegaria parece no tener respuesta, sin lugar a dudas la razón yace en la existencia de una fijación, un complejo, o una serie de creencias irracionales u obsesivas profundamente arraigadas en el inconsciente. Los Kahunas creían que la razón más importante de plegarias fallidas es que el yo inferior se sienta indigno o guarde fuertes resentimientos que causen un bloqueo en el cordón psíquico que une al yo inferior con el Yo Superior. La oración telepática no llega a su destino.

Sentirse indigno de recibir ayuda es sólo uno entre los muchos complejos y fijaciones –para usar los términos sicológicos modernos– que un individuo puede tener. Las fijaciones son ideas no racionalizadas o sentimientos incorrectamente almacenados en el cuerpo psíquico del yo inferior. Son impresiones dolorosas y altamente emotivas experimentadas en el pasado, la mayoría durante la infancia, que no fueron analizadas y debidamente procesadas por el yo intermedio, y por lo tanto fueron incorrectamente almacenadas por el yo inferior o inconsciente. La Figura 3.1, tercer capítulo, ilustra este concepto. Bajo circunstancias normales, los eventos y las experiencias las perciben los sentidos, se transmiten al yo intermedio para su análisis, y luego se almacenan en el yo inferior junto con enlaces a eventos similares. Los eventos traumáticos, por otro lado, se perciben bajo estrés, miedo o rabia intensos. No se analizan dentro de un contexto de raciocinio adecuado y se guardan aisladamente en los bancos de memoria. Con el tiempo, el yo inferior tiende a conectar estos recuerdos "ilegales" con otros de situaciones no relacionadas, lo que causa una reacción emocional e irracional cada vez que el evento adjunto se recuerda. Para complicar las cosas, este fenómeno de reacción automática altamente emocional e irracional se impulsa con las grandes cantidades de maná adheridas al evento. Como hemos dicho, la emoción tiende a atraer una gran cantidad de maná, que se une y queda atrapado con el evento en cuestión, y se activa automáticamente cada vez que se recuerda.

La única forma de romper con este ciclo de reacción irracional automática, con fuertes explosiones emotivas, es eliminando la fijación. La sicología postula que la única forma de lograrlo es con terapia tradicional, que consiste en que el paciente hable de sus sentimientos y el terapeuta escuche, tratando así de desenterrar el recuerdo anómalo y racionalizarlo apropiadamente. Durante este proceso, que puede tardar muchas sesiones, el paciente sufre mucho al recordar los eventos dolorosos. Esta es la vía más costosa y frecuentemente infructuosa. La mayoría de las técnicas actuales en esta categoría son financieramente prohibitivas y, lo más importante, son inefectivas en eliminar fijaciones serias. Como alternativa, en la secciones siguientes vamos a describir las técnicas tradicionales Huna para eliminar fijaciones, además de una breve introducción a la "psicoterapia orientada a un área específica de pensamiento" o Thought Field Therapy (TFT) como se le conoce en inglés. Estas son técnicas sencillas que ponen al paciente en control del proceso de cura y han demostrado gran efectividad para eliminar la mayoría de las emociones negativas.

La causa del dolor emocional

La eliminación de fijaciones y emociones negativas trae consigo muchos beneficios. Primeramente la comunicación con nuestro maestro interno gradualmente se abre, algo maravilloso que nos impulsa al desarrollo espiritual y que la sicología moderna ignora. Adicionalmente, hay una consecuencia inmediata y muy provechosa resultado de eliminar nuestros traumas, complejos y fijaciones, y es la libertad emocional, la paz interior, una vida feliz. Llevar una existencia llena de tranquilidad y felicidad debería ser uno de nuestros objetivos a largo plazo, más aun si en el proceso mejoramos la comunicación con nuestro Yo Superior y evolucionamos espiritualmente. Por estas razones, invito al lector a que asuma responsabilidad en resolver sus problemas internos.

Primero que todo, debemos reconocer que nuestros problemas emocionales no son causados por otros o por eventos externos. Desde luego, cuando somos niños indefensos o de adultos cuando estamos sujetos a la tiranía de otros, no somos responsables por el daño y el sufrimiento del que somos objeto. Si usted trabaja en una institución opresiva donde la mano firme y la explotación del empleado es la política oficial, claramente la causa del sufrimiento es externa. Similarmente, si vive en una dictadura o en un país sin ley, entonces la persecución de la gente se origina en las pocas familias en el poder. Salvo esas excepciones, la mayoría del sufrimiento y las situaciones dolorosas en nuestras vidas son causadas por nosotros mismos. En otras palabras, *nuestra reacción* a un evento externo puede ser agradable y tranquila o estresante y dolorosa. Bajo condiciones similares, la reacción de una persona ante un estímulo externo puede ser calmada o indiferente, mientras que otra que enfrenta la misma situación puede responder con rabia o tristeza. La diferencia es que la primera no tiene ningún prejuicio ni sentimientos negativos o fijaciones que unan el evento externo a un recuerdo traumático inconsciente, con su correspondiente carga de maná atrapada. Para la segunda persona, el evento es similar a uno traumático en el pasado, o el asunto externo ocasiona una reacción por otro recuerdo incorrectamente ligado y almacenado en el inconsciente por el yo inferior irracional. La explosión de rabia o tristeza se produce automáticamente cada vez que un evento similar ocurre y más o menos con la misma intensidad original. En este proceso, el yo intermedio, nuestra consciencia racional, no comprende nada. Este fenómeno explica por qué ciertas personas permanecen calmadas bajo condiciones aparentemente muy angustiosas, mientras que otras se paralizan, explotan y se dejan llevar bajo las mismas condiciones. A veces otros testigos del mismo evento no perciben el asunto como estresante, mientras que hay uno que reacciona mecánicamente con rabia, pensamiento incoherente, discurso ilógico, imaginando amenazas irreales, temblando y eventualmente con una enfermedad mental o física. Lo anterior implica que si modificamos *nuestra reacción* ante una circunstancia externa, cualquiera que sea, podemos evitar el sufrimiento. Este principio concurre con la sabiduría filosófica antigua que establece que controlando nuestras emociones internas podemos modificar el ambiente externo. Para lograrlo es necesario eliminar nuestras emociones negativas, fijaciones y complejos, algo que no podemos alcanzar con simple fuerza de voluntad. Vemos entonces que la *teoría* de la felicidad es en realidad muy sencilla. Su *aplicación*, sin embargo, no es tan fácil.

Técnicas de Huna para eliminar fijaciones pequeñas

Los antiguos Kahunas comprendieron que las razones detrás de muchas plegarias fallidas eran sicológicas; la más común de ellas era un sentimiento del sujeto de que había pecado. Para muchas religiones, el pecado es un pensamiento o acción cometido en contra de Dios, quien a su vez nos castiga. Por el contrario, de acuerdo a los Kahunas, es imposible pecar en contra de Dios ni del Yo Superior, que es un espíritu tan evolucionado y perfecto que no puede sentirse ofendido por entidades inferiores. Por lo tanto, el Yo Superior no puede sentirse herido por acciones humanas, no puede castigar ni tampoco es capaz de negarse a otorgar una plegaria válida. De acuerdo a Huna, un pecado es un pensamiento, palabra o acción que resulta en daño a sí mismo o a los demás y genera sentimientos de remordimiento y vergüenza. Este concepto es fundamentalmente diferente al de la religión cristiana y otras similares. Para los cristianos, el pecado es un hecho malo en sí mismo. En Huna, el pecado es un acto que perjudica a alguien, y que adicionalmente el que hace el daño lo percibe como pecado. En otras palabras, de acuerdo a Huna una persona oprime a los demás, pero lo hace con un sentimiento de justificación de sus acciones, no ha cometido un pecado. Para calificar como pecado, la persona que ofende a los demás debe estar consciente de que hizo algo malo.

Para los Kahunas, es el yo inferior quien, sintiéndose pecador, avergonzado e indigno, corta toda comunicación con el Yo Superior y entonces la plegaria no llega a su destino. Entonces el yo inferior puede sentirse avergonzado de enfrentar al Yo Superior o indigno de recibir ayuda de su espíritu paternal y sencillamente no lo llama.

Kala: Limpieza emocional y obtención del perdón
Para restablecer la comunicación entre el yo inferior y el Yo Superior hay que convencer al yo inferior que la mala acción se ha enmendado y que se es digno de contactar al Yo Superior. Los Kahunas llamaron *kala* a este proceso de limpieza y obtención del perdón. Si durante meditación descubre sentimientos de arrepentimiento por sufrimientos que haya infringido a otro, lo primero que tiene que hacer es reconocer su error y pedir perdón a la persona en cuestión.

Es difícil reconocer sentimientos de culpa por daño hecho a otros. Se encuentran arraigados en lo profundo del inconsciente, pero de vez en cuando pueden aflorar en sus sueños o en la actitud que tenga con respecto a otras personas. Puede parecer ilógico al lector enterarse que su yo inferior guarde cuidadosamente sentimientos de culpabilidad originados en el pasado, pero si se toma su tiempo para recordar situaciones antiguas es probable que los encuentre. Se sorprenderá de la intensidad emocional con la que surgen a la consciencia. "No me siento culpable de nada" le oigo decir. Es posible que tales sentimientos estén escondidos detrás de otros más "aceptables." Si descubre sentimientos de egoísmo hacia otros, odio a ciertos grupos de personas, envidia de sus colegas, intolerancia con nuevos inmigrantes o con gente de otras culturas, o sin mayor compasión con gente menos afortunada, es probable que su yo inferior albergue sentimientos de culpa. Esto se debe al entrenamiento que haya tenido en su infancia. Durante la educación primaria es cuando se introyectan los códigos básicos de moralidad, decencia, compasión y caridad. Aprendimos lo que es "bueno" y lo que es "malo." Igualmente, es en esta etapa que los prejuicios fundamentales fueron aprendidos. Estos preceptos pueden haber sido aplicados con la ayuda de estimulación física —castigo corporal— por la violación de ciertas reglas aceptadas como normales. Aquellos niños que no exhibían una moral o compasión "aceptable" eran castigados y exhibidos como ejemplos de mal comportamiento. Hoy en día, esas prácticas "educativas" son catalogadas como abuso infantil y en general ya no se utilizan. Para los que tuvimos que sufrirlas, sin embargo, las lecciones aprendidas permanecen en el yo inconsciente tan vívidamente como el día en que ocurrieron. En suma, si usted guarda cualquier sentimiento negativo hacia los demás, por cualquier razón que justifique con la retórica, es posible que se sienta culpable al respecto. Estos sentimientos desperdician demasiada energía en su expresión e interfieren con las plegarias Huna. Examine con rigor crítico y desconfíe de cualquier hábito, cualquier noción hacia usted mismo o a los demás, y asuma que esconde detrás de sí un sentimiento de culpa. Resuelva eliminarlo, convenciendo al yo inferior con un buen argumento racional, y enmendando con buenas acciones que merezcan el perdón.

Una noche desperté recordando un sueño acerca de una cometa que yo volaba con una cuerda en lo alto, y cuando lo interpreté correctamente trajo a mi consciencia un evento de la infancia que me llenó completamente de sentimientos de culpa. Recordé que mi hermano mayor había gastado varios días construyendo una cometa hecha de palos de bambú y papel de seda para que yo jugara. El día que intentamos volarla no hubo suficiente viento y yo, frustrado porque la cometa no volaba, expresé mi rabia rompiendo el juguete. El recuerdo de este evento se guardó cuidadosamente en mi inconsciente, aunado con un profundo sentimiento de culpa por mi comportamiento. Mi hermano había gastado días construyendo un juguete para mí y yo no lo aprecié. Interpretar el sueño me trajo muchas lágrimas y sentimientos de pesar. Una vez descubrí estos sentimientos, le envié un mensaje a mi hermano contándole de mi sueño y su interpretación, y pidiéndole mil disculpas por mis acciones de casi cincuenta años atrás. Sorprendido, mi hermano no se acordaba de nada al respecto pero se sintió conmovido por mis expresiones de afecto y apreciación. En el intercambio de mensajes que siguieron, recordamos otras situaciones pasadas en las que él o yo habíamos obrado mal y reforzamos nuestras expresiones de mutuo amor y perdón.

Reconocer acciones incorrectas y pedir disculpas a la víctima trae consigo una liberación enorme de energía psíquica que ahora puede ser puesta a fines más constructivos. Adicionalmente, el yo inferior se siente digno de recibir ayuda del Yo Superior. En el ejemplo de la cometa, descubrí que por años yo había reprimido el sentimiento de ser indigno de recibir regalos de otras personas, lo que interfería con mis oraciones. He conocido a mucha gente que tiene dificultad en aceptar un error. En el pasado tuve supervisores a quienes era imposible aceptar que cometieron una falta. Es como si el reconocer un error los hacía vulnerables, débiles o inferiores. Tal actitud es común en nuestra sociedad machista y muy contraproducente. Por el contrario, se requiere coraje y madurez reconocer que somos humanos, imperfectos, capaces de errar. La vida es un continuo proceso de tomar decisiones y ejecutar acciones. Reconocer nuestros errores mejora la relación con otros y nos pone en camino acelerado al desarrollo espiritual. Por supuesto, esto excluye situaciones laborales en las que reconocer una falla puede ser usado en contra de uno por un enemigo que busca justificación para hacernos daño. En esos casos, no hay que suministrarle las armas al adversario. Salvo esas situaciones, hay que saber reconocer y pedir disculpas. Por otro lado, el perdón se debe pedir con sinceridad. A menudo encontramos el tipo de persona que constantemente se disculpa para evitar problemas, pero sin ninguna intención de corregir su comportamiento inapropiado. Muchos políticos sagaces de hoy en día manipulan la opinión pública pidiendo disculpas cuidadosamente preparadas, cuando en realidad no sienten que han cometido nada malo. A la disculpa debe seguir un cambio de conducta. La persona que se disculpa pero constantemente repite su falta no logra nada moralmente ni cósmicamente.

A veces no es posible pedir disculpas a la persona afectada porque ya no está disponible. En tales circunstancias, kala obliga a ayudar a otros menos afortunados para convencer al yo inferior que la falta se ha enmendado y que se es digno de contactar al Yo Superior. Esta ayuda puede ser de muchas formas; sea creativo. Por ejemplo, se puede contribuir a causas nobles, dar apoyo a instituciones sin ánimo de lucro, ofrecerse de voluntario a proyectos de reforma social o ambiental que mejoran las condiciones de todos, ayudar a los indigentes financieramente o emocionalmente. Las reglas de esta "limpieza espiritual" indican que la actividad o contribución escogida debe hacerse sin ningún interés personal, sin esperar nada de regreso, con un sentimiento de amor por los demás. Contribuir a causas o instituciones que le traerán cierto tratamiento especial, admisión a alguna organización de interés o contactos de negocios destruye el propósito de kala.

Kala también estipula que la tal actividad no necesariamente implica trabajar para otros sino también trabajar para mejorar su vida. En esta categoría caen las tareas que requieren el ejercicio de autodisciplina para objetivos que usted normalmente no emprende, como por ejemplo hacer dieta o ayunar, restringirse temporalmente de alguna cosa o actividad que normalmente usted disfruta, terminar un proyecto que ha pospuesto por mucho tiempo y hacerlo con amor. Cualquiera que sea la actividad o contribución que se escoja, las reglas establecen que debe "doler" un poco, figurativamente hablando. En otras palabras, la cantidad de dinero a contribuir debe ser tal que usted la sienta porque es una porción significativa de sus ingresos, o la actividad que se ejecute deber ser tal que implique cierto esfuerzo físico o mental.

Desafortunadamente, a través de la historia ciertas organizaciones religiosas han llevado al extremo esta limpieza espiritual o expiación. El tormento intenso y la flagelación de sí mismo no son parte de Huna. Tales actos crean nuevos traumas o la satisfacción de perversiones y deben ser evitados.

Los rituales juegan un papel importante en esta limpieza psíquica. Como mencionamos anteriormente, la inclusión de alguna forma de ritual en el proceso de limpieza impresiona al yo inferior y ayuda a convencerlo de que ya se han hecho enmiendas. A lo largo de la historia, el peregrinaje a lugares sagrados, popularizados por algún mito o creencia antigua, ayuda inmensamente a que nuestras plegarias sean respondidas. Cada región tiene un sitio predilecto de peregrinaje. Un destino favorito actualmente es el Camino de Santiago que se inicia en la región de Langüedoc en Francia, atraviesa los Pirineos, para recorrer todo el norte de España y terminar en la catedral de Santiago de Compostela, donde se cree que yacen los restos del apóstol Santiago. Se dice que a los que recorren todo el camino se les perdonan todos sus pecados; una recompensa maravillosa por el esfuerzo físico de caminar ocho horas diarias durante varios meses. El Camino de Santiago ha sido objeto de peregrinaje cristiano por cerca de dos mil años. En el siglo XII fue custodiado por los caballeros Templarios, quienes aparentemente hicieron mucho más que cuidar una senda para los cristianos. A lo largo de él hay pueblos con arquitectura enigmática y tradiciones ritualistas y mágicas. Es interesante que este sendero anteceda al cristianismo por muchos siglos. Su extensión coincide aproximadamente con el paralelo cuarenta y dos de latitud norte y algunos investigadores afirman que apunta en el oeste hacia tierras hoy desaparecidas de origen atlántido (Atienza, 2000).

Aunque el yo intermedio intelectual y analítico no crea en esas historias, es obvio que el yo inferior de cualquiera que intente tal aventura se impresionará mucho hasta el punto de aceptar que todas las faltas cometidas en el pasado se han enmendado y perdonado. Entonces, aun si el yo intermedio descarta toda creencia, el yo inferior irracional es susceptible de creer historias fantásticas aceptadas por miles de seguidores. El inconsciente sigue aferrado a ideas, representaciones y prácticas aprendidas durante la infancia, incluso muchos años después de que el yo intermedio las ha rechazado como absurdas. He aquí el valor intrínseco de seguir rituales tradicionales. El yo inferior se siente digno de comunicarse con el Yo Superior, quien le concederá plegarias, a veces con resultados "milagrosos." Muchos sitios de peregrinaje despliegan abundantes anécdotas de curaciones instantáneas y milagrosas.

Una peregrinación no tiene que ser tan ardua ni tan larga como una caminata de tres meses. Lo que recomiendo es que explore los recuerdos inconscientes relacionados con ceremonias, rituales o lugares santos que aprendió en su infancia. Hay un sitio favorito de peregrinaje en el cerro de Monserrate cerca de Bogotá, Colombia. Por generaciones ha constituido un sitio popular para hacer penitencia, donde abundan las historias de curas de enfermedades y de solución a problemas emocionales y financieros. El sendero de acceso al santuario es pendiente y arduo. Al final de la travesía, que puede tomar varias horas, el penitente es recompensado –posiblemente– con la satisfacción de su deseo, pero también con una vista extraordinaria de la capilla del santuario rodeada de árboles de eucalipto y una panorámica magnífica de la ciudad de Bogotá, mientras saborea suculentos manjares de la comida criolla en el patio de un café cercano –"La magia juguetona es muy efectiva."

Hace poco descubrí de nuevo el poder depurativo de los rituales de mi infancia. Aunque ya no practico la religión católica, y de hecho estoy en desacuerdo con gran parte de sus dogmas, me sorprendí de la reacción de mi yo inferior cuando asistí a una misa dominical en España. La imponente catedral gótica, el incienso, los rituales sobrios y antiguos de la misa diaconada, la potente música de un gran órgano barroco y los coros solemnes me trajeron intensos recuerdos de la infancia. Aunque ya no es necesario, me confesé con un sacerdote, quien pacientemente escuchó mis "pecados," me ordenó ciertas actividades de enmienda y me absolvió de todos mis pecados con una bendición. Una vez en "estado de gracia," recibí la comunión, es decir el "Cuerpo de Cristo," en conjunto con todos los feligreses, que colmaban la iglesia. Seguidamente, medité en silencio, de rodillas, por unos minutos. Mi yo inferior recibió todo esto con gran seriedad y profunda fe. Un extraño sentimiento de paz y alegría me llenaba y en adelante mis plegarias al Yo Superior fueron consecuentemente muy efectivas.

Sugiero al lector que explore aquellas creencias aprendidas en la infancia y averigüe si practicándolas de nuevo logra que su yo inferior crea que las "malas" acciones se han enmendado y en efecto perdonado. En este sentido, es posible que tenga que cambiar su actitud con respecto a rehacer un ritual o una costumbre que ahora encuentra cuestionable. Evite criticar al yo inferior porque aun se adhiera a una creencia arcaica. Recuerde que hay una parte de usted, su yo inferior, que necesita ayuda para eliminar ciertos sentimientos de remordimiento y de culpa. Aunque el procedimiento suena poco convencional, si funciona que así sea. Su nueva vida como un ser integral le invita a tratar a cada una de sus tres entidades espirituales de una forma diferente y apropiada a su nivel de desarrollo. Su yo inferior apreciará esta comprensión y tratamiento especial, y lo recompensará con una mayor cooperación en sus plegarias y otras actividades.

En el tercer capítulo insistimos que el yo inferior es susceptible de sugestión, especialmente si va acompañada de estimulación física. También presentamos algunas aplicaciones de este principio a la cura de enfermedades. De una forma similar, el mismo puede ser aplicado a la limpieza de kala. Por todo lo anterior, es importante encontrar un ritual apropiado que sirva como estímulo físico al yo inferior. Si a ese ritual le agregamos afirmaciones fuertes que sugieran la purificación, la limpieza o el perdón de faltas, el resultado puede ser muy efectivo. Muchas culturas en el mundo disponen de ritos de iniciación y purificación que incluyen cánticos, afirmaciones potentes, danzas, el consumo de alimentos o bebidas sacras, baños en aguas místicas, etc. Con una mentalidad abierta, busque un ritual que le llame la atención, tal vez por su contenido y color o porque despierta una reacción emocional positiva en su yo inferior.

Si usted no se inclina mucho a los rituales, y aun desea beneficiarse de reconocer daños efectuados a otro y de pedir perdón, especialmente si la víctima ya no está disponible, sugiero que practique la siguiente meditación para liberar la energía atrapada. El perdón se hace en tres direcciones. Primero, usted reconoce que actuó mal y pide perdón a la víctima. Segundo, usted perdona a la otra persona por cualquier ofensa que haya dicho o hecho, lo que libera cualquier resentimiento que usted le tenga. Tercero, usted se perdona a sí mismo por haber reaccionado inapropiadamente o por haber creado o participado en el conflicto. Como se puede ver, este ejercicio utiliza maná y un cuadro mental para instigar el perdón en el yo inferior y en última instancia enviarlo al Yo Superior.

Ejercicio 5.1: Absolver culpas a través del perdón

Objetivo
Eliminar cualquier sentimiento de remordimiento o de culpa por daños causados a otra persona que ya no se encuentra disponible.

Descripción
Si desea reconocer formalmente cualquier daño causado a otro y pedir perdón, siéntese como de costumbre en posición de meditación. Cierre los ojos. Diríjase al yo inferior explicando que desea enmendarse por daños causados a otra persona (mencione el nombre de la víctima) durante el tiempo que usted interactuó con ella (mencione el lugar y la fecha aproximada).

Pida al yo inferior que acumule una gran carga de maná mientras que respira veintiún veces aproximadamente. Cuando sienta que tiene una carga suficiente, pida que la retenga hasta cuando se pueda soltar. Recuerde el nombre y visualice el rostro de la persona afectada. Si no recuerda el nombre porque el asunto ocurrió en el pasado lejano, visualice su rostro tan claramente como posible. Recuerde los detalles del incidente.

ELIMINACIÓN DE PROBLEMAS MENTALES

Ahora imagine que usted se encuentra hablando frente a frente con la persona afectada. En voz baja pídale perdón. El siguiente párrafo es un ejemplo; use sus propias palabras.

[Nombre de la persona] soy yo [su nombre]. Siento mucho haberle ofendido. Lo que hice [acciones o palabras] fue incorrecto. Por favor perdóneme. De corazón yo le perdono por todo lo malo que usted me hizo. Le deseo salud, prosperidad y felicidad. También me perdono a mí mismo por haberlo ocasionado todo.

Mientras que usted recita estas palabras, sienta arrepentimiento por lo que hizo o dijo y genere sentimientos de amor por la persona afectada; véala feliz. Repita lo anterior hasta un total de tres veces y pida al yo inferior que libere al cósmico esta imagen y estos sentimientos junto con el maná.

Ahora permanezca en silencio por unos minutos y termine la meditación cuando lo crea oportuno. Escriba sus impresiones en el diario.

Posibles resultados

Su meditación consta de dos componentes. Primero, usted instiga el perdón en el yo inferior para convencerlo que se han hecho enmiendas. Segundo, usted libera la energía atrapada con los sentimientos de culpa mediante la sobrecarga de maná, que se proyecta al cósmico. En esencia, usted pide perdón al Yo Superior de la persona afectada. Al mismo tiempo, usted perdona y deja ir cualquier resentimiento en contra de esta persona por cualquier cosa que ella hizo o dijo. Si usted ejecuta este ejercicio con sinceridad, sentirá una gran paz y un gran alivio de deshacerse de una inmensa carga que probablemente no sabía que tenía.

Resumen

Este ejercicio se resume en los siguientes pasos:

1. Cuando desee pedir perdón a una persona que ya no se encuentra disponible, prepárese a meditar, cierre los ojos y dígale al yo inferior que quiere pedir perdón a [nombre de la persona].

2. Pida al yo inferior que acumule una gran carga de maná mientras que respira profundamente. Cuando dispone de una cantidad suficiente, reténgala hasta que pueda soltarla.

3. Visualice el nombre y el rostro de la persona afectada. Recuerde los detalles del incidente. Ahora imagine que está frente a frente hablando con ella. En voz baja, reconozca que actuó mal y pídale perdón. Luego perdone a esta persona por cualquier cosa que ella dijo o hizo. Finalmente perdónese a sí mismo. Repita este paso hasta un total de tres veces y mientras lo hace sienta arrepentimiento y amor por la persona.

4. Pida al yo inferior que libere al cósmico el cuadro mental con el maná.

5. Permanezca en estado contemplación silenciosa por unos minutos. Finalice el ejercicio cuando quiera y escriba sus impresiones en el diario.

El ejercicio anterior intenta eliminar cualquier sentimiento o emoción negativa con respecto a una persona. Se puede modificar para pedir perdón a todas las personas que uno ha ofendido en general. En este caso, en lugar de visualizar a una persona con la que tuvimos una mala relación, enfocamos nuestra atención en el corazón y expresamos arrepentimiento a todas y cada una de las personas que hayamos ofendido en el pasado. Seguidamente, perdonamos a todos los que nos han ofendido, en general, y finalmente nos perdonamos a nosotros mismos por haber impulsado todas las acciones. Esto constituye un hermoso acto simbólico de liberación y crecimiento. No obstante, creo que es necesario y más efectivo enfocarse en una persona en particular con quien tuvimos una relación traumática.

NUEVAS TÉCNICAS PARA ELIMINAR PROBLEMAS SICOLÓGICOS IMPORTANTES

Las técnicas tratadas en las secciones anteriores son efectivas para eliminar bloqueos y prejuicios leves que el yo inferior aprendió –odios, miedos, avaricia, intolerancia. Estas son fijaciones menores y creencias irracionales, de las cuales tenemos consciencia, y de acuerdo a las cuales actuamos aun si en la actualidad cambiamos de opinión. Las mismas técnicas también son efectivas para eliminar la parte de estos bloqueos que terminaron en sentimientos de culpa y fijaciones irracionales en el inconsciente.

Por otra parte, es posible que además tengamos fijaciones más profundas que causan enfermedades físicas y una serie de problemas mentales. Estos complejos se originaron en medio de estrés intenso, shock o pánico durante la época en que ocurrieron. El consejo usual es buscar ayuda profesional para tratarlos, y aquí es donde comienzan las dificultades.

A pesar de que la sicología moderna ha alcanzado muchos logros científicos, la mayoría de sus técnicas clínicas se reducen a una u otra forma de terapia verbal en la que el paciente habla y el terapeuta escucha o viceversa. El "tratamiento" consiste en sesiones de una hora que pueden extenderse durante meses o años. El costo de las sesiones pagadas por hora es alto y usualmente no lo cubre las pólizas de seguro médico. El proceso es usualmente doloroso para el paciente, quien debe revivir continuamente el trauma. Más allá de esto, la desventaja más importante de los métodos de sicoterapia tradicional es que usualmente son inefectivos, porque se basan en un modelo incorrecto acerca de la causa de las emociones negativas. Este modelo asume que las emociones negativas son causadas por el recuerdo de una experiencia traumática. En la mayoría de las terapias convencionales, al paciente se le obliga a revivir en todo su dolor la experiencia pasada, lo que le causa gran sufrimiento, y en casos de fobias severas el tratamiento mismo puede agravar el problema y crear trauma adicional. Algunos pacientes pueden experimentar shock como si hubieran estado en combate. Al final del tratamiento, muy pocos son los que se curan. Lo máximo que pueden esperar la mayoría de los pacientes que se someten a las terapias sicológicas convencionales es aprender a "manejar" el estrés.

De los Kahunas aprendimos que la causa de las emociones negativas son las experiencias negativas del pasado, que fueron racionalizadas inadecuadamente, y que se encuentran adheridas a grandes cantidades de maná atrapado en el inconsciente. No es el recuerdo del evento traumático el que causa la emoción negativa, sino la gran cantidad de energía adherida al evento y almacenada incorrectamente en el cuerpo psíquico del yo inferior. Esta energía estresante interrumpe el flujo normal de energía en el organismo y se libera automáticamente cada vez que se recuerda un evento ligado indirectamente al original. La sicología moderna descansa sobre un modelo arcaico del doctor curando paciente, desconoce la existencia de las tres entidades humanas –aunque acepta al inconsciente como parte de la persona–, y también ignora el papel de la energía psíquica –maná– en la salud, la enfermedad y la muerte. Hasta ahora, a duras penas, la sicología empieza a reconocer la relación intrínseca entre las enfermedades físicas y las mentales.

Mucho se puede decir acerca de las teorías de las enfermedades. Si el lector ha seguido nuestro planteamiento, reconocerá la convicción de que la mayoría de las enfermedades físicas y mentales son causadas por desequilibrios internos *como reacción* a eventos externos, y no necesariamente por las experiencias externas en sí mismas. Una gran parte de nuestro sufrimiento en la vida proviene de reacciones automáticas irracionales a situaciones externas. Estas reacciones son condicionadas por recuerdos traumáticos pasados e incorrectamente racionalizados. Los eventos traumáticos conllevan cantidades enormes de maná adheridas a emociones penosas que se experimentan una y otra vez, cada vez que una nueva situación externa reactiva un recuerdo indirectamente ligado al evento original en el inconsciente. Ciertamente, unas sesiones con un terapeuta calificado pueden orientarnos a localizar las áreas con problemas en nuestra psique. Esto es particularmente beneficioso si el paciente tiene un largo historial de complejos profundos y no dispone de la motivación para superar sus propios problemas. Muchas personas se sienten tan amargadas que ninguna forma de motivación y estímulo parece sacarlos de un profundo estado de desilusión de la vida. Les encontramos en todas partes, en el trabajo, como empleados del gobierno, como personal de servicio y en otras posiciones sin salida. Culpan a todo el mundo de su desgracia. Con la ayuda de un buen programa terapéutico, estas personas pueden iniciarse en el camino de la superación, aunque en última instancia la responsabilidad de la cura descansa en ellos mismos. Nadie más nos puede curar; nosotros mismos somos los únicos capaces de ello.

Las próximas secciones constituyen una introducción a la Sicoterapia Orientada a un Área Específica de Pensamiento (en inglés, Thought Field Therapy, TFT) que está reportando gran éxito en el tratamiento de fijaciones profundas. Las técnicas de TFT aprovechan la sabiduría antigua sobre acupuntura y el flujo de energía vital (chi, ki, prana o maná, dependiendo de la tradición) a través de vías especiales en el cuerpo llamadas meridianos. Estos métodos combinan el uso de energía, sugestión positiva y estimulación física, y en muchos casos conducen a una cura permanente. Igualmente, TFT pone al paciente en control del proceso de cura, que a veces actúa instantáneamente, en forma permanente y, lo más importante, es gratis. Para eliminar sus miedos y fijaciones, y mejorar la efectividad de sus meditaciones y plegarias al Yo Superior, sugiero que estudie y aplique minuciosamente los métodos descritos en las secciones siguientes.

La terapia a pensamientos específicos (TFT)

Se puede decir que 1980 fue el año en que se originó TFT. La técnica surgió por un descubrimiento accidental que transformó completamente la forma de tratar los trastornos emocionales. El Dr. Callahan había agotado todas las técnicas disponibles para resolver un problema que confrontaba una de sus pacientes, que no respondía a ninguna de las técnicas sicoterapéuticas convencionales.

Callahan comenzó a experimentar, con una mentalidad abierta, con métodos nuevos. Encontró, por pura casualidad, que estimulando los puntos energéticos asociados a una perturbación sicológica, se liberaba el maná adherido a esta y la paciente lograba una mejoría inmediata (Callahan, 2001). El Dr. Callahan trabajaba como profesor de sicología en California, pero terminó frustrado con la ineficacia de la gran mayoría de los tratamientos sicoterapéuticos tradicionales. La paciente en cuestión, María, sufría de una fobia intensa al agua. Durante más de un año, Callahan intentó curarla con todas las técnicas sicológicas convencionales que conocía, incluyendo la terapia racional emotiva, terapia enfocada en el paciente, terapia cognoscitiva, modificación de conducta, hipnosis, relajación, "biofeedback," insensibilización sistemática, etc. Nada sirvió. Un día, María comentó que cada vez que se acercaba a una piscina sentía un dolor intenso en el estómago. Callahan había leído acerca de los meridianos energéticos y la transmisión de la energía vital en el organismo, como lo especifican los tratados de acupuntura, y recordó que debajo del ojo se encuentra el punto del meridiano que conecta con el estómago. Se le ocurrió decirle a María que se diera toques ligeros con la yema de los dedos directamente debajo del ojo; después de dos minutos María se sintió totalmente bien. En otras palabras, el miedo tan terrible que sentía había desaparecido. Su fobia al agua quedó totalmente eliminada. Después de unos minutos, María estaba en la piscina echándose agua en la cara.

Este fue el comienzo de una forma completamente nueva de tratar emociones negativas. En los años siguientes, la investigación de Callahan produjo una serie de tratamientos que llamó algoritmos o prescripciones para una gran variedad de emociones negativas, complejos y fijaciones (Callahan, 2001). Entre ellos se incluyen curas contra el miedo; la pérdida de un ser querido; traumas relacionados con violaciones u otras formas de abuso; miedo de hablar en público, a la altura, a los espacios abiertos, a los insectos, al agua; ansiedad y estrés; ataques de pánico; traumas originados en la guerra; adicciones a la comida, al alcohol, a las drogas; la depresión y el sentimiento de culpa, etc. La lista de dolencias tratadas por TFT y sus modalidades continúa creciendo. Para poner en práctica cada algoritmo se requiere evocar el sentimiento o emoción negativa que se quiere tratar mientras que, simultáneamente, se estimulan ciertos puntos energéticos con pequeños toques con la yema de los dedos.

Como generalmente ocurre con nuevos descubrimientos, el Dr. Callahan ha sido criticado por los sicólogos tradicionales; estas críticas se pueden justificar o comprender si se toma en consideración que la sicología tradicional tiene mucho que perder. Estas nuevas técnicas hacen redundantes y obsoletos los tratamientos sicoterapéuticos convencionales. La crítica objeta que en el transcurso de las dos últimas décadas, TFT no ha sido sustentada por resultados estadísticos ni experimentos científicos, a juzgar por la relativa ausencia de estudios publicados en las revistas científicas del tema. Sin embargo, actualmente, resultados de investigaciones experimentales están empezando a aparecer en la literatura científica, particularmente con el método derivado de TFT, o sea la Técnica de Liberación Emocional (en inglés, Emotional Freedom Technique, EFT) descrita más adelante.

TFT, al igual que muchas otras ramas de la medicina alternativa, ha pasado por un proceso lento de aceptación y reconocimiento por las líneas convencionales de la medicina. La razón de ello puede ser comparada con el mismo fenómeno que explica el por qué muchos suplementos con hierbas medicinales no han sido reconocidos por la industria farmacéutica. La industria farmacológica, con el poder y los recursos económicos que posee, no tiene interés en subsidiar ningún tipo de investigación que corrobore los beneficios curativos de hierbas naturales como la Yerba de San Juan (*Hypericum Perforatum*) para el tratamiento de la depresión. El extracto de la hierba cuesta aproximadamente cuatro dólares cada frasco y aparentemente produce los mismos resultados que los medicamentos antidepresivos que sólo se pueden comprar bajo estricta prescripción médica a un costo de más de cien dólares por unas cuantas pastillas (Lecrubier, 2002; Sahelian, 2007). Por otra parte, las hierbas naturales no tienen efectos colaterales, mientras que los medicamentos sintéticos con prescripción pueden llegar a tener consecuencias deplorables para la salud. La razón del por qué las compañías farmacéuticas no financian investigaciones en el campo de la medicina naturista es obvia. ¿Para qué financiar algo que va a ir directamente en contra de sus propios intereses financieros, algo que va a hacer sus productos químicos obsoletos y generar pérdidas cuantiosas a sus compañías?

Desgraciadamente la investigación científica en américa es impulsada por intereses económicos, lo que implica que muchos métodos de medicina alternativa no han sido probados con estudios cuantitativos. Mientras esperamos la publicación de más estudios cuantitativos acerca de la efectividad de TFT, debemos confiar en los reportes cualitativos, los cuales son igualmente válidos. El libro de Callahan y las páginas de Internet del TFT y EFT están llenos de anécdotas e historias de personas en el mundo entero que relatan los efectos extraordinarios que han obtenido con la aplicación de ambos métodos. Con esto quiero extenderle una invitación a poner en práctica esta nueva técnica y a juzgar y aceptar solamente lo que usted mismo pueda corroborar; no tiene nada que perder, no corre ningún riesgo y no le implica ningún gasto, pues es totalmente gratuito. Acepte sólo lo que usted mismo(a) pueda demostrar con su propia experiencia y práctica.

Las bases de la terapia a pensamientos específicos (TFT)

El descubrimiento del Dr. Callahan confirma la creencia de que el cuerpo humano es un complejo sistema electroquímico de procesos psíquicos y metabólicos. La fuerza motriz de estos procesos es lo que los antiguos Kahunas llamaban maná y que otras culturas le han dado otros nombres. Por más de cinco mil años la cultura china ha practicado y desarrollado el sistema de acupuntura. El postulado de la medicina china se centra en que un sistema complejo de redes energéticas denominadas meridianos recorren al cuerpo humano; por estos canales energéticos circula la energía que ellos llaman *chi* o fuerza vital de la existencia. Esta energía vital, invisible al ojo humano, ha podido ser detectada con el uso de instrumentos científicos modernos (Swingle et al., 2004). Estos meridianos o canales energéticos atraviesan los distintos órganos y terminan en puntos característicos en la superficie de la piel. Los tratamientos de acupuntura usan agujas que son incrustadas en los puntos terminales de los meridianos relacionados con el órgano específico que se encuentra enfermo y que se quiere curar. Muchas teorías tratan de explicar las razones de la efectividad de estos tratamientos, definiendo el proceso de curación de la siguiente manera: Las enfermedades surgen como producto de un bloqueo en el sistema energético del cuerpo. Por medio de la acción de un conductor de energía (la

ELIMINACIÓN DE PROBLEMAS MENTALES   243

aguja metálica), la energía que se encontraba bloqueada queda en libertad, restaurando de esta forma el flujo normal de energía en el cuerpo.

Callahan define al "campo de pensamiento" como una unidad intangible o una estructura que contiene una gran cantidad de información mental. Este concepto es análogo a la concepción Kahuna de cómo se almacenan los recuerdos en el cuerpo psíquico del yo inferior. La noción de "campo de pensamiento" del Dr. Callahan corresponde a lo que los Kahunas llaman "semilla de pensamiento," las cuales son unidades o células que contienen sentimientos, imágenes y un sinfín de sensaciones relacionadas con recuerdos particulares (véase la Figura 3.1, Capítulo 3). Estas semillas de pensamiento están impregnadas con maná. La acumulación de maná corresponde a la intensidad con la cual se produjo el recuerdo. Si el recuerdo está relacionado con una situación de estrés, es posible que haya sido racionalizado de forma inapropiada e incorrectamente almacenado en el subconsciente, acompañado de una gran cantidad de maná que se adhirió a dicho recuerdo. Un exceso de energía acumulada en una "semilla de pensamiento" o grupos de "semillas de pensamiento" perturba el flujo normal de energía en los meridianos energéticos que pasan por ese campo. Por medio de la estimulación de los puntos terminales de los meridianos que pasen por ese campo, la energía acumulada se libera, restaurándose así el flujo normal de energía en el organismo. La yema de los dedos de las manos actúa como un conductor eléctrico que descarga el exceso de energía acumulada.

A modo de comparación, una grabadora emite el mismo mensaje cada vez que se acciona, pero cuando la batería se descarga, la máquina deja de repetirlo. El mensaje no se borra, pero no se vuelve a repetir. Para que se logre este efecto, el paciente necesita concentrarse en el sentimiento o recuerdo que le causa la perturbación, mientras se da toques con la yema de los dedos en los distintos puntos de los meridianos asociados con dicha perturbación. Este proceso restablece el flujo normal de energía, pero no elimina el recuerdo del evento o sentimiento que causó la perturbación, el cual sigue en el campo de pensamiento, pero al recordarlo o pensar en él, ya no produce ninguna reacción emocional. De acuerdo a la medicina china y otras filosofías afines, la salud física y mental se mantiene gracias a un flujo normal de maná –ni muy bajo ni muy alto– que circula a través de los canales o redes de los distintos meridianos que integran el organismo (Eden and Feinstein, 1998; Teeguarden, 1978). La contribución más importante del Dr. Callahan fue el haber extendido estos conocimientos de la antigüedad –los principios de la acupuntura y acupresión– al campo de los trastornos psicológicos y emocionales.

La técnica de liberación emocional (EFT)

La terapia de un área de pensamiento (TFT) del Dr. Callahan constituye la primera técnica en esta corriente. Cada tratamiento de TFT está diseñado para tratar problemas psicológicos concretos. Para un mayor entendimiento del método y una descripción de los diferentes algoritmos, el lector debería consultar el libro de Callahan (2001). El paciente necesita diagnosticar el problema emocional que quiere tratar para, posteriormente, seleccionar el procedimiento terapéutico o algoritmo a usar. El tratamiento en sí mismo sólo toma unos pocos minutos y la posibilidad de éxito es elevada. Cada tratamiento requiere que el paciente se ponga en contacto con el sentimiento negativo que quiere eliminar mientras, repetidamente, se da pequeños toques con la yema de los dedos en distintos puntos del cuerpo. La secuencia de los puntos a tocar tiene que ser aplicada siguiendo un orden específico para poder alcanzar los resultados deseados. Las técnicas de TFT son efectivas, siempre y cuando el paciente seleccione correctamente el algoritmo a aplicar.

Posterior al desarrollo de TFT, una serie de variantes han sido propuestas y clasificadas como terapias energéticas de los meridanos. Se les conoce en inglés bajo el nombre de "Meridian Energy Therapies." Una de las técnicas derivadas de TFT fue propuesta por Gary Craig, quien condensó todos los algoritmos de TFT en una sola técnica (Craig, 2011). Craig la llamó Técnica de liberación emocional (en inglés, Emotional Freedom Technique, EFT).

Además de las evidencias cualitativas acerca de su efectividad, EFT empieza a ser verificada en experimentos de laboratorios con variables controladas. Los resultados han sido positivos. Wells et al. (2003) demostraron la efectividad de EFT en el tratamiento de animales que sufren de fobias. Swingle et al. (2004) demostraron la existencia de efectos fisiológicos como resultado de una exitosa implementación de EFT. A los participantes de la investigación se les sometió a un examen antes y después del experimento, consistente en un mapa cerebral que evaluaba diecinueve localizaciones cerebrales por medio de un procedimiento conocido como encefalograma cuantitativo.

El encefalograma convierte las ondas del cerebro a valores que reflejan la frecuencia, amplitud, y actividad en distintas partes de aquel. Los resultados indicaron que la neurofisiología puede ser usada para medir los efectos del tratamiento de EFT. Algo aún más relevante fue el haber descubierto que la aplicación exitosa de un tratamiento de EFT se refleja en cambios fisiológicos medibles, demostrando de esta forma que los resultados obtenidos no son producto de autosugestión. Igualmente, la investigación antes señalada corroboró que las respuestas fisiológicas van paralelas a los tratamientos sicológicos. Muchas personas que usan EFT para tratar problemas sicológicos han reportado igualmente beneficios en el tratamiento de dolencias *fisiológicas*.

La ventaja más importante de EFT es su sencillez. Siempre se sigue el mismo procedimiento independientemente de la dolencia a tratar. En las siguientes páginas resumimos su esencia. Quiero enfatizar que este método no es un sustituto de una asesoría sicológica profesional, la cual debe ser solicitada en casos de serios trastornos mentales o fijaciones emocionales profundas. Una consulta inicial con un buen sicoterapeuta, o mejor aún, un sicoterapeuta especializado en EFT, podría clarificarle las áreas que necesitan más atención. Para muchos trastornos como el estrés de la vida diaria, miedos, resentimientos, ansiedad, insomnio, fatiga, usted puede usar esta técnica por su propia cuenta y lograr buenos resultados.

La primera vez que usé EFT me encontraba ansioso antes de asistir a una reunión de trabajo en la que se tomarían decisiones importantes. Mi esposa me comentó de la existencia de un método energético con resultados instantáneos. La idea de que podría eliminar mis miedos rápidamente, sencillamente con unos toquecitos en ciertos puntos de la cara, el pecho y las manos me pareció graciosa. Con cierta resistencia lo apliqué y para mi sorpresa todos mis miedos a cometer un error desaparecieron como por arte de magia, permanentemente y sin ningún efecto residual. La noche anterior pude dormir bien y en la reunión tuve la calma y concentración necesarias para tomar las decisiones correctas. La segunda vez que usé EFT fue mientras me disponía a asistir a una reunión familiar. Como comprenderán muchos lectores, encontrarse con miembros de la familia extensa puede ser uno de los eventos más estresantes del año. Sus padres, hermanos, tíos, primos usualmente tienen el poder de sacarlo de quicio y lograr que pierda los estribos, como si regresara a los años de la infancia. Esta sería la prueba definitiva de EFT. Si lograra pasar un rato agradable, disfrutar la compañía de todos y mantener la calma interior independientemente de lo que dijeran o hicieran, estaría convencido. Durante los días antes de la fiesta apliqué EFT en varias sesiones de quince minutos cada una. Trabajé en liberar mis sentimientos negativos con cada uno de los asistentes. Los resultados fueron sorprendentes. Durante toda la reunión, estuve como suspendido en una nube de paz interior. Hubo comentarios sarcásticos y "chistes" de doble sentido que en otra época me hubieran perturbado; esta vez no sentí nada. Me comporté como si fuera otra persona. Supongo que este es el valor intrínseco de eliminar nuestros sentimientos negativos, la libertad emocional. Incluso mi hija, que también asistió y que en el pasado a veces cuestionó mis reacciones, se sorprendió mucho de lo sereno que estuve.

Preparación para aplicar un tratamiento de EFT

La aplicación de un tratamiento de EFT es sencilla, pero requiere una serie de pasos precisos, que describo más adelante y que son suficientes para iniciarle en la práctica de la técnica. Una descripción detallada se encuentra en Craig (2011). Para una introducción concisa, ilustrada y con ejemplos acerca de EFT, consulte a Salomón (2011). La Internet también dispone de muchos sitios dedicados a EFT y TFT con sugerencias y consejos valiosos, al igual que nuevas técnicas desarrolladas por personas de distintas partes del mundo. Algunos de los usuarios

ELIMINACIÓN DE PROBLEMAS MENTALES 247

se especializan en tópicos concretos, tales como dependencia, insomnio, prosperidad, dolencias físicas y obesidad, entre muchos otros.

Escoja una emoción concreta a tratar

El primer paso a seguir en la aplicación de un tratamiento de EFT es decidir cuál va a ser el sentimiento negativo que se quiere eliminar; esto se logra poniéndose en contacto con el yo inferior, manteniéndose receptivo a un recuerdo de una emoción negativa y en particular a una situación concreta relacionada con esa emoción. Al seguir este paso sea bien preciso. ¿ Se siente angustiado por una reunión de trabajo que se aproxima? ¿Está nerviosa por la presentación en público que le toca hacer o el reporte que tiene que entregar? ¿Tiene rabia con alguien o con algo? ¿Se siente triste cada vez que ve a alguien en particular? Confíe en sus sentimientos y su intuición. Si se siente incómoda cada vez que se presentan ciertas situaciones o en presencia de alguien, ese sentimiento es un indicativo de que hay situaciones no resueltas, que deben ser exploradas y resueltas. Como se describe en el tercer capítulo, si quiere saber por qué una plegaria no ha recibido respuesta, una meditación con su yo inferior puede revelarle la razón.

Una vez que haya decidido eliminar una emoción negativa, debe evaluar su intensidad usando una escala del 1 al 10. En dicha escala, 1 indica que no tiene ninguna intensidad, mientras que 10 demarca lo contrario, máxima intensidad. Con el uso de estos rangos se logra un grado de objetividad que sirve para medir la intensidad de la emoción y determinar la efectividad del tratamiento.

Concéntrese en el sentimiento específico

Después de haber decidido la emoción negativa a eliminar y de haber evaluado su intensidad, puede proceder a la aplicación del tratamiento mientras que, conscientemente, concentra su atención en la emoción negativa que quiere erradicar. Este paso requiere un esfuerzo consciente para recordar la situación estresante que trae consigo sentimientos negativos. A lo largo de todo el tratamiento, mantenga su concentración evocando el evento o situación que suscitó el sentimiento.

Por ejemplo, digamos que se siente nervioso porque tiene una entrevista de trabajo o tiene que dar un discurso a un público numeroso y desea eliminar ese sentimiento para tener control sobre sí mismo y hacerlo de la mejor forma posible. Entonces, durante el tiempo en que se aplica el tratamiento, concentre su atención en los sentimientos de inseguridad y nerviosismo que esta situación le produce; para lograrlo, imagínese que está en la entrevista o parado en el podio dando el discurso, sintiéndose muy nervioso y con mucho estrés. Imagínese el evento y *sienta la emoción negativa*, al tiempo que se da los toques con los dedos en los distintos puntos terminales de los meridianos.

Si desea eliminar una emoción negativa relacionada con un evento que ocurrió en el pasado, pida a su yo inferior que recuerde la situación en su momento crítico. Por ejemplo, si desea eliminar la rabia relacionada con un incidente cuando fue abusado verbal o físicamente, debe recordar el incidente tal y como ocurrió –como si estuviera viendo una película–, mientras se da los toques en los distintos puntos energéticos. Esto podría resultar un poco difícil puesto que trae a la memoria momentos dolorosos, pero no necesita explorar la emoción en su máxima profundidad. Necesita sincronizarse con la emoción pero no tiene que revivir todo el dolor en su máxima intensidad. Si durante el tratamiento siente que necesita respirar profundamente, temblar o golpear una mesa, dele paso a esos sentimientos y hágalo. El descargar la energía puede expresarse en cualquier forma que considere apropiada.

Es importante enfatizar que para erradicar la emoción negativa, el tratamiento tiene que ser bien específico. Si quiere eliminar la rabia acumulada hacia una persona, necesita distinguir esa emoción de otras que pueda sentir hacia la misma. Esto es especialmente importante si conoce a esta persona desde hace algún tiempo y su interacción con ella ha sido conflictiva. Por ejemplo, si se siente incómodo en presencia de un colega o un familiar, esa emoción está compuesta de diferentes sentimientos: Rabia por algo que ocurrió en el pasado y que quedó sin aclarar, tristeza porque está en desacuerdo con el comportamiento de esta persona hacia los demás, y tal vez atracción porque se siente intrigado por ciertos aspectos de su personalidad. Estos sentimientos se encuentran adheridos unos a otros en forma de capas y guardados en el inconsciente de una manera compleja. En estos casos, se debe proceder con la aplicación de un tratamiento de EFT para cada uno de los eventos concretos que contribuyeron a crear los sentimientos negativos que guarda, eliminando así cada una de esas emociones. Por ejemplo, apliquese un tratamiento para eliminar la rabia y repítalo hasta que consiga un valor de 1 en la escala o sea hasta que la rabia quede resuelta. Continúe con otro tratamiento enfocando su mente en un evento en el cual se sintió con tristeza cuando vio a la persona comportarse de una manera inapropiada hacia los demás; de esa forma resuelve la emoción de tristeza. Subsecuentemente, apliquese otro tratamiento en el que enfoque su mente en un evento o un aspecto de esta persona que lo hace sentir intrigado. Continúe con este proceso hasta que todos los sentimientos de incomodidad que sentía hacia esa persona queden aclarados, recordando que cada tratamiento tiene que ser aplicado hasta que llegue a 1 en la escala antes referida.

Seleccione una afirmación apropiada

Mientras se pone en contacto con la emoción negativa que quiere eliminar y se da los pequeños toques en los distintos puntos energéticos, debe repetir verbalmente una afirmación relacionada con el sentimiento a eliminar. Una afirmación muy popular entre las personas que usan EFT es la siguiente:

"Profunda y completamente me acepto como soy, aunque tengo este/esta [problema, sentimiento, rabia, miedo, culpabilidad, angustia, etc.]"

Algunos especialistas de EFT recomiendan seleccionar una afirmación positiva que enfatice la superación del sentimiento negativo que se esté tratando. Las siguientes afirmaciones son ejemplos:

"Aun y cuando me siento nervioso(a) por esta presentación, decido sentirme calmado(a) y relajado(a)."

"Aun y cuando tengo tanta rabia con Luis, lo perdono y decido sentirme en paz conmigo mismo."

"Aun y cuando me siento muy triste por lo que pasó anoche, decido no darle importancia y ser feliz."

"Aunque me siento avergonzado por lo que hice, pido perdón y al mismo tiempo me perdono a mí mismo."

"Aun y cuando me da miedo postularme para una promoción, confío en mí misma y decido sentirme calmada y relajada."

"Aun y cuando [nombre de la persona] abusó de mí cuando era sólo un niño, le perdono, le deseo lo mejor y le dejo fuera de mi vida."

Estas afirmaciones tienen dos componentes: La primera parte reconoce el sentimiento negativo y la segunda ofrece una frase de control y poder sobre los sentimientos propios, es decir, una resolución para sobreponerse al problema. Hay que recordar que el yo inferior es susceptible a las sugerencias verbales. Una selección cuidadosa de la afirmación positiva es muy efectiva cuando se dice repetidas veces, al tiempo que armoniza su mente con el sentimiento negativo que quiere eliminar, y a su vez se da los pequeños golpecitos en cada uno de los puntos energéticos.

Estimulación física de los puntos terminales de los meridianos energéticos

Cada tratamiento de EFT está integrado por una secuencia de pequeños toques en ciertas partes del cuerpo. El tratamiento se concentra en esos sitios debido a que ellos constituyen los puntos terminales de los meridianos o centros energéticos en la piel. Al estimular estos puntos por medio de los pequeños toques, la energía que se descarga proviene del cuerpo psíquico del yo inferior, concretamente del campo de pensamiento en donde se encuentra el bloqueo emocional. La localización del área de pensamiento donde se encuentra almacenada la emoción a erradicar se consigue cuando armonizamos nuestro pensamiento con el sentimiento o emoción a ser eliminado. La estimulación de los puntos energéticos causa el desahogo de la energía relacionada con la emoción negativa; cuando esa energía queda liberada el flujo normal de energía se restablece. La estimulación de los centros energéticos se logra por medio de

ELIMINACIÓN DE PROBLEMAS MENTALES

los pequeños toques con la yema de los dedos de cualquiera de las dos manos. Generalmente, se recomienda el uso de la mano con la que escribe, usando el dedo índice y el medio. Con dos dedos se cubre un área mayor y se tiene la seguridad de que se está estimulando el centro energético deseado sin tener que concentrarse demasiado en su posición exacta.

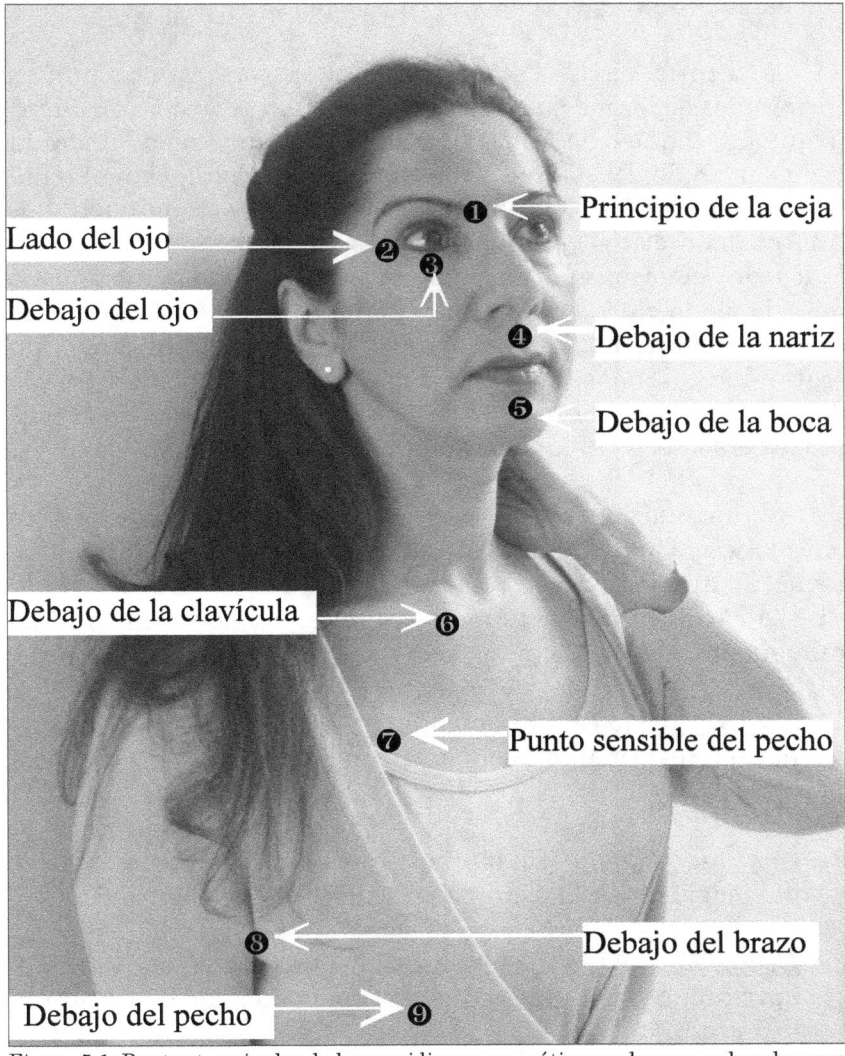

Figura 5.1: Puntos terminales de los meridianos energéticos en la cara y el pecho para un tratamiento de EFT.

Apliquese los pequeños toques de manera firme, pero ni muy fuerte que se haga daño, ni muy suave que no los sienta. Aproximadamente unas diez veces en cada punto, pero no se preocupe por contar. La frecuencia y rapidez de los toques son a criterio propio; usted las determina. Los toques se dan con la yema de los dedos, repetidamente, como si estuviera tocando en la puerta. Con la práctica, usted encontrará la velocidad y frecuencia con la que se sienta más cómodo.

La técnica de EFT comprende el uso de quince puntos terminales de los meridianos y el tratamiento consiste en darse pequeños toques en cada uno de esos puntos en el orden indicado abajo. Revise, cuidadosamente, la descripción al igual que las figuras 5.1, 5.2 y 5.3 para memorizar su ubicación. Los puntos energéticos están localizados simétricamente a ambos lados del cuerpo; en otras palabras, cada punto en el lado derecho de la cara, el pecho y la mano tiene su contraparte en el lado izquierdo, respectivamente. Puede aplicarse un tratamiento dándose la secuencia de toques en cualquiera de los dos lados o si prefiere, puede darse los toquecitos en ambas partes del cuerpo al mismo tiempo, usando las dos manos.

A continuación encontrará la descripción de los puntos energéticos. Cuando esté tratando de aprenderse su ubicación, recuerde que los números han sido asignados en orden de la cabeza hacia abajo. Los números se refieren a los de las figuras números 5.1, 5.2 y 5.3:

1. *Principio de la ceja y nacimiento de la nariz*. Al principio de la ceja, justamente encima y a un lado de la nariz (Figura 5.1).

2. *A un lado del ojo*. En el hueso que bordea la parte exterior del ojo, justo en la esquina o rabillo del ojo (Figura 5.1).

3. *Debajo del ojo*. En el hueso del pómulo, debajo del ojo, aproximadamente a medio centímetro debajo de la pupila (Figura 5.1).

4. *Debajo de la nariz*. En el pequeño espacio localizado entre la parte debajo de la nariz y el labio superior (Figura 5.1).

ELIMINACIÓN DE PROBLEMAS MENTALES

5. *Debajo de la boca*. Justo en el medio, en el punto ubicado entre la parte debajo del labio inferior y la quijada, en la hendidura ubicada entre esos dos puntos (Figura 5.1).

6. *Debajo de la clavícula*. El punto donde se unen la clavícula, el esternón y la primera costilla. Para localizarlo primero ponga el dedo índice en la hendidura superior que tiene como una forma de U (justo donde los hombres hacen el nudo a la corbata); desde la parte de abajo de esa cavidad en forma de U, mueva el dedo hacia abajo (como siguiendo la dirección que va hacia el ombligo) pero sólo por unos tres centímetros y luego muévalo a la derecha o izquierda tres centímetros (Figura 5.1).

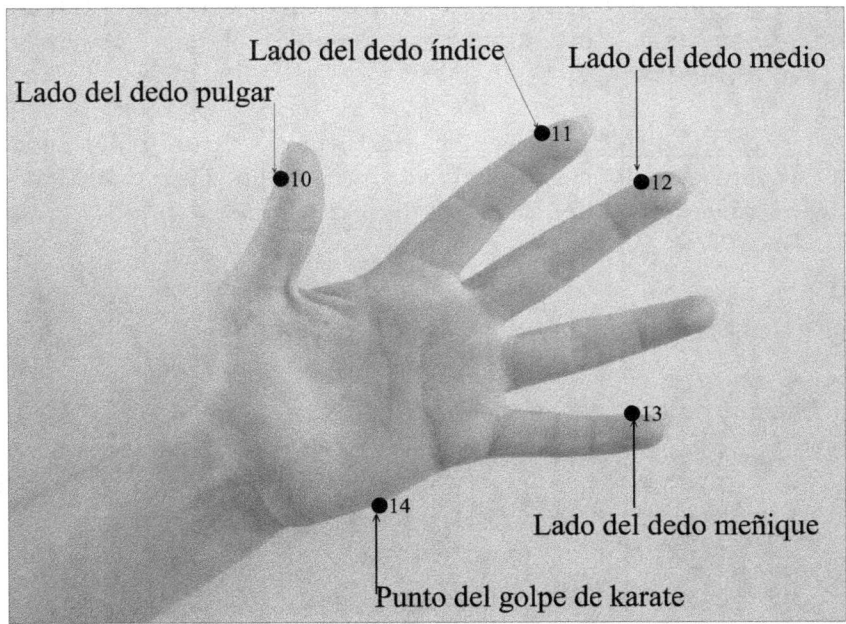

Figura 5.2: Puntos terminales de los meridianos energéticos en las manos para un tratamiento de EFT.

7. *Punto sensible del pecho*. Este es el punto donde a veces los ganglios linfáticos se congestionan y debido a ello se siente un pequeño dolor. Para localizarlo ponga el dedo índice en la base de la garganta (donde los hombres le hacen el nudo a la corbata), en la unión de los huesos en forma de U; mueva el dedo hacia abajo, aproximadamente diez centímetros, en dirección hacia el ombligo y luego hacia la

derecha o izquierda por diez centímetros, encima del pecho (Figura 5.1).

8. <u>Debajo del brazo</u>. En el costado del cuerpo. En el hombro, se encuentra exactamente al mismo nivel de la tetilla. En la mujer, se localiza a unos diez ó quince centímetros debajo de la axila, en medio de la tira del sostén (Figura 5.1).

9. <u>Debajo del pecho</u>. Para los hombres, cinco centímetros debajo de la tetilla. Para las mujeres, apliquese los toques debajo del busto, donde la piel del seno se une a la pared del pecho (Figura 5.1).

10. <u>A un lado del dedo pulgar</u>. En la parte externa del dedo pulgar, en el punto ubicado al mismo nivel de la base de la uña (Figura 5.2).

11. <u>A un lado del dedo índice</u>. En la parte exterior del dedo índice (en el lado que da al dedo pulgar), en el punto ubicado al mismo nivel de la base de la uña (Figura 5.2).

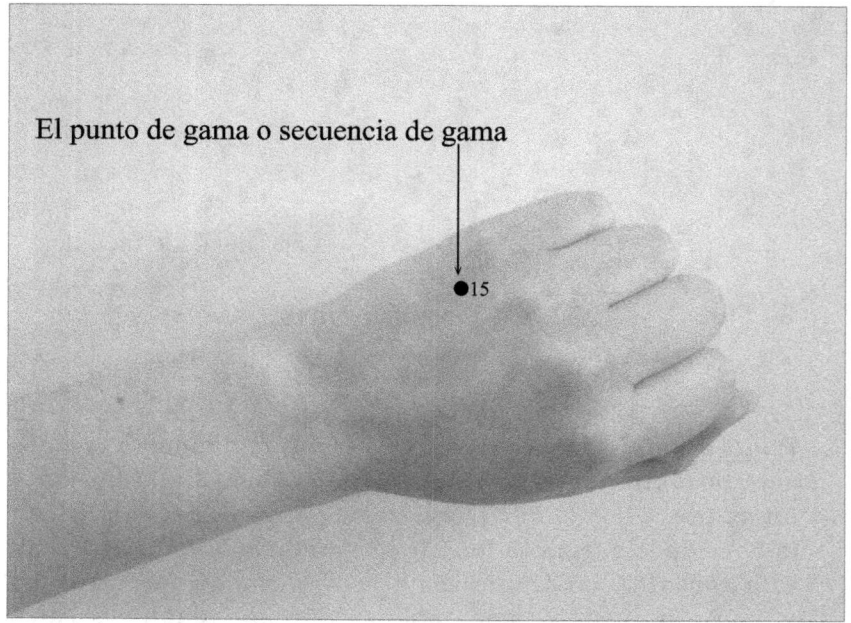

Figura 5.3: El punto de gama en el dorso de la mano.

ELIMINACIÓN DE PROBLEMAS MENTALES

12. *Al lado del dedo medio*. A un lado del dedo medio (el lado que da hacia el dedo pulgar), en el punto ubicado al mismo nivel de la base de la uña (Figura 5.2).

13. *A un lado del dedo meñique*. A un lado del dedo meñique (en el lado que da hacia el anular), en el punto localizado al mismo nivel de la base de la uña (Figura 5.2).

14. *El punto con el que se da un golpe de kárate*. En el centro de la parte más carnosa de la mano, del lado exterior, en el punto ubicado entre la parte superior de la muñeca y la base del dedo meñique (como si fuese a dar un golpe de kárate en las artes marciales, Figura 5.2).

15. *El punto de gama o secuencia de gama*. En el dorso de la mano, entre los huesos del dedo anular y el dedo meñique, en la pequeña hendidura que se encuentra ubicada entre estos dos dedos (Figura 5.3).

Secuencia a seguir en el toque de los puntos
La secuencia y el orden de los puntos energéticos para poner en práctica la aplicación de un tratamiento son los siguientes:

- Primero, dese los toquecitos en la parte de la mano con la que se da un golpe de kárate, punto número 14.
- Luego, dese los toquecitos al principio de la ceja, en el nacimiento de la nariz, punto número 1.
- Luego, a un lado del ojo, punto número 2.
- Luego, debajo del ojo, punto número 3.
- Luego, debajo de la nariz, punto número 4.
- Luego, debajo de la boca, punto número 5.
- Luego, debajo de la clavícula, punto número 6.
- Luego, en el punto sensible del pecho, punto número 7.
- Luego, debajo del brazo, a un lado del cuerpo, punto 8.
- Luego, debajo del pecho, punto número 9.
- Luego, dése los golpecitos a un lado del dedo pulgar, punto número 10.
- Luego, dése los pequeños toques a un lado del dedo índice punto número 11.
- Luego, dese los golpecitos a un lado del dedo medio, punto número 12.

- Luego dese los toquecitos a un lado del dedo meñique, punto número 13.

- Luego, aplíquese los pequeños toques a la secuencia de gama, punto número 15, mientras que al mismo tiempo ejecuta los siguientes ejercicios, sin mover la cabeza, sólo los ojos.
  - Abra los ojos por, aproximadamente, dos segundos (si es que los tenía cerrados).
  - Cierre los ojos por, aproximadamente, dos segundos.
  - Abra los ojos y mire hacia abajo y a la izquierda por, aproximadamente, dos segundos.
  - Mire hacia abajo y hacia la derecha por dos segundos.
  - Gire los ojos alrededor como haciendo un círculo con ellos en la dirección de las manecillas del reloj por, aproximadamente, dos segundos.
  - Gire los ojos en la dirección opuesta a la anterior por, aproximadamente, dos segundos.
  - Entone una canción (la que quiera, por ejemplo: "Cumpleaños feliz...") por aproximadamente, dos segundos.
  - Cuente del 1 al 5.
  - Nuevamente entone una canción por, aproximadamente, dos segundos.

- Repita toda la secuencia: Dese, nuevamente, los toques a partir del punto 14 y continúe con el punto 1 hasta el 13, como fue descrito previamente.

La secuencia que incluye el movimiento de los ojos, la entonación de la canción y el contar del 1 al 5 fueron descubiertos por Callahan, como elementos que estimulan tanto la parte izquierda del cerebro, como la derecha, respectivamente. Teóricamente, la parte derecha del cerebro se activa con los toques en el punto gama y el entonamiento de una melodía y lo mismo ocurre con la parte izquierda del cerebro como producto de la estimulación con los toques y el contar en secuencia. Con respecto al movimiento de los ojos, Callahan descubrió que cada movimiento actúa en distintas partes del cerebro. Al efectuar toda la combinación de este procedimiento se garantiza que la totalidad del cerebro sea receptiva al tratamiento.

Síntesis de la secuencia a seguir en el tratamiento
Comience por aplicarse los toques en el punto 14 (el punto con el que se da un golpe de kárate), continúe con el punto 1 hasta llegar al 13, prosiga con el 15 mientras hace el movimiento de los ojos y entona una melodía. Prosiga dándose los toques nuevamente en el punto 14, seguido de cada uno de los puntos del 1 al 13. Esta secuencia constituye un tratamiento completo. Es importante observar que el punto 15 junto con el movimiento de los ojos, el entonamiento de la canción y el contar del 1 al 5, solamente se hace al final de la primera vuelta.

Posibles efectos de los tratamientos de EFT

EFT no tiene ningún efecto negativo y no interfiere con ningún otro tipo de sicoterapia. La secuencia completa de los toques sólo debería tomarle un par de minutos. Se puede dar los toques bien sea en el lado izquierdo o derecho del cuerpo. Puede ser que note cierta descarga de energía cuando se toque algunos de los puntos energéticos durante el tratamiento, lo que puede manifestarse en forma de temblor en ciertos puntos. Es importante y recomendable tomar agua antes y después del tratamiento. La sed es uno de los efectos colaterales del tratamiento. La descarga de energía conlleva un consumo de agua. La mayoría de las personas reportan un sentimiento de paz y una sensación de relajación después del tratamiento.

También se puede observar una reducción en el grado de intensidad de la emoción negativa a medida que progresa el tratamiento. Sin embargo, es importante completar toda la secuencia aun y cuando se sienta totalmente aliviado de la emoción negativa. Una vez termine con la secuencia completa del tratamiento, necesita evaluar nuevamente la intensidad de la emoción negativa con la misma escala descrita previamente, otorgándole un número del 1 al 10. Es corriente obtener una reducción drástica con sólo un tratamiento completo; pero en el tratamiento de emociones negativas crónicas, que han formado parte de la personalidad por mucho tiempo, se hace necesaria la aplicación de varios tratamientos. El tratamiento se debe aplicar hasta que se obtenga una reducción total y el grado de intensidad sea 1.

Es importante mantener, durante todo el tratamiento, la mente enfocada en la emoción que se quiere erradicar. Este es un aspecto fundamental para poder obtener los beneficios de la técnica; quisiera enfatizar la trascendencia de este punto. A medida que avanza el tratamiento y siente alivio de una emoción, empiezan a surgir otras emociones negativas ligadas a la primera a través de un cordón psíquico en el yo inferior. Cuando esto ocurra, se recomienda que mantenga la atención en la emoción original que estaba tratando y termine el tratamiento completo, hasta que obtenga una reducción en la intensidad de la emoción negativa hasta llegar a 1. Luego, puede proceder a aplicar una secuencia completa a los sentimientos negativos que surgieron durante el primer tratamiento. Mantener el diario al día con sus observaciones le ayudará a planificar los tratamientos. Mientras progresa en la liberación de sentimientos negativos, otros sentimientos relacionados surgen a la superficie de la consciencia. Estos últimos han estado guardados por el yo inferior y suprimidos por la alta intensidad de la emoción original. Entre una y otra sesión, tome nota de estas emociones secundarias que emerjan en su mente y trátelas posteriormente.

Por ejemplo, imagínese que está tratando de resolver la ira que siente hacia una persona. Primeramente, enfoque su mente en el sentimiento de rabia, recordando y reviviendo una situación desagradable que tuvo con esa persona. Es posible que mientras recuerda este evento surjan en su mente recuerdos de otro incidente cuando era pequeño y su padre le castigó injustamente. En este caso, lo que debe hacer es seguir trabajando en el problema original hasta culminarlo con éxito, es decir hasta aclarar toda la rabia que tenía con la persona que suscitó los sentimientos de ira, evocando la rabia que esa persona le produce y enfocando su mente en las situaciones concretas en las que se encontraba enojada con la misma. Una vez su sentimiento negativo esté totalmente aclarado y llegue a un nivel de 1, escriba en su diario el incidente con su padre que surgió durante el tratamiento anterior y proceda a aplicarle un tratamiento completo; continúe hasta obtener alivio completo y un nivel de 1 en la escala.

Es recomendable que reserve unos minutos cada día para eliminar cualquier sentimiento negativo que pueda surgir en su mente, bien sea debido a situaciones externas que confronte en la actualidad o tópicos que le lleguen a la mente mientras está tratando otros trastornos. Una buena sugerencia es tomarse un tiempo para sentarse en silencio a escribir los eventos que en el pasado le causaron estrés. Si al final la lista tiene menos de cien eventos, no ha sido lo suficientemente exhaustivo. Luego, lea la lista, reflexione sobre cada asunto y coloque un asterisco al lado de las situaciones o eventos que recuerde como más traumáticos. Comience por dedicarle unos pocos minutos cada día para tratar esos eventos importantes. Se podrá dar cuenta que mientras aclara los eventos más estresantes de su vida, otros sentimientos que consideraba igualmente importantes pierden fuerza y se transforman en meros recuerdos, sin ninguna emoción asociada a ellos.

Por medio de este proceso sistemático de "limpieza emocional" todas las capas de sentimientos negativos acumuladas en el inconsciente durante años se van eliminando, dejándonos libres de complejos, fijaciones, recuerdos estresantes. En esencia, abrimos el camino para una vida con más significado, más satisfactoria, libre de reacciones automáticas, irracionales, dolorosas. Como recompensa adicional, la posibilidad de contactar al Yo Superior y tener respuesta a nuestras plegarias se incrementa dramáticamente.

Otros de los efectos colaterales que surgen como resultado de resolver las emociones negativas incluyen ciertas reacciones físicas. Se ha reportado que algunos trastornos físicos se mejoran o se eliminan totalmente después de remover las emociones negativas, aun y cuando no se encontraban relacionadas con el problema físico. Entre ellas se incluyen, dolores de cabeza, alergias, artritis, dolores de espalda, dolor en la columna vertebral, problemas de la vista, trastornos digestivos y aun enfermedades más crónicas. Desde la antigüedad se sabe de la interrelación entre la mente y el cuerpo, pero sólo recientemente la ciencia moderna ha comenzado a reconocerla. Muchas enfermedades crónicas son el resultado de un desequilibrio energético en nuestros cuerpos psíquicos. Observe y sospeche de todos sus hábitos, de su actitud hacia el trabajo y la vida en general, y trate cualquier sentimiento de negatividad que surja. Reflexione sobre las dolencias físicas que padezca y observe si hay una componente emocional asociada a ellas. Una manera de saberlo es aplicando un tratamiento de EFT a cualquier malestar físico y observar los sentimientos que emergen en su transcurso. Siempre confíe en su intuición con respecto a los sentimientos que se manifiesten durante el tratamiento. Cualquier ocurrencia en su mente es un mensaje de su Luis, por lo tanto necesita poner atención, aun y cuando usted piense que el sentimiento es irrelevante. Disfrutar de buena salud es nuestro estado natural, un derecho innato, el resultado de un balance entre la mente y el cuerpo, y de una armonía entre los tres espíritus del ser.

Cuando se eliminan patrones negativos crónicos o se resuelve una serie de problemas emocionales de menor escala en una sesión, puede darse el caso de que se sienta cierto grado de incomodidad física. Puede ser que sienta un pequeño trastorno en el estómago o en el pecho, o tal vez experimente una pequeña tristeza; esto es totalmente normal y un buen signo de que el tratamiento ha sido efectivo. En una ocasión apliqué por varios días muchos tratamientos con el fin de eliminar sentimientos crónicos de la infancia. A los pocos días empecé a sentir una incomodidad que podía interpretarse como un dolor en el estómago, como si tuviera indigestión acompañada de gases, pero no estaba relacionado con la dieta alimenticia y no desapareció por varios días. Reflexionando un poco, descubrí que mi yo inferior no quería deshacerse de algunos de mis patrones negativos. Estos patrones irracionales, ilógicos y estresantes me causaron profundo dolor por muchos años; sin embargo, ellos constituyeron un mecanismo de defensa aprendido y desarrollado por el yo inferior para protegerme a raíz de varios eventos traumáticos de la infancia. Fue una "solución," aunque inapropiada, para sobrevivir en un ambiente hostil.

Puede ser que algunos de sus patrones encuentren una resistencia similar. Su yo inferior puede temer enfrentar a un mundo sin ellos. Muchas personas realmente no quieren curarse de patrones emocionales crónicos o enfermedades físicas, particularmente si estos traen consigo ciertos beneficios o "recompensas." Algunas personas reciben una pensión o compensación monetaria cuando son diagnosticados con cierta incapacidad. La persona –su yo inferior– puede sentirse temerosa de abandonar lo que se ha convertido en una forma de vivir para enfrentar la incertidumbre y el estrés de tener que trabajar de nuevo con un cuerpo saludable. Puede que la "recompensa" no sea monetaria. Algunos pacientes consiguen atención, compasión y tratamiento especial por parte de los demás al tiempo que sufren de una enfermedad. Es posible que sus entidades inferiores no deseen desistir de esos privilegios. Por supuesto que esta resistencia a superar las limitaciones físicas o emocionales es inconsciente y puede que salga a la superficie de una u otra forma durante su intento consciente de eliminar el patrón. Aquí el éxito depende de su habilidad para comunicarse con su yo inferior y reanimarlo con compasión. Los ejercicios que describimos en el Capítulo 3 pueden ayudar, es decir tómese un tiempo para sentarse a dialogar con su yo inferior. Agradézcale la protección y apoyo que le suministró en el pasado. No lo critique; explíquele las oportunidades nuevas de una vida sin el patrón o enfermedad. Entusiásmelo con las ventajas y estimúlelo a cooperar con el tratamiento. Su estado natural es una vida de perfecta salud, paz y felicidad. Envejecer es un proceso natural, pero no tiene que ser doloroso ni acompañado de enfermedades.

RESUMEN: PASOS PARA LA APLICACIÓN DE UN TRATAMIENTO DE EFT

El siguiente ejercicio presenta un resumen de los pasos a seguir para la aplicación de un tratamiento efectivo de EFT. Previamente, ha debido leer cuidadosamente las secciones anteriores para familiarizarse con la localización de cada uno de los puntos energéticos, antes de proseguir con los pasos que se describen a continuación. Para más detalles, consulte Salomón (2011). Una vez más, recalcamos que esto no es un sustituto de ayuda profesional, la cual debería consultarse en casos de problemas sicológicos crónicos. Por otra parte, los tratamientos de EFT complementan a cualquier otra terapia.

Ejercicio 5.2: Aplicación de un tratamiento de EFT

Objetivo

Eliminar cualquier sentimiento negativo, complejos, fijaciones de la personalidad o patrones de conducta indeseables, incluyendo los siguientes: Miedo, dudas, ansiedad, dolor por la pérdida de un ser querido, ira, timidez, fobia, recuerdos de abuso sexual, miedo a los deportes o de hablar en público, adicción o dependencia, ataques de pánico, depresión, insomnio, etc.

Descripción

Este ejercicio no requiere una posición de meditación y puede hacerse de pie o sentado, pero debe retirarse a un sitio privado por unos minutos. Primeramente, decida el sentimiento o emoción concreta que quiere eliminar. Es muy importante observar que la emoción tiene que ser bien específica para obtener los mejores resultados. La emoción puede ser sobre algo que ocurrió en el pasado, como un recuerdo traumático de infancia, de un accidente, de una discusión. Puede ser un sentimiento sobre algo que va a ocurrir en el futuro, por ejemplo miedo a una entrevista de trabajo, de participar en un evento social. Decida un cuadro mental a tener presente en la imaginación mientras sigue los pasos del tratamiento. El cuadro mental puede ser del pasado o de una situación futura. Otórguele un valor entre el 1 y el 10 a la emoción o evento a tratar. El 1 representa un mínimo, mientras que el 10 un máximo de estrés. Decida y memorice una afirmación, teniendo en consideración que la frase (1) reconoce el sentimiento negativo y (2) ofrece una alternativa para liberarse del problema.

Luego, si es posible, cierre los ojos y sintonice su mente con la emoción que quiere eliminar. En otras palabras, repita en su imaginación el evento que le causó el sentimiento negativo, tal y como si lo estuviera viviendo nuevamente y enfrentando la misma emoción negativa (miedo, ira, tristeza etc.).

Mientras se enfoca en la emoción, repita en voz baja o mentalmente su afirmación. Por ejemplo:

"Aunque me siento [emoción o recuerdo], decido ser o estar [emoción contraria, libre del recuerdo]."

Mientras se sincroniza mentalmente con la emoción y verbalmente repite la afirmación, dese los pequeños toques con los dedos índice y medio de cualquiera de las dos manos, en cada uno de los puntos terminales de los meridianos, aproximadamente diez veces. No se preocupe por contar. Comience por darse los toques en el punto 14 (punto del golpe de kárate), luego cada uno de los puntos restantes del 1 al 13 y luego el punto 15 mientras hace los movimientos con los ojos y entona la melodía (Figuras 5.1, 5.2, 5.3 y la explicación concerniente). Seguidamente, aplique los toques nuevamente al punto 14, seguido de cada uno de los otros puntos, del 1 al 13. La localización de los puntos y el orden de los toques deben ser memorizados antes del tratamiento, o puede tener el libro cerca para usarlo como referencia.

Posibles resultados

Cuando termine el tratamiento, evalúe nuevamente la intensidad de sus sentimientos usando la escala del 1 al 10. Como resultado del tratamiento, generalmente se obtiene una reducción en la intensidad de la emoción tratada. Si el grado de intensidad no se ha reducido considerablemente, repita el tratamiento. Si después de dos o tres tratamientos la intensidad ha bajado pero no ha desaparecido totalmente, es posible que la emoción no es lo suficientemente específica o que se tiene resistencia a mejorar (véase Salomón, 2011, para tratamientos de patrones con resistencia). También puede darse el caso de que la emoción esté relacionada con otro problema físico o emocional que debe ser identificado y tratado.

Preste especial atención a las emociones o sentimientos que surjan mientras se esté aplicando el tratamiento. Estos representan aspectos importantes para ser tratados posteriormente. Sin embargo, siempre se debe terminar el tratamiento con la emoción original, es decir con la que esté trabajando en ese momento. Escriba sus impresiones en su diario tan pronto como sea posible. Las "interferencias emocionales" que afloran durante un tratamiento representan guías muy valiosas que si no se anotan, se olvidan rápidamente o son reprimidas por el inconsciente.

Resumen
Los siguientes pasos representan una guía de referencia rápida para la aplicación de un tratamiento. El tratamiento consiste en la ejecución simultánea de tres aspectos: (1) La sincronización con el pensamiento o emoción negativa, (2) la repetición de la afirmación y (3) la estimulación por medio de los toques en los puntos energéticos en un orden preciso.

1. *Decida una emoción negativa a eliminar.* Diríjase a un sitio privado. Seleccione una emoción negativa que se encuentre asociada a una situación concreta y evalúe su intensidad entre 1 y 10. Seleccione un cuadro mental que le sirva para tener presente esa emoción durante el tratamiento. Escoja una afirmación a repetir simultáneamente.

2. *Sincronice su mente con la emoción específica.* Cierre los ojos, recuerde el evento traumático y repítalo en su imaginación durante todo el tratamiento. Sienta la emoción negativa.

3. *Repita la afirmación.* Mientras se sincroniza con la emoción, verbalmente repita la afirmación y dese los toques en el punto de kárate. En este punto, repita la afirmación completa. Luego, para el resto de los puntos puede usar la misma frase pero más corta, para que le sirva para mantener presente la emoción.

4. *Dese los toques en los puntos terminales de los meridianos.* Mientras se sincroniza con la emoción negativa y repite la afirmación, dese los toques con la yema de los dedos, aproximadamente diez veces, en cada uno de los puntos en el orden siguiente: Comience dándose los toques en el punto 14 (punto del golpe de kárate), prosiga con los puntos que van del 1 al 13, luego el punto 15 mientras ejecuta el movimiento con los ojos y entona una

melodía (Figuras 5.1, 5.2, 5.3 y la explicación referente). Seguidamente, dese los toques nuevamente en el punto 14 y finalice con la secuencia de los puntos del 1 al 13.

5. *Evalúe la emoción.* Después de finalizado el tratamiento, evalúe nuevamente la intensidad de la emoción negativa. Si no se ha disminuido a 1, repita el tratamiento. Escriba sus impresiones en el diario.

Nota: Los pasos 2, 3 y 4 se ejecutan simultáneamente a través de todo el tratamiento.

Utilización de los sueños en la eliminación de emociones negativas

Un ingrediente esencial en la aplicación efectiva de un tratamiento de EFT, es la habilidad del usuario para sincronizarse con un sentimiento relacionado con una situación estresante concreta (paso 2 en el Ejercicio 5.2). Los autores de EFT han sugerido varias técnicas para lograrlo, incluyendo la anteriormente descrita que Craig llamó "la técnica de la película," en la que el paciente recuerda mentalmente la ocurrencia histórica del evento. También se usa la "técnica narrativa," en la que el practicante describe oralmente la situación que ocasionó la emoción negativa. Los procedimientos de sincronización con una emoción negativa requieren de un esfuerzo consciente por parte del paciente para localizar y recordar el sentimiento anómalo. En lugar de nuestros esfuerzos conscientes por revivir sentimientos negativos, es deseable desarrollar un método basado en la expresión espontánea de tales sentimientos. En el 2008, posterior a la publicación de la primera edición inglesa de esta obra, propusimos una técnica alternativa que se basa en los sueños, es decir en nuestra expresión nocturna de sentimientos inconscientes (Serrano, 2008). El yo intermedio requiere dormir por lo menos ocho horas al día. Dormir y soñar son necesarios para la salud. Sin embargo, el yo inferior nunca duerme y podemos permitirle que "solicite" un tratamiento de EFT cada vez que se sienta bajo estrés durante las horas nocturnas cuando el yo intermedio duerme y no lo reprime.

Tal y como describimos en el Capítulo 3, la mayoría de los sueños son esencialmente un intento espontáneo del yo inferior para comunicarnos un sentimiento o un punto de vista emotivo acerca de una situación diurna. En otras palabras, casi todos los sueños son sentimientos inconscientes, excepto por los sueños premonitorios y los sueños lúcidos que ocurren rara vez. Durante las horas diurnas, el yo intermedio controla el pensamiento y las acciones a través de sus habilidades lógicas, objetivas e inductivas. Por otra parte, cuando dormimos el yo intermedio descansa y el yo inferior es libre de expresar sus sentimientos, muchos de los cuales son negativos. El problema es que el yo inferior utiliza un pensamiento ilógico, deductivo y se comunica por medio del lenguaje simbólico. La mayoría de la gente no presta atención a sus sueños, que considera como historias incoherentes sin relación alguna con la realidad. Por el contrario, un sueño correctamente interpretado revela un sentimiento inconsciente acerca de una situación concreta en la vida real. Cuando esta emoción es negativa, un tratamiento de EFT puede eliminar la fijación, o estrés que la ocasionó.

Es importante recalcar que para eliminar emociones negativas no es necesario interpretar el sueño, lo que requiere aprender el lenguaje complejo de los símbolos. La interpretación de los sueños puede ayudar a comprender la causa del estrés y su relación con las actividades diurnas, pero "comprender" es una característica del yo intermedio lógico, innecesaria en la eliminación de una emoción negativa. Lo que sí es importante es reconocer el valor de los sueños como expresión de sentimientos profundos, aprender a recordarlos tan pronto como despertemos, y enfocar en el sentimiento que nos trae el sueño mientras que aplicamos un tratamiento de EFT. La mayoría de los sueños se olvidan unos minutos después de despertar. Por lo tanto, tan pronto despierte hay que recordar el sueño, como si fuera una película, al tiempo que se concentra en el sentimiento que trae el sueño y simultáneamente aplica el tratamiento de EFT. El siguiente ejercicio aprovecha el hábito de muchas personas de levantarse en medio de la noche para ir al baño y tomar agua. Si al mismo tiempo dedicamos unos pocos minutos a eliminar cualquier emoción negativa que nos traiga el recuerdo de lo que soñábamos, habremos dado un gran paso hacia la superación de muchos patrones que rara vez afloran

ELIMINACIÓN DE PROBLEMAS MENTALES

cuando estamos despiertos, pero que sin embargo constituyen emociones negativas importantes que vale la pena eliminar.

Ejercicio 5.3: Uso de los sueños para eliminar emociones negativas

Objetivo
Eliminar emociones negativas escondidas detrás de los sueños. Resolver patrones y complejos que rara vez afloran durante las horas diurnas.

Descripción
Cuando se disponga a dormir, comuníquele a Luis que desea recordar sus sueños, si es que se despierta *espontáneamente*. Insístale que sólo desea ser despertado si el sueño le evoca un sentimiento de miedo, estrés, tristeza o rabia. No programe a su yo inferior a que lo despierte a cada momento. Tan pronto despierte en medio de la noche, diríjase a una habitación contigua si no quiere molestar a su compañero(a), siéntese cómodamente, cierre los ojos, y empiece a recordar su sueño, tan vívidamente como sea posible, mientras que simultáneamente se enfoca en el sentimiento que le trae y al tiempo que aplica un tratamiento de EFT (Ejercicio 5.2). Utilice palabras sencillas que describan su sentimiento sin esforzarse mucho por construir frases apropiadas. Lo importante es mantenerse en contacto con el sentimiento que le trae el sueño, aun sin ninguna frase. No le gaste tiempo a escribir, interpretar o analizar el sueño, pues esta actividad puede interferir con su deseo de seguir durmiendo. Regrese a dormir tan pronto como el sentimiento negativo desaparezca. Opcionalmente, al día siguiente tome nota de lo que recuerde del sueño y sus sentimientos al respecto. Si lo desea dedique un tiempo a analizar e interpretar su sueño. A largo plazo, esto es importante para comprender sus patrones y medir su progreso en la superación de ellos. Implica tomarse el tiempo para aprender acerca de los sueños, los símbolos y su interpretación.

Posibles resultados
El tratamiento de EFT debería eliminar el sentimiento negativo adjunto al sueño. Un resultado inmediato es poder

seguir durmiendo placenteramente. Adicionalmente, es posible que durante el tratamiento salgan a la superficie de su conciencia otros patrones relacionados que se encontraban ocultos. Esta información es muy valiosa. Lo ideal sería proceder a tratarlos inmediatamente, si es que el nuevo tratamiento no interfiere con su deseo de seguir durmiendo. De otra forma, se recomienda escribirlos brevemente en su diario para tratarlos en un futuro. La aplicación sistemática de este ejercicio le ayudará a dormir mejor y las horas diurnas serán más tranquilas, lo cual es un indicativo del progreso alcanzado en la eliminación progresiva de emociones negativas.

Resumen

1. Cuando se disponga a dormir, comuníquele a su Luis que los sueños son importantes y que desea recordarlos a cabalidad, si es que se despierta *espontáneamente* con un sentimiento negativo.

2. Cuando despierte en medio de la noche, diríjase a una habitación contigua, siéntese, cierre los ojos, y empiece a recordar su sueño, tan vívidamente como sea posible, mientras que simultáneamente se enfoca en el sentimiento que le trae y al tiempo que aplica un tratamiento de EFT.

3. Regrese a dormir tan pronto como el sentimiento negativo desaparece.

4. Opcionalmente, al día siguiente tome nota de lo que recuerde del sueño y sus sentimientos al respecto. Si lo desea, dedique un tiempo a analizar e interpretar su sueño.

"Cuando cada instante de la vida se transforma en una alegría permanente, en una danza eterna; cuando la vida no es otra cosa sino un festival perpetuo de luz, en ese instante, cada momento es un momento precioso porque una vez que pasa, se ha marchado para siempre."

Osho (Osho, 1996).

6.
CONCLUSIÓN
Huna: Un significado de la vida

Laura fue una de mis mejores amigas durante mis años de estudios universitarios. Mis recuerdos de ella incluyen largas horas nocturnas estudiando para exámenes y preparando proyectos de final de semestre; caminatas deliciosas conversando, compartiendo sueños de la vida, aconsejándonos mutuamente acerca de situaciones que enfrentábamos; innumerables veces trabajando hasta tarde en laboratorios empolvados, compartiendo comida fría y dura. Fue una de esas amistades de la juventud con las que se compartió el corazón, el crecimiento, la incomodidad, la escasez financiera de la época estudiantil; alguien en quien podía confiar. Laura era amante de la ciencia por el puro placer del conocimiento. A veces pasábamos horas discutiendo tópicos que cambiaban libremente de centro sin propósito alguno. El placer era la compañía, el estimulo intelectual, compartiendo una taza de café.

Al poco tiempo después de graduarnos, recuerdo que me pidió que la acompañase a una reunión familiar en casa de uno de sus tíos. Al acercarnos al sitio de la fiesta, Laura lucía particularmente nerviosa. Sus manos estaban frías y sudorosas, a pesar de que todos nos recibían cordialmente. Nos ofrecieron whiskey en las rocas. Recuerdo que pensé que era un crimen mezclar un escocés de doce años, pero estaba delicioso. La música de fondo era suave y el ambiente agradable. En el gran salón recuerdo la presencia de los familiares de Laura, su mamá, dos de sus hermanos con sus esposas, y tres tíos con sus esposas. Superficialmente la reunión era agradable, aunque se respiraba un ambiente serio y pesado. Esto ocurrió en 1977. Laura y yo nos acabábamos de graduar de ingenieros civiles. Yo ya tenía un nuevo empleo en el gobierno, pero Laura parecía luchar con la idea de aceptar un nuevo trabajo. Después de tres meses buscando empleo, finalmente había aceptado una posición en una compañía internacional de geotecnia. Fue nombrada como ingeniera residente en la construcción de un túnel de treinta y dos kilómetros para un proyecto grande de abastecimiento de aguas. Su trabajo le requería trabajar jornadas de doce horas a casi un kilómetro bajo tierra. No era el trabajo de desarrollo científico al que ella aspiraba, pero la presión constante de sus familiares para que empezara a trabajar la obligó a aceptarlo. Después de todo, sus hermanos habían sido muy pacientes esperando que Laura, la menor de los hijos, terminara su grado universitario, desistiera de sus "inmaduros" sueños académicos, y empezara a producir en "la vida real."

Por generaciones, la familia de Laura se ha distinguido por producir grandes hombres de negocios. Los tres tíos presentes aquella noche eran ejemplos importantes de lo que se esperaba de ella. Por ello su familia estaba muy desilusionada cuando Laura decidió ingresar a la universidad en lugar de empezar a trabajar en el negocio de uno de sus hermanos. El hecho que su área de estudios no tenía nada que ver con la administración de empresas agravó aún más la situación. Yo podía sentir la tensión en el aire y por esto Laura me invitó a la reunión como apoyo moral. Ella sabía que era cuestión de segundos antes que alguien le hiciera la pregunta infame.

"¿Laura, qué tal tu nuevo trabajo?" preguntó su hermano mayor desde el otro lado de la sala. Antes que ella pudiese responder una palabra, su hermano intermedio, con quien Laura aun vivía, le anunció a toda la familia: "Laura me ha dicho que piensa renunciar." La noticia de que Laura renunciaría fue como un choque.

"¡Vas a renunciar!" exclamó el hermano mayor levantando la voz. De repente, todos dejaron de hablar mientras miraban a Laura con ojos de desaprobación. Uno de sus tíos meneaba la cabeza contemplando a Laura como quien ve al fracaso en persona, a alguien que se rehúsa a enfrentar las responsabilidades de la vida.

CONCLUSIÓN

Me sentí obligado a dar una explicación a la familia. Les describí el trabajo de Laura, las jornadas de doce horas trabajando en la oscuridad a cientos de metros bajo tierra, con una calidad de aire muy pobre, teniendo que coordinar equipos de detonación de dinamita y excavadoras de tierra y con un riesgo alto de accidentes y para la salud. Ese empleo no era el trabajo de ingeniería que Laura soñaba.

"Sueños, la vida no es para soñar, Laura; lo que debes hacer es crecer, ingresar en los negocios y empezar a producir" dijo el tío. Para todos los familiares presentes "producir" significaba ganar dinero, capitalizar. Los logros académicos o intelectuales ni la creación artística eran parte de esa definición. Seguidamente, la conversación se tornó en un intercambio interesante de las diversas opiniones acerca del significado de la vida.

"El propósito de la vida es amasar una gran fortuna" reiteró el tío. Se describió a sí mismo como alguien que cumplió a cabalidad el objetivo de la vida. En verdad, el tío tenía mucho con que respaldar su orgullo, pues había llegado a ser un multimillonario dueño de varias compañías que servían a la industria del transporte aéreo.

"¿Cuál es el propósito en la vida para ti, Laura?" preguntó otro de sus tíos con un tono más amistoso. "El propósito de la vida es ser feliz" respondió Laura con la autosuficiencia de una joven apasionada. Seguidamente agregó que el dinero es *el medio* para lograr lo que uno desea en la vida, pero *no un objetivo* en sí mismo. Todos se rieron ante lo percibían como una profunda ignorancia de la realidad de la vida. Entonces comprendí por qué Laura se sentía tan nerviosa de asistir a la reunión. ¿Quién desea ver a familiares que ridiculizan lo que uno más valora? La conversación degeneró en comentarios negativos acerca de los hobbies de Laura, tales como su fascinación por la naturaleza, la música clásica, las artes plásticas, la ciencia y la filosofía. Sintiéndose intimidada e incómoda, Laura defendió sus gustos y especialmente su pasión por escribir sobre temas científicos, aun si ellos implicaran una vida con recursos económicos limitados.

Aquella noche Laura se sintió como la oveja negra de la familia, sin apoyo, sin aprobación, malentendida. De acuerdo a su familia, hay sólo una forma de ser y de vivir, una sóla forma de medir el éxito, y esta es en la cantidad de dinero acumulada. Eventualmente, Laura se marchó del país y por años rompió toda comunicación con familiares y amigos. Recientemente me la encontré en una reunión de nuestra promoción universitaria. Me enteré que hoy en día tiene una cátedra en el departamento de ciencias de la tierra de una prestigiosa universidad en Francia. Desempeña su cargo enseñando, haciendo investigación y dando rienda suelta a su pasión, escribir sobre la ciencia. De todos los colegas que vi, Laura era la única que lucía joven, sabia y verdaderamente feliz realizando sus sueños. Recordamos nuestros años en la universidad, y por supuesto no pude resistir preguntarle por su familia.

"Después de aquella noche memorable, me tomó cerca de diez años para ser aceptada como miembro respetable de la familia, pero sólo hasta que se dieron cuenta que podía vivir bien haciendo ciencia y escribiendo" me dijo. Laura siempre fue una inspiración para mí. Admiro su claridad de propósito y su coraje para lanzarse a realizar sus sueños, aun yendo en contra de las expectativas familiares y en contra de los ideales establecidos en su medio hasta entonces.

A través de los años, he llegado a concluir que una gran cantidad de personas viven de acuerdo a ideales similares a los de la familia de mi amiga Laura. El dinero y las posesiones materiales parecen ser el único medio de medir el progreso y el éxito. La calidad de un empleo a menudo es evaluada por el salario que conlleva. El estrés, la conducta de los colegas, la politiquería, el ambiente tóxico de trabajo y las excesivas responsabilidades parecen ser secundarias. ¿No es preferible ganar un poco menos, pero trabajar en un ambiente amable, haciendo algo interesante, con actividades satisfactorias emocionalmente o profesionalmente? Es curioso cuánto énfasis se le otorga al salario que uno gana en comparación al de los colegas y amigos. A veces no se trata de cuanto uno gana, sino de cuanto se gana en relación a otros. Por otra parte, tenemos la tendencia a creer que cierta cantidad de dinero nos hará felices. Cuando le pregunto a un colega cuánto dinero lo haría verdaderamente feliz, la respuesta usual es un veinte o treinta porciento más de lo que gana en la actualidad. No obstante, cuando después de un tiempo la meta ha sido alcanzada me entero que ahora quiere un veinte o treinta porciento más que eso.

El lector no debe mal interpretarme. Yo busco el dinero necesario *para ser feliz*, para lograr una meta específica. El dinero es como una forma de energía que necesitamos consumir para realizar un trabajo. En términos de ingeniería, acumular dinero, sencillamente para poseerlo, es como acumular calor o electricidad sólo para retenerlos. Es inútil acumular energía, a menos que la empleemos para realizar un trabajo. Por lo tanto, trabajo arduamente para ahorrar dinero con el fin de adquirir una casa mejor o para financiar algún objetivo. Algunos objetivos son parte de las necesidades cotidianas de la vida, mientras que otros tienen un significado más profundo. Por ejemplo, hace unos años ahorramos lo necesario para financiar varios viajes a España. Cada viaje duró entre uno y tres meses y en total hicimos cinco viajes en un periodo de ocho años. Los ahorros se usaron para costear los gastos familiares durante cada viaje y para pagar la hipoteca y otros servicios en casa mientras permanecíamos en el exterior. Nuestro deseo era tener completa libertad de recorrer la campiña española, vivir su vida cotidiana, lo que excluía los altamente estresantes y prefabricados "tours" que venden las compañías de turismo. En su lugar, alquilamos un vehículo y recorrimos las villas medievales que rara vez se le muestran al turista. Cuando nos gustaba una en particular, alquilábamos una casa rural y pasábamos unos días o semanas explorando y disfrutando la región, los castillos, la historia, el arte antiguo, los museos, las calles adoquinadas, el mercado local, la alegría innata del español, la música, la poesía, la comida mediterránea, las muchas variedades de vinos. Vivimos momentos de felicidad profunda y en este contexto la felicidad fue una experiencia interior.

¿Entonces qué es realmente importante y qué no lo es? Dejemos que sea la elocuencia de Osho la que responda (Osho, 1996).

"¿Qué es importante y qué no es? De acuerdo a la definición del Buda, lo que la muerte pueda quitar no es importante y lo que la muerte no pueda quitar es importante. Recuerda esta definición y deja que sea tu piedra de prueba. Con ella puedes juzgar cualquier cosa al instante. ¿Has visto la piedra para examinar el oro? Que esta piedra sea la prueba para decidir qué es importante: ¿La muerte te lo va a quitar? Entonces, eso no es importante. El dinero no es importante; es útil, pero no importante. El poder, el prestigio, la respetabilidad, la muerte te quitará todo eso. ¿Entonces, por qué armar tanto problema por eso durante los pocos días que estás aquí? Esto es una caravana, paramos una noche; mañana nos marchamos."

De lo anterior concluimos que la felicidad es un asunto personal. Para sentirnos felices no necesitamos realizar cosas complicadas o extravagantes. Al contrario, aquellos momentos de felicidad profunda los encontramos en la sencillez de la vida cotidiana. Cuando aprendemos este principio, y si realmente queremos ser felices, no volveremos a estrellarnos contra la pared. Una vez leí un libro de pensamiento positivo que contenía un ejercicio en el que se invitaba al lector a decidir qué hacer si de repente se le informara que ese era el último día de su vida. He aquí lo que escribí:

*"Si me informaran de repente,
que hoy es el último día de mi vida,
interrumpiría mi trabajo de inmediato,
me iría a casa, abrazaría a mi esposa y a mi hija.
Les invitaría a una caminata por los bosques traseros;
escucharíamos al viento acariciando los arboles,
sentiríamos la humedad fresca del bosque,
admiraríamos los pájaros, los insectos, las flores;
Cruzaríamos el río, sin importar el lodo,
y contemplaríamos al agua jugando con las piedrecillas.
Después de un rato, regresaríamos a casa.
Escucharíamos música de guitarra flamenca,
mientras me sirvo una copa de Jerez Oloroso seco muy frío.
Sin perder tiempo, prepararía mi paella de verduras favorita,
agregando garbanzos, cebolla, pimiento rojo, alcachofas,
chorizo español, mucho ajo y abundante aceite de oliva virgen,
y por supuesto, el mejor arroz Valenciano.*

*Usaría la vasija de barro llana que traje de Córdoba.
Serviría la última botella
de mi vino casero de crianza.
Compartiríamos y agradeceríamos a la Inteligencia Universal
por el privilegio de la compañía.
Después de comer, nos sentaríamos alrededor de la chimenea,
saboreando, lentamente, un brandy de Jerez;
mientras disfrutamos de una conversación deliciosa,
aguardaría en profunda paz la Gran Iniciación,
sabiendo que conocí el Paraíso, mientras viví en la tierra.*"

Después del ejercicio, me di cuenta que lo que haría el último día de mi vida no sería muy diferente de lo que hago todos los días, lo que me hizo apreciar el disfrute de la vida cotidiana. Tal vez el pensar en cómo morir nos obliga a aprender a cómo vivir. ¿Cuáles son las pocas veces en la vida cuando no pensamos en lo que vamos a *hacer*? Esos son los momentos de felicidad. Ocurren en situaciones de goce del presente, sin análisis, sin juicio, sin evaluación. Nos encontramos totalmente inmersos en el momento, sin expectativas de ninguna índole, pues nuestro goce no depende de circunstancias externas; nuestro goce es un deleite interior.

Además de la acumulación de riquezas materiales, la felicidad tampoco depende del dominio y la manipulación de otros. Observe a la gente con mayor poder en sus alrededores. Observe al gerente o al presidente de su compañía. ¿Son realmente felices? ¿Será que pueden dormir bien por la noche? ¿Será que disfrutan de buena salud? ¿Disfrutan de buenas relaciones con familiares y amigos, esto es, relaciones de amistad verdadera y no de negocios? ¿Será que pueden tomarse más de un día libre al mes? ¿Y cuando deciden tomarse un día libre, pueden verdaderamente relajarse? ¿Son capaces de apagar sus inalámbricos, dejar de controlar a sus empleados y socios, olvidarse del correo electrónico, de sus preocupaciones y ansiedades de negocios? En mi experiencia, las personas de gran "éxito" de acuerdo a este modelo tienen respuestas negativas a estas preguntas. Se encuentran tan obsesionados con sus ansias de poder, fama y riqueza que no pueden contemplar ni siquiera la idea de felicidad. Tengo un familiar cuya riqueza y éxito en los negocios sobrepasan los sueños de la mayoría de los comerciantes. Por años su sueño ha sido tomar un sabático de sus empresas, alquilar un apartamento cerca al Museo del Louvre en Paris, y vivir un año disfrutando de la cultura, el arte, la culinaria y el ambiente de la ciudad del amor. Sin embargo, los conflictos de negocios, los miedos de perder su fortuna a manos de competidores y socios de permanente desconfianza, el insaciable deseo de continuar aumentando su capital a cualquier costo y las preocupaciones por la continua expansión a nuevos mercados, nunca le han permitido realizar su sueño. ¿De qué sirve un gran capital si no se puede usar para satisfacer los sueños más profundos? ¿Vale la pena sacrificar nuestras vidas para convertirnos en esclavos del dinero adquirido?

El deseo insaciable de dinero, posesiones, placer y poder es sólo un ejemplo de una filosofía general que define la calidad de nuestras vidas de acuerdo a lo que logramos externamente. Desde luego que lograr objetivos externos es importante, pero debemos reconocer que esos logros son sencillamente los medios para alcanzar un propósito más grande que es interior. El trabajo en el mundo externo tiene una función de crecimiento interior, la cual a su vez tiene un propósito cósmico. *No hay nada en este mundo que pueda satisfacernos totalmente, permanentemente.* Venimos al mundo a aprender, a crecer, a prestar un servicio a los demás, y eventualmente a madurar en nuestra personalidad. El aprendizaje de la vida no tiene que ser doloroso. Una vida de dolor, de lucha, de privaciones, de sufrimiento, es el resultado de oponerse a las leyes naturales del universo. Si usted sufre en una situación determinada, es porque hay una lección que necesita aprender. Preste atención, descubra la causa de esta circunstancia y modifique su conducta. Uno de mis autores favoritos del siglo XVI lo dijo en una forma hermosa (Hung Ying-ming, 1985):

"La gente del mundo piensa que el placer satisface a la mente;
   pero al buscar placer,
   son obligados al sufrimiento.
Los que alcanzan grandes logros piensan que el placer va en
   contra de los deseos del corazón;
   y al final, es a través del sufrimiento que se llega al placer."

Huna nos suministra una oportunidad para encontrar un significado sencillo de la vida. Nos invita a conocer los diversos aspectos de nuestra consciencia, a cooperar con cada uno de ellos, a eliminar nuestras fijaciones y emociones negativas, y a lograr nuestras metas a través de un trabajo de equipo que integra nuestros tres espíritus. Huna nos enseña que gran parte del sufrimiento en la vida es el resultado de conflictos entre las diferentes componentes de nuestra psique.

El ser humano consta de tres entidades espirituales diferentes que utilizan el mismo cuerpo como vehículo de evolución. El yo inferior es nuestro espíritu animal. Sus emociones deben ser controladas y canalizadas. Su inmadurez y egoísmo deben transmutarse en la cooperación. A menos que avancemos en este aspecto, a menos que transmutemos nuestra agresión, rabia y egoísmo en amor y tolerancia, nuestra vida continuará siendo una carrera desenfrenada de dolor y caos.

El yo intermedio o espíritu consciente tiene la función de aconsejar y guiar al yo inferior. Su misión es ayudar al yo inferior a evolucionar. El yo intermedio también debe abandonar su orgullo intelectual. Debe abandonar la creencia de que el análisis racional y la lógica son la única forma de entender las cosas. Debe deshacerse de creencias dogmáticas de los demás y de sus demandas de que el mundo externo tiene que ser de una forma específica. Debe convertirse en magnánimo, altruista, tolerante y apreciativo. El yo intermedio debe controlar las emociones del yo inferior.

El Yo Superior tiene la misión de guiar, aconsejar y ayudar a evolucionar a los dos espíritus inferiores. Los tres espíritus poseen diferentes habilidades y prioridades. Huna nos enseña cómo coordinar las mejores habilidades de cada uno: Las emociones, gran memoria y capacidad deductiva del yo inferior; el raciocinio, lógica y capacidad inductiva del yo intermedio; la consciencia elevada del Yo Superior. Juntos pueden lograr cualquier cosa que deseen pero, lo más importante, juntos procederán de acuerdo a la misión cósmica de la vida.

Los Kahunas creían que el yo inferior es un espíritu animal que evolucionó a ser humano. Dicha evolución es supervisada por el espíritu intermedio que guía y aconseja a un yo inferior más joven. El yo intermedio es un espíritu más maduro que ha dejado de ser un yo inferior y a desarrollado las habilidades de razonamiento inductivo y de consciencia propia. El propósito del yo intermedio es continuar su desarrollo en la escala de consciencia. Para ello, se le ha asignado un Yo Superior que guía y aconseja al yo intermedio más joven. El Yo Superior es un espíritu mucho más maduro que ha dejado de ser un yo intermedio y ha evolucionado hasta desarrollar habilidades por encima de la emoción, la intuición, y el razonamiento inductivo y deductivo. El Yo Superior posee habilidades de realización cósmica –valga la expresión. Tiene la capacidad de canalizar y enfocar energías cósmicas con diversos propósitos.

Este planteamiento corresponde bien con la teoría de la evolución de las especies. Por los Kahunas sabemos que existen niveles de consciencia por encima del Yo Superior, que por ahora son incomprensibles al espíritu humano. Cada nivel tiene sus atributos y su misión específicos.

De acuerdo a Huna, el mundo físico exterior adquiere la importancia que merece cuando vemos el papel que juega en la evolución cósmica. No seríamos capaces de aprender y progresar mentalmente y espiritualmente si no pudiéramos vivir. Es nuestra obligación nacer en este mundo; crecer en un cuerpo electroquímico; sufrir las consecuencias del desarrollo emocional y el envejecimiento; aguantar las imperfecciones e injusticias de un sistema educativo, laboral, social y político; formar a nuestros hijos y supervisar a los empleados; desarrollar amistades y relaciones familiares; y enfrentar la competencia y la enemistad de otros. La única forma de aprender acerca de las relaciones humanas es tenerlas. No hay otra forma de aprender sobre el amor y la tolerancia que sintiendo amor, y a veces profundo odio cuando perdemos el equilibrio, caemos en el abismo y perdemos la batalla en medio del lodo. Desde luego que esto último ocurrirá una y otra vez hasta que aprendamos a transmutar el odio y la agresión en sentimientos altruistas y amorosos. Somos como niños que nos toca repetir el año escolar hasta que pasemos los exámenes requeridos.

CONCLUSIÓN

En este contexto, el mundo físico es el medio para evolucionar. Como los antiguos alquimistas explicaban, el cuerpo es el crisol de ensayo. El laboratorio de la vida es el mundo exterior. Los pensamientos, palabras y obras con respecto a los demás constituyen los procesos de disolución, destilación y coagulación. Las emociones son el Mercurio Filosofal que disuelve y extrae la esencia de las experiencias. El raciocinio, meditaciones y esfuerzos para madurar y mejorar la personalidad son el Azufre Filosofal, que progresa con la experiencia. A medida que avanzamos en la vida, el cuerpo, o Sal Filosofal, degenera y eventualmente muere, marcando así el final de un ciclo en la gradual transmutación de una personalidad burda como el plomo a una de consciencia superior como el oro. Es así como el cuerpo constituye el vehículo de esta evolución de la personalidad. Shawaller de Lubicz (1977) lo expresa hermosamente:

"Todo ser humano, desde nacimiento, participa en esta alquimia, conscientemente, a través de una mejora intencional en la manifestación de su naturaleza más elevada, o inconscientemente, a través de la angustia y el sufrimiento que eventualmente conducen a la realización espiritual –el templo del ser humano."

Acepte positivamente toda situación o evento en su vida como una oportunidad para evolucionar. Medite diariamente con su yo inferior y consulte a su Yo Superior. Ahora dispone de las herramientas necesarias. Revise y observe todo hábito, todo aspecto de la personalidad, que no se conforme a un nivel satisfactorio. Si se siente incómodo, si sufre a raíz de una situación, recíbala como una oportunidad para mejorar su vida. El dolor o angustia que siente es ocasionado por una emoción negativa originada en el pasado y reactivada por la situación que enfrenta. Utilice las herramientas de Huna y EFT descritas anteriormente para explorar y eliminar la fijación y el sentimiento negativo correspondientes. Si alguien le hace sentir mal o si percibe a un individuo como agresivo, en lugar de vengarse explore los sentimientos que originan. ¿Qué le recuerda esta situación? ¿Por qué, realmente, le disgusta tanto esa persona? ¿Qué hay en ella que usted detesta? ¿Qué características tiene esta persona que también las encuentra en lo profundo de usted mismo, y que por ende aborrece? En este sentido, la persona en cuestión es su maestro que le enseña e indica un aspecto de su personalidad que debe mejorar. Medite profundamente en esto, encuentre la fijación o complejo y elimínelo.

Por otra parte, si no se trata de una persona sino de una situación incómoda, investigue dentro de usted mismo la causa del sufrimiento. ¿Qué expectativas o demandas impone usted al mundo externo? Pregúntese: ¿Por qué me siento así? ¿Cuándo fue la primera vez que me sentí así? ¿Por qué las cosas tienen que ser de cierta manera o de lo contrario me siento con rabia o triste? Recuerde que en última instancia no es necesario cambiar la situación externa, sino eliminar la causa del sufrimiento dentro de sí mismo, es decir la fijación, el complejo interno, la adicción a que las cosas sean de cierta manera. Una vez se logra esto, podrá caminar en medio del caos con un sentimiento de tranquilidad interior, listo a enfrentar objetivamente cualquier peligro real. Teniendo tranquilidad interior y claridad mental, puede efectuar cambios en la situación externa, ya no obedeciendo a sentimientos negativos internos, sino respondiendo a cambios externos que son necesarios.

Cuando se enfrenta una situación caótica familiar o de trabajo aparentemente infranqueable, es importante recordar que en medio de la crisis se encuentran las semillas de soluciones dramáticas y nuevos comienzos. Cuando creemos que todo se ha perdido y aparentemente no hay esperanza, es cuando hay que meditar y acercarse más al Yo Superior. Busque esas soluciones debajo de las cenizas, detrás de los escombros. Están ahí enfrente suyo. Siempre hay algo bueno como resultado de toda situación negativa.

Si en la situación familiar o laboral enfrenta el ataque —sicológico, político, financiero— de un enemigo, usted tiene todo el derecho a defenderse. No obstante, recuerde que la forma más elevada de combate en defensa —aquella que no acumula Karma negativo— demanda que nunca se lastime al oponente. Salvo en situaciones de guerra nacional, cuando estamos bajo las órdenes de grupo, limite su defensa a evitar las consecuencias de la

CONCLUSIÓN

agresión, y nunca a hacerle daño al oponente. El Guerrero Cósmico lucha consigo mismo, es decir con sus propios impulsos animales, y no con un adversario que sencillamente le está indicando los elementos y los puntos de su lucha interna. Una vez que ha eliminado los sentimientos negativos estimulados por su oponente, puede planear la estrategia de su defensa con mayor inteligencia. En lugar de enfrentar al fuego con el fuego, con una mente calmada y libre de adicciones, disipe el fuego de su oponente con técnicas de agua, figurativamente hablando. Aquí las tácticas de los juegos de mesa y de video son útiles, incluyendo la sorpresa, la decepción, la falsa postura, el pretender cierta acción para desviar la atención del adversario, mientras se ejecuta otra. Dejemos que sea el genio de Morihei Ueshiba (2005), fundador y gran maestro de las artes marciales de Aikido, quien nos ilumine el método:

"Si tu oponente ataca con fuego, respóndele con agua, haciéndote maleable y flexible. El agua, por naturaleza propia, nunca choca ni se estrella con nada. Al contrario, sin causar daño absorbe y difunde cualquier ataque. . . Estudia cómo el agua fluye suavemente entre las rocas de un río en la montaña. Que la naturaleza –las montañas, los ríos, las plantas y los árboles– sea tu maestra."

Podría mencionar muchas anécdotas donde el principio anterior fue aplicado con éxito. Invito al lector a que explore y adapte la sabiduría antigua al mundo de la empresa moderna. Uno de mis escritores favoritos al respecto es Baltasar Gracián (1601-1658) quien manejó con especial destreza su vida en medio de la turbulencia del barroco y la decadencia de la iglesia. Véase por ejemplo Gracián (2004; 1992). En muchas situaciones laborales y de negocios, el enemigo desea despojarnos de algo o de una u otra forma hacernos daño. A veces la solución es tan sencilla como entregar libremente lo que pretenden quitarnos. Al no aferrarnos a un objeto o un privilegio, al desistir en poseerlo y entregarlo sin dolor, estamos eliminando el objeto de la discordia y de hecho la fuerza misma del ataque, además de dejar al oponente desarmado y sorprendido por lo inesperado de nuestra respuesta. Desde luego esto no significa que debemos entregar sin más lo que nos pertenece, especialmente si es algo esencial para nuestro mantenimiento. Sólo digo que, a veces, el objeto o asunto en cuestión no merece una batalla; nuestra tranquilidad interior es más importante.

Compartiré con el lector una experiencia. Hace unos años enfrenté a un socio deshonesto que intentó quitarme la tercera parte de un inmueble que tenía en el exterior. Él, como propietario mayoritario de las dos terceras partes, logró imponer por años las decisiones sobre la administración y el manejo de la propiedad. Su técnica consistió en sabotear y demorar su venta, con el objeto de que los costos de remodelación y mantenimiento, a los que fui obligado a financiar, acabaran por convencerme de abandonar la inversión. Al mismo tiempo, muy diestramente mi socio insinuaba iniciar una demanda legal cuya litigación yo no podría costear. En medio de la angustia, sólo podía ver dos alternativas. La primera era la vía de la lucha, la confrontación legal, enredarse con abogados, asumir costosos procesos legales, y enfrentar a mi socio en una corte extranjera. Era la vía larga y penosa y si ganaba, después de años, lo que recuperaría tal vez no compensaría los costos. La segunda alternativa era aceptar que cometí un error, que hice una inversión equivocada y que fallé al seleccionar un socio que faltó a su palabra y resultó ser deshonesto. Con esta alternativa perdería toda la inversión, mi socio se apoderaría de todo, pero también limitaría mis perdidas al evitar costosos procesos legales. Esta opción implicaba aceptar la derrota, enfrentar al orgullo propio –el sentimiento que permití que alguien se aprovechara de mí– y recordar las sabias palabras de Paramahansa Yogananda (1993): "Si has perdido dinero, en realidad no has perdido nada, pues siempre tendrás la oportunidad de ganar más dinero."

Antes de tomar una decisión, consulté con mi Yo Superior y apliqué EFT intensamente para eliminar mi rabia por la injusticia y mis miedos de perder la inversión. Un día, luego de meditar largamente, me llegó la solución ideal. La solución sugería desistir de la porción de mi propiedad, pero no cediéndosela a mi socio sino regalándosela a una amiga de avanzada edad que vivía, enferma y con necesidad, en un hogar para la tercera edad. Si mi socio tenía un mínimo de moralidad, respetaría la intención de destinar ese dinero para contribuir con los gastos de la anciana durante sus últimos días. Durante el proceso y papeleo del traspaso de la escritura, tuve que distraer la atención de mi socio, quien hubiese interceptado e impedido la transacción si se hubiese enterado. Mi estrategia consistió en mantener comunicación electrónica con mi socio por medio de una serie de correos cuidadosamente diseñados para distraer su atención, inflamar su rabia y hacerle creer que yo enfrentaría el desafío en la corte si era necesario. La contrariedad de mi socio inhibió su intuición y nunca sospechó lo que realmente estaba ocurriendo. Concluido el traspaso varios meses después, y para su gran sorpresa, se enteró de lo ocurrido y esta vez no tuvo más remedio que aceptar vender y entregar la tercera parte a mi amiga.

En el asunto anterior perdí miles de dólares, pero lo que gané compensó con creces la suma perdida: Quedé finalmente libre de una mala inversión que sólo me reportaba preocupaciones, viajes, contrariedades, gastos de tiempo y de dinero; evité la pesadilla de un proceso legal con toda su angustia, abogados, costos que, aun con un fallo a mi favor, la ganancia no hubiera compensado los gastos; me liberé de un enemigo que deseaba no sólo apoderarse de mi parte del inmueble sino continuar causándome un daño emocional, el cual aparentemente él disfrutaba. ¿Cuánto cuesta la paz interior? Con seguridad que mucho más que miles de dólares. Otros beneficios de mi decisión: El dinero que le obsequié a mi amiga le ha servido para vivir y costear sus medicinas; un año después de "perder" en esta inversión, las ganancias que tuve en otras inversiones compensaron con creces lo que perdí. El dinero que entregué libremente y con amor a mi amiga, y el perdón que otorgué a mi socio, me regresaron multiplicados. En retrospectiva, la "mala" inversión que hice y la escogencia "incorrecta" de un socio deshonesto fue una prueba para mi crecimiento espiritual; un desafío a mi decisión de no aferrarme a las cosas materiales, particularmente al dinero, y una prueba a mi capacidad de controlar los impulsos bajos y perdonar. Creo firmemente que el evento no fue accidental.

La situación anterior constituye una aplicación figurativa de la Ley de la Flexibilidad (Millman, 1993):

"Las artes marciales de aikido y t'ai chi, que reflejan la Ley de la Flexibilidad, se fundamentan en el principio de la no resistencia: Si te empujan, jala; si te jalan, empuja; y cuando algo embiste con gran fuerza, salte del camino. Todo lo que ocurre nos conduce a un propósito superior, si es que sabemos aprovecharlo."

Estoy seguro que el lector puede encontrar aplicación inmediata de este principio a su vida cotidiana. Recordemos una vez más que toda situación trae consigo la oportunidad de crecer, que en el proceso podemos eliminar patrones negativos, que no se debe lastimar al oponente y, sobretodo, que no es necesario sufrir en el proceso; el aprendizaje no tiene que ser doloroso.

Hace unos años enfrenté una situación laboral muy difícil. Mi supervisor decidió hacerme la vida imposible con el fin de que renunciara a mi cargo. Su estrategia consistió en manipular a sus empleados de rango inferior para que se unieran a su causa −si, muchos son forzados a atacar a otros para proteger su empleo y evitar represalias de sus superiores. Como resultado, me encontraba rodeado de enemigos por todas partes. Los detalles del ataque son demasiado bajos para describirlos aquí. Mi supervisor me despojó de muchos privilegios y de cierto poder decisorio que uno alcanza como resultado de la posición que ejerce. Por ejemplo, un arma común en el mundo académico es obligar a un profesor a dictar un curso en un predio distante y en una materia que no es su campo de especialidad. Esto es como obligar a un endocrinólogo a que dicte un curso sobre medicina tropical; ambos tópicos son parte de las ciencias de la salud, pero la especialidad en un área no necesariamente le califica para la otra. El propósito de esta acción es causar mucho estrés al profesor, quien no puede rehusarse al encargo, y elaborar la documentación para justificar el eventual despido de un instructor aparentemente "inefectivo" en la clase. Desde luego mi supervisor me informó esta decisión sin ninguna antelación −el primer día de clases−, lo que implicó trabajar día y noche para preparar una asignatura completamente nueva. Aquí tenía dos alternativas. La primera era resistir y sufrir por la injusticia y el ataque, y de hecho esta fue mi reacción por un tiempo. La segunda alternativa era buscar una oportunidad en el asunto y disfrutar lo bueno de las circunstancias. Lo que mi supervisor no sospechó es que yo acepté la situación con una mentalidad abierta, aprendí sobre un campo nuevo que encontré apasionante, conocí estudiantes en un área nueva, el predio distante resultó ser un precioso campo universitario con grandes jardines dedicados a la horticultura, y ausentarme de mi oficina principal fue como un receso muy bienvenido. Este es sólo un ejemplo de las muchas artimañas de las que fui objeto. Muchos de los "privilegios" de los que fui despojado, traían consigo muchas responsabilidades, tiempo, reuniones, trabajo de comité, reportes. Así, de repente me encontré libre de una gran cantidad de trabajo y con mucho tiempo libre para dedicarme a las cosas que más valoro: Leer, pensar y escribir. En retrospectiva, el ataque cuidadosamente planeado y coordinado por mi supervisor, ante el cual yo debería haber sufrido, en realidad fue una época de contemplación y aprendizaje muy productiva. La historia no termina allí; la actitud agresiva del supervisor conmigo, con otros colegas y con su propio supervisor acabó por obligarle a renunciar de su cargo, es decir que al final tuvo que enfrentar las consecuencias de su comportamiento.

Propóngase activamente ayudar a los demás. Como dijimos anteriormente, no hay plegaria más efectiva que aquella en la que pedimos ayuda para otros. Adopte el ideal Huna de vivir *"ayudando a los demás, sin perjudicar a nadie."*

Revise sistemáticamente sus experiencias pasadas y elimine las emociones negativas adjuntas. Si emplea una media hora al día en esta tarea, gradualmente se transformará en una persona más gentil, más feliz. La línea de correspondencia con su Yo Superior se desbloqueará, aumentará en frecuencia y en capacidad, como si se comunicara en tiempo real con un satélite remoto y no esporádicamente vía diálogos intermitentes. Sus meditaciones serán más productivas. Empezará a darse cuenta que si al principio sus sesiones de meditación le daban sólo una sensación de paz y tranquilidad, con el tiempo sus contactos con el Yo Superior serán menos estructurados, más informales, de mayor duración y más frecuentes. La Gran Iniciación consiste en conocer a su Yo Superior en todo su esplendor, no sencillamente porque se le pide un favor, sino porque usted ha alcanzado un nivel de evolución tal que le permite convertirse en un Yo Superior. Esto puede que ocurra una vez en la vida, tal vez. Después de este evento, no importa lo que ocurra en sus inmediaciones, usted vivirá en estado de continua paz y tranquilidad, aun si el mundo alrededor es confusión total.

Si los tres espíritus humanos comparten la misma misión de evolución, vale la pena preguntarse cuánto tarda alcanzar la meta de la realización. ¿Será que es razonable alcanzar este logro en el transcurso de una vida? Aquí tocamos un punto que puede parecer cuestionable a algunos lectores, especialmente aquellos que siguen una tradición cristiana tradicional. A lo largo de estas páginas, hemos sostenido que la esencia de la consciencia sobrevive al cuerpo después de la muerte. En otras palabras, la evidencia sugiere que los tres espíritus pueden vivir sin un cuerpo físico. No pueden evolucionar, pero si pueden subsistir sin un cuerpo. ¿Entonces qué es la muerte? La muerte ocurre cuando los tres espíritus se marchan de su cuerpo, aun si éste se encuentra en perfecto estado de salud. Si la consciencia trae la vida al cuerpo, esta termina cuando aquella se marcha.

De acuerdo al dogma cristiano, después de la muerte el alma vive eternamente, lo que implica que tenemos sólo una vida para alcanzar la "salvación." ¿Es posible alcanzar un nivel avanzado de evolución en unas pocas décadas? Parece ser que una sola vida no es lo suficientemente larga para lograr este objetivo. Si la misión de los tres espíritus es evolucionar, es necesario concluir que ellos deberán regresar a este mundo para continuar su camino. La doctrina de la reencarnación, además de otros principios esotéricos, fue parte de la incipiente religión cristiana, pero fue eliminada después de varios concilios ecuménicos. La Biblia que leemos hoy en día es sólo un remanente distorsionado de la doctrina original. Aquí refiero al lector a tratados más autoritativos sobre el tema (e. g., Lewis, 1997, 1998). El punto a enfatizar es que estaremos anclados a este mundo hasta que aprendamos. Quisiera invitar a aquellos lectores que encuentran cuestionable el tópico de la reencarnación a que lean con mentalidad abierta la obra de Lewis (1981).

CONCLUSIÓN

Los Kahunas creían que el propósito del yo inferior es evolucionar hasta convertirse en un yo intermedio, y el propósito del yo intermedio es progresar hasta eventualmente convertirse en un Yo Superior. Es entonces cuando desaparece la necesidad del mundo físico como vehículo de evolución y el Yo Superior asume la misión de ayudar a evolucionar a los dos espíritus inferiores humanos –uno intermedio y uno inferior– que le asignen. La tradición Huna sugiere que la graduación a un Yo Superior implica la unión de dos espíritus intermedios de diferente polaridad, uno masculino y uno femenino. Esta idea coincide con las creencias románticas de dos personalidades anímicas que se juntan para transformarse en una nueva Unidad cósmica. También nos recuerda la Gran Iniciación, la transfiguración simbólica de la Boda Alquímica, como se describe en los tratados más importantes de la tradición esotérica occidental (véase Godwin y MacLean, 1981). El lector encontrará una descripción más detallada acerca del uso de Huna como medio de alcanzar Iluminación en Long (1955).

Seguramente el lector se encuentra más interesado en superar las vicisitudes de la vida cotidiana, y en ganarse la vida en medio de la turbulencia de la sociedad moderna, que en el prospecto de una eventual realización cósmica. Dirija su jornada en esa dirección. Dedíquese inicialmente a alcanzar objetivos profesionales y personales más mundanos que redunden en una vida llena de satisfacción. Si el resultado de practicar Huna es una vida plena y feliz, esta obra habrá alcanzado su meta. La felicidad constituye un gran logro en sí mismo. Si al mismo tiempo nos acercamos a la Gran Iniciación, que así sea.

"Pues bien, cuando veo mi reflejo en el lago, veo un sólo yo. Pero en realidad hay dos yo. Esto es un secreto, pues muy pocos adultos lo saben. El reflejo en el lago, o lo que la gente ve cuando me miran, es mi Pequeño Yo. Mi otro yo es mejor que mi Pequeño Yo, es un gran yo, es mi Gran Yo. Mi Pequeño Yo siempre quiere ser primero, piensa sólo en mi. Cuando mi Pequeño Yo no logra lo que quiero, me siento frustrado. Mi Pequeño Yo no está contento. Cuando soy mi Gran Yo, me siento muy contento, pues mi Gran Yo sabe qué hacer cuando las cosas están mal. Mi Gran Yo no se defrauda ni se preocupa. Quisiera ser siempre mi Gran Yo, pero a menudo eso no es lo que ocurre. Me parece que conozco mejor a mi Pequeño Yo que a mi Gran Yo. Mi Pequeño Yo me habla en todo lo que hago, lo que veo, lo que oigo, aunque de vez en cuando vislumbro a mi Gran Yo. . . Aquí estoy para aprender cómo siempre puedo oír, ver y sentir a mi Gran Yo, tal que pueda escoger ser mi Gran Yo todo el tiempo."

Karl F. Hollenbach
A Journey to the Four Kingdoms (1991)

BIBLIOGRAFÍA

Atienza, J. G., 2000. *La Meta Secreta de los Templarios*. Ediciones Martínez Roca S.A., Barcelona, España.

Batmanghelidj, F., 2003. *Water for Health, for Healing, for Life: You're not Sick, You're Thirsty!* Warner Books, New York, NY.

Bardon, F., 2001. *The Practice of Magical Evocation: A Complete Course of Instruction in Planetary Spheric Magic*. Merkur Publishing, Inc. Salt Lake City, UT.

Behrend, G., 1927. *Your Invisible Power. Working Principles & Concrete Examples in Applied mental Science*. Kessinger Publishing, Kila, MT.

Block, N., Flanagan, O., and Guzeldere, G., 1997. *The Nature of Consciousness*. MIT Press, Cambridge, MA.

Callahan, R. J., 2001. *Tapping the Healer Within*. Contemporary Books, Chicago, IL.

Catford, L., y Ray, M., 1991. *The path of the Every Day Hero. Drawing on the Power of Myth to Meet Life's Most Important Challenges*. G.P. Putnam's Sons, New York, NY.

Chalmers, D. J., 1995. Facing up to the Problems of Consciousness. *Journal of Consciousness Studies*, 2(3):200-219.

Cooper, J.C., 1978. *An Illustrated Encyclopedia of Traditional Symbols*. Thames and Hudson, Limited, Londres, U. K.

Craig, G., 2011. The EFT Manual. Energy Psycology Press. Segunda Edición. Santa Rosa, CA

Crick, F., 1994. *The Astonishing Hypothesis*. Simon & Schuster, Londres, U. K.

Davis, R. E., 1991. *All Things Possible. How to Definitely Experience Inner Peace, Spiritual Growth and the Fulfillment of Life's Purposes.* CSA Press, Lakemont, GA.

Deacon, R., 1977. *Napoleon's Book of Fate. Its Origins and Uses.* Citadel Press, Secaucus, NJ.

Descartes, René, 1637. Discourse on Method. In *Man and the Universe: The Philosophers of Science.* Comins, S., and Linscott, R. N., Eds., Random House, New York, NY., 1947.

Eden, D., and Feinstein, D., 1998. *Energy Medicine.* Tarcher/Putnam, New York, NY.

Fairfield, G., 1997. *Choice Centered Tarot.* Samuel Weiser, York Beach, Maine.

Frater U. D., 2001. *Secrets of Western Sex Magic.* Llewellyn Publications, St. Paul, MN.

Freud, S., 1953-1966. *The Standard Edition of the Complete Psychological Works of Sigmund Freud,* ed. By James Strachey. 23 vols. Hogarth Press, Londres, U. K.

Gawain, S., 1982. *Creative Visualization.* Bantam Books, New York, NY.

Giles, C., 1992. *The Tarot. History, Mystery, and Lore.* Simon & Schuster, New York, NY.

Glover, W. R., 1983. *Huna. The Ancient Religion of Positive Thinking.* Huna Press, Cape Girardeau, MO.

Godwin, J., and McLean, A. 1991. *The Chemical Wedding of Christian Rosenkreutz.* Magnum Opus Hermetic Sourceworks # 18. Phanes Press, Grand Rapids, MI.

Gracian, B., 2004. *El discreto y Oráculo manual y arte de prudencia.* Ed. J. Ignacio Díez Fernández. Debolsillo, Coed. Area y Random House Mondadori, Barcelona, España.

Gracián, B., 1992. *The Art of Worldly Wisdom. A Pocket Oracle.* Traducido por C. Maurer. Doubleday, New York, NY.

Gray, J.A., 1998. Creeping up the Hard Questions of Consciousness. In S.R. Hameroff, A.W. Kaszniak and A.C. Scott (eds), *Towards a Science of Consciousness II*. MIT Press, Cambridge, MA.

Gray, J. A., 1971. The Mind-Brain Identity Theory as a Scientific Hypothesis. *Philosophical Quarterly*, 21:247-254.

Hameroff, S. R., Kaszniak, A.W., and Scott, A.C., 1998. *Towards a Science of Consciousness*. MIT Press, Cambridge, MA.

Hollenbach, K. F. 2011. *My Dear Charlie. A Holistic Reply to a Secular Friend*. Dunsinane Hill Press, Ekron, KY

Hollenback, K. F., 1991. *A Journey to the Four Kingdoms*. Dunsinane Hill Press, Louisville, KY

Hothersall, D., 1984. *History of Psychology*. Temple University Press.

Huang, A., 1998. *The Complete I Ching*. Inner Traditions, Rochester, VT.

Hung, Ying-ming., 1985. *The Roots of Wisdom Saikontan*. Traducción de Saikontan (Ts'ai ken t'an, siglo XVI) William Scott Wilson. Kodansha International, Tokyo, Japón.

Hunt, N., 1993. *The Story of Psychology*. Anchor Books, New York, NY.

Hunt, N., 1986. *Beat Your Bad Moods for Good*. Reader's Digest, June.

James, W., 1890. *Principles of Psychology*. Henry Holt, New York, NY.

Jeans, J. H. 2009. *Physics and Philosophy*. Cambridge Library Collection - Physical Sciences. Cambridge University Press, New York, NY.

Keyes, K., 1975. *Handbook to Higher Consciousness*. Living Love Publications, Coos Bay, OR.

Kilham, C., 1994. *The Five Tibetans. Five Dynamic Exercises for Health, Energy, and Personal Power*. Healing Arts Press, Rochester, VT.

Izquierdo, T., 1998. *1080 Recetas Literarias para Mejorar tu Vida*. FNAC, Madrid, España.

Lerner, I., y Lerner, G., 1992. *Inner Child Cards. A Journey into Fairy Tales, Myth, and Nature*. Bear and Company, Santa Fe, NM.

Lewis, H. S., 1998. *The Secret Doctrines of Jesus*. Supreme Grand Lodge of AMORC, Inc., San José, CA.

Lewis, H. S., 1997. *The Mystical Life of Jesus*. Supreme Grand Lodge of AMORC, Inc., San José, CA.

Lewis, H. S., 1981. *Mansions of the Soul*. Supreme Grand Lodge of AMORC, Inc., San José, CA.

Long, M. F., 1981. *Mana, or Vital Force*. Huna Press, Cape Girardeau, MO

Long. M. F., 1971. *The Huna Code in Religions*. DeVorss Publications, Marina del Rey, CA.

Long, M. F., 1955. *Growing into Light. A Personal Guide for Practicing the Huna Method*. DeVorss Publications, Marina del Rey, CA.

Long, M. F., 1953. *The Secret Science at Work*. Devorss Publications, Marina del Rey, CA.

Long, M. F., 1948. *The Secret Science Behind Miracles*. Devorss Publications, Marina del Rey, CA.

Long, M. F., 1936. *Recovering the Ancient Magic*. Huna Press, Cape Girardeau, MO

Martello, L. L., 1990. *Reading the Tarot*. Avery publishing Group, Garden City park, NY.

Maurois, A., 2007. *An Art of Living*. Traducido por S. E. Serrano. SpiralPress, Ambler, PA

Martin, G. N., 2003. *Essential Biological Psychology*. Arnold, Londres, U. K.

Millman, D., 1993. *The Life You Were Born to Live. A Guide to Finding your Life Purpose*. H. J. Kramer Inc., Tiburon, CA.

Morales Guerrero, E., 1997. *Mitología Americana*. Fondo Nacional Universitario, Bogotá, Colombia.

Morrell, R A., 2005. *The Sacred Power of Huna. Spirituality and Shamanism in Hawaii.* Inner Traditions, Rochester, VT.

Nielsen, G., and Polansky, J., 1987. *Pendulum Power.* Destiny Books, Rochester, VT.

Nozedar, A., 2008. *The Element Encyclopedia of Secret Signs and Symbols.* Harper Collins, Londres, U. K.

Odum, D. G., and Wingo, E.O., 1993. *Energy and Us.* Huna Press, Cape Girardeau, MO.

Osho, 1996. *Los Misterios de la Vida. Introducción a las Enseñanzas de Osho.* Libros Arkano, Madrid, España.

Ottolenghi, A., 1978. *Orígenes de la Civilización Occidental.* Hachette, Buenos Aires, Argentina.

Ornstein, R., 1991. *The Evolution of Consciousness.* Simon and Schuster, New York, NY.

Ornstein, R., 1986. *Multimind:* A New Way of Looking at Human Behavior. Bantam Doubleday Dell. New York, NY.

Parker, J., y Parker, D., 1998. *The Complete Book of Dreams.* Dorling Kindereley Limited, Londres, U.K.

Pagels, H. R., 1984. *The Cosmic Code: Quantum Physics as the Language of Nature.* Bantam Books, New York, NY.

Papus (Gerard Encausse)., 1995. *The Tarot of the Bohemians.* Senate, Londres, U. K.

Papus (Gerard Encausse)., 1992. *Tratado Elemental de Magia Práctica.* Kier, Buenos Aires, Argentina.

Pipitone, P. L., 1996. *The Inner World of Dreams.* The Rosicrucian Order, AMORC, San José, CA.

Penrose, R., 1994. *Shadows of the Mind.* Oxford University Press, Oxford, U. K.

Pernrose, R., 1989. *The Emperor's New Mind.* Oxford University Press, Oxford, U. K.

Rohman, C., 1999. *A World of Ideas*. Ballantine Books, New York, NY.

Rolls, E. T., 1997. Brain Mechanisms of Vision, Memory and Consciousness. En M. Ito, Y. Miyashita y E. T. Rolls (eds.), *Cognition, Computation and Consciousness*. Oxford University Press, Oxford, U. K.

Ramacharaka, Y., 1937a. *Science of Breath*. The Yogi Publication Society, Chicago, IL.

Ramacharaka, Y., 1937b. *The Hindu Yogi Practical Water Cure*. The Yogi Publication Society, Chicago, IL.

Rosen, E. J., 1998. *Experiencing the Soul*. Hay House, Carlsbad, CA.

Rutherrford, L., 1996. *Way of Shamanism*. Thorsons, Hammesmith, Londres, U. K.

Ryrie, C., 1999. *The Healing Energies of Water*. Journey Editions, Boston, MA.

Salomón, Sobeida, 2011. *Está en sus manos: Técnica de liberación emocional (EFT). El poder de eliminar el estrés, la ansiedad y todas las emociones negativas*. SpiralPress, Ambler, PA.

Serrano, S. E., 2008. Use Your Dreams to Eliminate Distress. Applications of Dream Memories and Emotional Freedom Technique (EFT) to Eliminate Stress, Anxiety, and Negative Emotions. Publicado online, Authorsden.com.
www.authorsden.com/ArticlesUpload/38409.pdf

Schauberger, V., 1998. *The Water Wizard. The Extraordinary Properties of Natural Water*. Gateway Books, Bath, U. K.

Schawaller de Lubicz, 1977. *The Temple in Man. Sacred Architecture and the Perfect Man*. Inner Traditions, Rochester, VT.

Soror A. L., 1996. *Western Mandalas of Transformation*. Llewellyn Publications, St. Paul, MN.

Stoerig, P and Cowey, A., 1997. Blindsight in Mind and Monkey. *Brain,* 120:535-559.

Swingle, P. G.., Pulos, L., and Swingle, M.K. 2004. Neurophysiological indicators of EFT treatment of post-traumatic stress. Subtle Energies and Energy Medicine, 15, 1, 75-86.

Tassi, P. and Muzet, A., 2001. Defining the States of Consciousness. *Neuroscience and Behavioral Reviews*, 25:175-191.

Teeguarden, I.M., 1978. *Acupressure Way of Health: jin shin do*. Japan Publications, Inc., Tokyo, Japón.

Three Initiates, 1912. *The Kybalion. Hermetic Phylosophy*. The Yogi Publication Society, Chicago, IL.

Trungpa, C., 1984. *Shambala. The Sacred Path of the Warrior*. Shambala Publications, Boston, MA.

Ueshiba, M., 2005. *The Art of Peace*. Traducido por John Stevens. Shambala, Boston, MA.

Wells, S, Polglase, K., Andrews, H. B., Carrington, P., and Baker, A. H. 2003. Evaluation of a Meridian-Based Intervention Emotional Freedom Techniques (EFT), for Reducing Specific Phobias of Small Animals. *Journal of Clinical Psychology*, 59 (9), 943-966.

Wheatly, D., 2000. *Principles of Dowsing*. Thorsons, Londres, U. K.

Wingo, E. O., 2002. *Secrets of Effective Living Through Huna Wisdom*. Huna press, Cape Girardeau, MO.

Wolf, F. A., 1989. *Taking the Quantum Leap: The New Physics for Nonscientists*. Harper Perennial, New York, NY.

Yogananda, Paramahansa., 1993. *Autobiography of a Yogi*. Self-Realization Fellowship. Los Ángeles, CA.

GLOSARIO

Actividad neurálgica, v, 35, 43-48
Acumulación, 55, 148, 195, 206, 219, 243, 275
Adherido, 214, 223, 239
Administrador de la memoria, vi, 83
Afirmación, viii, 23, 52, 99, 141, 173, 217, 221, 249, 250, 262-264
Aka, 95, 116, 148, 294
Alcanzar metas, 287
Alcanzar objetivos, 1, 173
Aliento, vi, 94, 219
Aliento de la vida, vi, 94
Alma, ii, v, ix, x, 6, 23, 24, 26, 27, 30-35, 38, 41, 42, 45, 46, 48, 50, 52, 53, 64, 66, 67, 69, 78, 81-90, 94, 96, 101, 109, 112, 113, 119, 121, 143, 146, 148, 153, 154, 164, 167, 194, 196, 202, 206, 209, 224, 226, 238, 243, 246, 249, 250, 281, 286
Alquímica, 287
Alquímico, 21
Ansiedad, 113, 128, 148, 212, 219, 240, 245, 262, 294
Apariciones, 23, 193
Aplicar un tratamiento de EFT, viii, 246
Armonía, vi, 4, 18-21, 99, 117, 179, 260
Astral, 94, 151, 154
Aumakua, vii, 30, 154, 155, 176
Autosugestión, 89, 151, 245
Ayuda, vii, ix, 2-4, 7, 9, 11, 16, 19, 22, 29, 33, 49, 54, 55, 74, 82, 87, 92, 96, 103, 117, 120-127, 130, 131, 136, 141, 144, 146, 147, 149, 155, 156, 159-167, 170, 171, 173, 174, 178-180, 182-185, 187, 188, 192, 195, 196, 201, 202, 205-207, 211, 214-216, 220-224, 227-231, 233, 237, 239, 258, 261, 266, 268, 277, 285, 287
Ayudar a otros, vii, 96, 103, 144, 146, 171, 230

Biosicología, v, 29, 37, 43, 44, 47
Boda alquímica, 287
Bolsa de valores, vi, 118, 203
Buda, 160, 274

Campo, 3, 4, 8, 15, 35, 38, 44, 45, 50, 68, 69, 76, 173, 174, 176, 181, 212, 241, 243, 244, 250, 284, 285
Campo de pensamiento, 243, 250
Cartas del Tarot, vii, 131, 133, 137, 143
Clarificar, 82, 83, 117, 130, 131
Complejos, viii, 3, 5, 19, 42, 83, 86, 87, 92, 102, 110, 121, 126, 131, 137, 138, 160, 161, 171, 186, 209, 216, 223-226, 237, 238, 240, 259, 262, 267
Concéntrese en el sentimiento, viii, 247
Conocer al Yo Superior, 154, 162
Conozca a su Yo Superior, vii, 161, 166

GLOSARIO

Consciencia, v-13, 22, 25-30, 32, 34, 35, 37, 38, 40, 43-49, 52-56, 59, 63, 65, 67-69, 71, 75-77, 79, 83, 84, 88-92, 94, 99, 100, 104, 105, 109, 111, 114, 115, 120, 122, 124, 139, 140, 142, 153-158, 162, 164, 173, 176, 181, 193, 220, 226, 228, 237, 258, 277-279, 286
Consciencia animal, vi, 77
Consciencia de ser, v, 37, 40, 54
Consciencia propia, 47, 49, 54, 278
Consciencia superior, 157, 164, 279
Consciencia total, vi, viii, 63, 67, 68, 71, 75, 76
Consejo, vii, ix, 11, 31, 55, 117, 126, 134, 138, 145, 156, 160, 166, 170, 208, 209, 212, 213, 237
Consultar al yo inferior, 184
Contemplación, vi, 7, 54, 64-69, 71, 74-76, 108, 113, 114, 166, 170, 236, 285
Contemplar, 63, 67, 70, 76, 275
Convencer al yo inferior, viii, 89, 182, 222, 227, 230
Cósmico, 61, 93, 103, 126, 156, 180, 200, 202, 204, 235, 236, 276, 281
Creación mental, 1
Creencia, viii, 7, 26, 28, 31, 33, 38, 41, 42, 50, 51, 75, 124, 147, 161, 182, 221-224, 231-233, 237, 242, 277, 287
Cristiano, 32, 231, 286
Cuadro, vii, viii, 67, 76, 92, 100, 102, 114, 146, 148-151, 156, 171, 179, 180, 188-198, 201, 203, 206, 208, 213, 216-220, 234, 236, 262, 264

Cuadro mental, vii, 92, 100, 102, 114, 146, 148-151, 156, 171, 179, 188-198, 201, 203, 206, 208, 213, 216-220, 234, 236, 262, 264
Cuadro-idea mental, viii, 216
Cuerda, 35, 46, 56, 80, 84-86, 91, 116, 120, 128, 143, 194, 224, 228, 234, 238, 258, 265, 274, 279, 287
Cuerpo, v, vi, ix, 2, 6, 14, 21, 22, 24, 25, 27, 37, 47-49, 52, 53, 63-69, 71, 72, 75, 78-80, 84-86, 89-91, 93-96, 98-101, 103, 104, 106, 109, 111-116, 132, 134, 140, 141, 147-151, 153-158, 162, 167-170, 172, 180, 181, 193-199, 206, 208-210, 212, 217, 220, 224, 233, 238, 239, 242-244, 250, 252, 254, 255, 257, 259-261, 277-279, 286
Cuerpo astral, 154
Cuerpo psíquico, vi, ix, 47, 84-86, 89-91, 93, 94, 111, 113, 115, 116, 132, 149, 153, 154, 156-158, 172, 193, 224, 238, 243, 250
Cura, vi, vii, ix, 3, 5, 9, 11, 15, 50, 85, 89, 90, 94, 96, 97, 99-101, 103, 128, 146-149, 151, 169, 179, 205-208, 213, 225, 232, 233, 237-242, 261
Cura emocional, vii, 5, 9, 213
Curar, vi, vii, ix, 5, 94, 96, 97, 99, 100, 146-148, 151, 205-208, 239, 242
Curar con el yo inferior, vii, ix, 147
Curar con el Yo Superior, ix
Curarse a sí mismo, 151
Chamánica, v, 7, 33, 220
Chamanismo, 8

Chi, 6, 12, 93, 130, 184, 239, 242, 284, 289, 294, 295

Depresión, 42, 86, 167, 240, 241, 262
Desarrollar la intuición, vii, 137, 142-144
Desbloquear, 285
Desbloqueo, vii, 9, 213
Descifrar, 13, 14, 114, 142, 155
Dios, 30, 32, 33, 154, 156, 159, 160, 178, 188, 222, 227
Disolver, 3, 42, 102, 121, 122, 126
Dolor emocional, viii, 225

Efectos de los tratamientos de EFT, viii, 257
EFT, viii, ix, 5, 9, 241, 242, 244-247, 249-253, 257, 260-262, 265-268, 279, 282, 289, 294, 295
Ejercicio físico, vi, 74, 75
Eliminación de problemas mentales, vii
Eliminar problemas sicológicos, 237
Emoción, viii, 39-41, 47, 81, 96, 100, 155, 180, 190, 197, 198, 219, 224, 236, 238, 240, 247-250, 257-259, 262-266, 278, 279
Emoción negativa, 236, 238, 240, 247-250, 257, 258, 262, 264-266, 279
Emociones negativas, vii-ix, 3, 5, 11, 25, 43, 81, 83, 122, 151, 212, 219, 223, 225, 226, 237, 238, 240, 257-259, 265-268, 277, 285, 294
Emotional Freedom Technique, 241, 244, 294
Empleando trabajadores, vi, 117

Energía, vi, viii, 1, 2, 4, 5, 8, 13, 18, 34, 35, 46, 47, 52, 53, 55, 58, 61, 65, 81, 85, 90, 92-96, 101, 127, 132, 134, 138, 144, 146, 148, 150, 151, 153, 157, 158, 168, 170-172, 179, 192, 193, 197, 199, 206, 208-210, 213, 219-221, 228, 229, 234, 235, 238-240, 242, 243, 248, 250, 257, 273, 278
Energía Maná, viii, 219
Energías sutiles, 5, 65, 132
Entidad, 6, 14, 27-30, 37, 39, 45, 49, 78, 154, 158, 161, 188, 189, 193, 222
Entidad espiritual, 49, 78
Escoger las mejores opciones, vi, 121
Espíritu, v-6, 22, 23, 30, 32, 49, 53, 74, 78, 80, 90, 104, 139, 154, 157, 171, 178, 207, 227, 277, 278
Espíritu consciente, v, 22, 277
Espíritu inconsciente, v, 23
Espíritus, i, ii, v, vii, ix, 1, 6, 21-23, 34, 35, 43, 52, 58, 75, 76, 80, 110, 144, 153, 154, 156-158, 166, 167, 169, 177, 193, 213, 214, 260, 277, 286, 287
Estimulación física, viii, 89, 99-102, 104, 146, 147, 150, 151, 205, 207, 220, 228, 233, 239, 250
Ética, 30, 103, 139, 178, 179, 215
Éticas, 103
Evento traumático, 238, 264
Eventos sociales, vi, 75, 111
Evolución, 4, 48, 87, 156, 171, 178, 183, 186, 277-279, 286, 287
Evolucionar, 10, 47, 48, 158, 180, 277, 279, 286, 287

GLOSARIO

Experiencias pasadas, vii, 37, 38, 161, 162, 285

Felicidad, v, 3, 7, 15-19, 21, 96, 177, 187, 214, 225, 226, 235, 261, 273-275, 287
Fijación, 84, 114, 126, 130, 131, 214, 222-224, 266, 279, 280
Fijaciones menores, 237
Fijaciones pequeñas, viii, 226
Física cuántica, 45-47
Fobia, 3, 86, 237, 240, 245, 262
Freud, 8, 14, 34, 35, 39, 45, 78, 101, 290
Fuerza, 1, 7, 15, 43, 92-95, 153, 157, 158, 171-173, 189, 190, 192, 219, 220, 226, 242, 259, 281, 284
Fuerza vital, 93-95, 153, 158, 192, 220, 242

Golpecitos, 250, 255
Gran cantidad de maná, vii, 96, 150, 168, 169, 188, 192, 198, 210, 219, 224, 243
Gran carga de maná, 167, 194-196, 198, 206, 208, 209, 211, 213, 219, 220, 234, 236

Habilidades latentes, vi, 5, 6, 11, 24, 87, 90, 93, 94, 97, 102, 131, 132, 144, 153, 161, 205, 213, 221
Hábito, 21, 28, 39, 54, 89, 102, 127, 142, 167, 183, 214, 223, 228, 266, 279
Hawaii, 101, 219, 293
Hilo psíquico, ix, 91, 113, 116, 155, 214
Hipnosis, 2, 240
Huna, i, ii, v-ix, 1, 3-15, 21, 26, 30, 34, 40, 43, 46-49, 60, 78, 80, 83-85, 89-91, 93, 94, 97, 99-102, 104, 116, 139, 146, 147, 149, 154-156, 159-161, 166, 167, 170-172, 177, 187-189, 191-196, 205, 207, 213, 214, 216-219, 222-228, 231, 238, 242, 243, 269, 277-279, 285, 287, 290, 292, 293, 295

I Ching, vii, 131, 137-139, 291
Ilusión de "yo soy", v, 37
Imagen, 26, 82, 87, 91, 98, 122, 128, 148, 150, 156, 189, 217-219, 235
Inconsciente, v, 8, 11, 14, 21, 23-31, 34, 35, 37, 39, 41-43, 45, 46, 48, 49, 54, 57, 71, 77, 78, 81, 84, 87, 101, 111, 120, 124, 129-134, 139, 142, 144, 166, 183, 205, 207, 222, 224, 226-229, 232, 237, 238, 249, 259, 261, 264, 266
Inmaterial, 6, 23, 26, 29, 45, 51, 52, 93
Inteligencia, 36, 53, 80, 126, 130, 164, 183, 185, 186, 275, 281
Interpretación de los sueños, vii, 139, 140, 266
Intuición, vi, vii, ix, 31, 54, 55, 65, 76, 96, 102, 110-114, 117, 118, 120, 126, 131, 133, 135, 137, 141-144, 155, 169, 209, 211, 247, 260, 278, 283
Intuitivo, 117, 124
Ira, 258, 262

James, 38-40, 290, 291

Kahunas, 5, 6, 8, 10-14, 26, 40, 46, 48, 49, 60, 78, 80, 83-85, 89, 90, 93, 99-101, 116, 154-156, 171, 187, 194, 195, 205, 219, 222,

224, 226, 227, 238, 242, 243, 277, 278, 287
Kala, viii, 227, 230, 233
Kybalion, 295

Lado oculto en los demás, vi
Libido, 34, 35, 93
Libro del destino de Napoleón, vii, 136, 137
Ligado, 143, 226, 238, 271, 282
Limpieza, viii, 227, 231, 233
Limpieza emocional, viii, 227
Lograr objetivos, vii, 172, 276
Long, v, 5, 6, 11-14, 26, 48, 53, 78, 89, 94, 96, 99, 100, 103, 105, 132, 149, 152, 155, 205, 287, 292

Magia ceremonial, 53, 62, 75, 177
Mal, iv, 2, 27, 59-61, 74, 113, 117, 118, 126, 130, 136, 148, 174-176, 178, 227-229, 234, 236, 273, 279, 283, 288
Maná, vi-viii, 85, 92-97, 99, 100, 102, 111, 112, 146, 148-151, 153, 156-158, 167-171, 188-190, 192-199, 206, 208-215, 219, 220, 223, 224, 226, 234-236, 238, 239, 242-244
Manifestación, vi, 2, 51, 55, 57, 92, 106, 160, 171, 188, 192, 199, 279
Manifestar, 10, 40, 41, 47, 89, 93, 94, 102, 160, 172, 188, 189, 191, 193, 194, 213, 218, 221
Manipulación, 7, 34, 100, 187, 275
Manos, ix, 25, 39, 63, 71, 87, 100-103, 109, 110, 112, 122, 136, 146, 148-151, 167, 169, 196, 198,

205-209, 211, 243, 246, 251-253, 263, 269, 276, 294
Material, ii, 3, 6, 7, 10, 17, 43, 47, 52, 62, 90, 92, 107, 192, 196
Materialización, 4, 11, 47, 188, 190, 191, 193, 219
Max Freedom Long, v, 5, 6, 11, 13, 14, 53, 78, 99, 103, 105, 132, 149, 152, 155
Meditación, vii-ix, 7, 10, 11, 31-33, 36, 54, 56-60, 119, 162, 166-171, 174, 176, 182, 188, 195-197, 199, 204, 209, 211, 213, 219-223, 227, 234, 235, 247, 262, 285
Memoria, iii, vi, ix, 26-28, 30, 32, 34, 35, 46, 53, 57, 78, 80, 81, 83-85, 88-90, 129, 131, 140, 153, 155, 180, 185, 189, 195, 224, 248, 277
Mental, vii, viii, 1, 9, 15, 17, 19-21, 28, 33, 44, 65, 66, 75, 87, 92, 94, 100, 102, 114, 122, 145, 146, 148-151, 156, 160, 170, 171, 179, 180, 188-198, 201, 203, 206, 208, 213, 216-220, 226, 231, 234, 236, 243, 244, 258, 262, 264, 280, 289
Mente, ii, iv, 1-12, 14-30, 32, 33, 35, 36, 38-52, 54-72, 74-84, 86-114, 116-134, 136, 138-141, 143-151, 153, 156-171, 173-177, 179-192, 194-212, 214, 216-231, 233, 234, 236-244, 246, 248-250, 252-254, 256-269, 271-273, 275, 276, 279-287
Mercadeo, vi, 118
Mercadeo de acciones, vi, 118

GLOSARIO

Meridianos, viii, ix, 239, 240, 242-244, 248, 250-253, 263, 264
Metas, 3, 16, 55, 173-177, 182, 183, 189, 215, 277, 287
Mi Gran Yo, 288
Mi Pequeño Yo, 288
Miedo, 2, 39-41, 82, 114, 182, 198, 216, 224, 240, 249, 250, 262, 267
Misticismo, 35, 47, 62, 128
Místico, vi, 60, 171
Muerte, 52, 60, 80, 83, 90, 144, 238, 274, 286

Napoleón, vii, 136, 137
Negatividad, 59, 165, 175, 260
Neurálgica, v, 35, 43-48
Neurona, 44, 45, 84, 89

Obsesión, 22
Obtención del perdón, viii, 227
Oración, vii, 7, 21, 29, 31, 32, 53, 64, 76, 108, 154-156, 159, 168, 169, 171, 172, 179, 188, 192-195, 197-200, 203, 205, 208, 210, 213, 214, 218, 221, 222, 224
Osho, 36, 268, 273, 293

Patrón, 261
Pedir ayuda, vii, ix, 126, 127, 166, 171, 183, 188, 196
Pedir riqueza, 177
Pedir un consejo, vii, 208
Péndulo, vii, 131, 132, 143
Pensamiento, 4, 22, 29, 30, 35, 38, 53, 54, 56, 64, 66, 68-70, 76, 77, 85, 87, 89, 92, 93, 104-106, 111, 113, 115, 123, 126, 128, 153, 155, 156, 158, 168, 170, 191, 197, 199, 210, 212, 214, 226, 227, 239, 243, 244, 250, 264, 266, 274
Perdonar, 283

Plan cósmico, 180
Planifique su futuro, vii, 172
Plegaria, vii-9, 11, 13, 83, 92, 96, 156, 161, 165-167, 171, 172, 174, 179, 182, 183, 188, 189, 191, 192, 194-200, 204, 205, 208, 209, 213-217, 219, 220, 222-224, 226-228, 231-233, 239, 247, 259, 285
Plegaria efectiva, 161
Plegaria sin respuesta, 11, 214, 215
Plegarias fallidas, 9, 214, 223, 224, 226
Posar las manos, 101-103
Prana, 93, 239
Preparación, vi-viii, 56, 65, 103, 172, 191, 194, 200, 246
Preparación para la oración, vii, 194
Presencia del Yo Superior, vii, 31, 159
Presentar una solicitud, vii, 194
Privacidad, vi, 61, 103
Problemas mentales, vii, 213, 237
Problemas sicológicos, viii, 237, 245, 262
Programar al yo inferior, vi, 122
Protección personal, vi, 120
Proyección de maná, 99, 100, 146
Proyección psíquica, 151
Psíquico, vi, ix, 47, 62, 84-86, 89-91, 93-96, 111, 113, 115, 116, 132, 149, 151, 153-158, 172, 192, 193, 214, 219, 224, 238, 243, 250, 258
Puntos, viii, ix, 7, 8, 46, 104, 124, 140, 183, 210, 239,

240, 242-244, 246, 248-253, 255, 257, 261, 263-265, 281
Puntos terminales, viii, ix, 242, 243, 248, 250-253, 263, 264

Qué se le puede pedir al Yo Superior, 177

Rabia, 5, 13, 24, 26, 29, 39-42, 81, 82, 86, 106, 114, 117, 126, 224, 226, 229, 247-249, 258, 267, 277, 280, 282, 283
Reacción, 25, 26, 41, 52, 56, 61, 81, 103, 110, 114, 147, 175, 224, 226, 232, 234, 238, 244, 284
Realidad, 22-24, 28, 32-34, 36, 38-40, 47, 52, 55, 57, 81, 87, 98, 139, 156, 163, 176, 185, 201, 226, 230, 266, 271, 282, 285, 288
Recuerdo, 27, 37, 56, 57, 66, 68, 69, 81, 84, 86, 91, 105, 114, 116, 128, 130, 136, 140, 143, 174, 185, 202, 225, 226, 229, 237, 238, 243, 247, 262, 266, 269
Reencarnación, 286
Reglas Cósmicas, vii, 172, 183, 188
Respiración, 36, 40, 52, 63-66, 69, 94, 95, 100, 112, 167, 194, 219
Respirar, 52, 80, 94-96, 112, 194, 248
Ritual, 125, 142, 151, 220, 221, 231, 233
Runas, 131

Secuencia a seguir, viii, 255, 257
Seguridad, vi, 5, 18, 26, 41, 105, 119, 120, 123, 141, 172, 181, 182, 218, 251, 283

Seleccionando socios, vi, 117
Semilla, 84, 139, 195, 197, 198, 243, 280
Sexual, 34, 35, 39, 262
Significado de la vida, viii, 269, 271
Silencio, iii, vi, 11, 12, 31, 36, 52, 61, 62, 64, 103, 111, 129, 162, 165, 166, 168-170, 197, 199, 212, 233, 235, 259
Símbolos, 105, 124, 133, 134, 137-142, 266, 267
Sincronización, 133, 264, 265
Soledad, vi, 57, 58, 145, 187
Solicitud, vii, 83, 134, 161, 165, 178, 183, 194, 203
Subconsciente, 24, 78, 243
Sueños, vii-ix, 30, 31, 57, 123, 139-142, 144, 176, 188, 189, 200-202, 204, 227, 265-270, 272, 275, 276
Sugestión, 87, 89, 99-102, 122, 131, 146, 148, 149, 153, 192, 205, 207, 220, 223, 233, 239
Superstición, 11, 101

Técnica de Liberación Emocional, viii, 241, 244, 294
Técnicas de Huna, viii, 43, 47, 60, 170, 226
Telequinesis, 2
Terapia, viii, 4, 5, 8, 122, 131, 146, 151, 224, 237-240, 242, 244, 262
Terapia a pensamientos específicos, viii, 239, 242
Teúrgia, 2
TFT, viii, 5, 9, 225, 239-242, 244, 246
Trabajo, vi, 1, 3, 10, 13, 20, 21, 24, 52, 56, 59, 60, 70, 71, 73, 82, 92-96, 105, 111, 121, 123, 125, 127-130,

GLOSARIO 303

135, 138, 139, 142, 157,
158, 172-175, 179, 181,
186, 187, 190, 193, 202,
211, 216, 217, 219, 239,
245, 247, 248, 260, 262,
270-274, 276, 277, 280, 285
Trabajo psíquico, vi, 94-96
Transmutación, 279
Tratamiento de EFT, viii, ix,
    245-247, 249-251, 253,
    260-262, 265-268
Trauma, 45, 82, 92, 225, 231,
    237, 240, 295
Tres almas, v, 6
Trilogía, v, 1, 31, 32, 37, 156
Trimurti, v, 33
Trinidad, v, 32, 33
Triste, 138, 183, 247, 250, 280

Uhane, v, 26, 48, 154
Unidad de pensamiento, 85
Unihipili, vi, 26, 78
Uso de los sueños, viii, ix, 267
Uva, 84, 85

Viaje astral, 151
Visualización, 1, 4, 96, 171,
    173, 188, 190-192, 197, 203

Yo inferior, v-ix, 11, 23, 26,
    29-31, 33, 37, 40, 48, 49,
    53, 54, 57, 60, 62, 64, 65,
    72, 76-81, 83-97, 99-106,
    108-118, 120-127, 130-137,
    140-151, 153-157, 159, 161,
    162, 166-171, 173-176, 179,
    180, 182-184, 188, 192-198,
    205, 206, 208-211, 213,
    214, 216, 219-224, 226-238,
    243, 247, 248, 250, 258,
    260, 261, 265-267, 277-279,
    287
Yo intermedio, v-vii, 22, 26,
    29-31, 33, 37, 40, 43, 48,
    49, 53, 54, 57, 63-65, 67-69,
    71, 74, 76-81, 83-87, 89-96,

99, 102, 104, 108-111, 113,
114, 116-118, 120-125, 127,
130, 137, 140, 144,
153-155, 157-159, 161, 168,
169, 171, 175, 176,
178-180, 182, 188, 189,
198, 205, 213, 219, 220,
222-224, 226, 231, 232,
265, 266, 277, 278, 287
Yo Superior, v, vii, ix, 11, 30,
    31, 33, 37, 60, 62, 79, 83,
    86, 90, 92, 94, 96, 97, 102,
    110, 122, 124, 127, 133,
    135, 136, 138, 140, 144,
    149, 151-174, 176-184, 188,
    189, 191-199, 202-216,
    218-220, 222, 224, 225,
    227, 229, 230, 232-235,
    239, 259, 277-280, 282,
    285-287

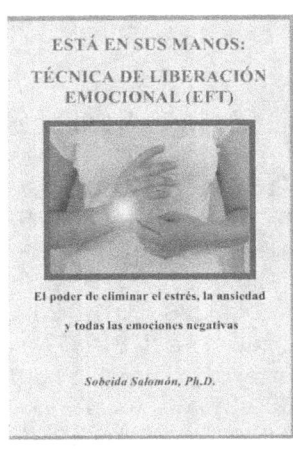

ESTÁ EN SUS MANOS: TÉCNICA DE LIBERACIÓN EMOCIONAL (EFT)

El poder de eliminar el estrés, la ansiedad y todas las emociones negativas

Sobeida Salomón, Ph.D.

"ESTÁ EN SUS MANOS" es una introducción sencilla e ilustrada a una nueva técnica sicoterapéutica llamada "Técnica de liberación emocional," conocida en inglés como Emotional Freedom Technique (EFT), la cual, literalmente, pone en las manos del usuario el poder de eliminar todo tipo de emoción negativa, incluyendo estrés, ansiedad, miedo, fobias, traumas del pasado, abuso de sustancias nocivas y todo tipo de adicción. Esto se logra sin tener que pasar por meses, o tal vez años, en tratamientos sicológicos tradicionales que resultan costosos, traumáticos y en muchos casos inefectivos. En pocos minutos el usuario puede liberarse de cualquier emoción negativa o trauma sicológico que en el pasado le atormentó y le impidió vivir una vida plena y feliz. EFT es una técnica sencilla, fácil, efectiva y totalmente gratuita. EFT utiliza el sistema de meridianos energéticos del cuerpo y libera la energía adherida a una emoción negativa. Lo único que necesita aprender para obtener beneficios inmediatos es lo siguiente: El uso de las manos para tratar ciertos puntos energéticos y la habilidad de concentrarse y sentir la emoción negativa que se quiere eliminar. ¡Así de sencillo! La posibilidad de liberarse de todos los traumas sicológicos y de comenzar a disfrutar de una vida próspera y feliz ahora está en sus manos.

Acerca de la autora: La Dra. Sobeida Salomón es socióloga y experta en el área de orientación y educación de adultos. Sus credenciales incluyen un grado de Ph.D. de la Universidad de Kentucky (U.S.A.), una maestría de la universidad de Guelph (Canadá) y una licenciatura en educación y orientación de la universidad de Carabobo (Venezuela). Tiene muchos años de experiencia internacional en orientación, prevención contra el uso indebido de las drogas, género y cultura. Ha trabajado con instituciones gubernamentales, universidades y organizaciones sin ánimo de lucro. La Dra. Salomón ha dirigido proyectos de investigación sobre el desarrollo de la identidad sexual, el efecto de las drogas en la salud y en el campo de la prevención.

SpiralPress
E-mail: hydroscience@earthlink.net
http://home.earthlink.net/~hydroscience

www.ingramcontent.com/pod-product-compliance
Lightning Source LLC
Chambersburg PA
CBHW051419290426
44109CB00016B/1364